中国艺术学文库·博导文丛
LIBRARY OF CHINA ARTS · SERIES OF DOCTORAL SUPERVISORS
总主编　仲呈祥

自由创造
是文学艺术的本质要求

论文化政策与文化战略

王能宪　著

中国文联出版社
http://www.clapnet.cn

图书在版编目（CIP）数据

自由创造是文学艺术的本质要求：论文化政策与文化战略 / 王能宪著

北京：中国文联出版社，2014.12

（中国艺术学文库·博导文丛）

ISBN 978-7-5059-9037-1

Ⅰ.①自… Ⅱ.①王… Ⅲ.①文化事业－方针政策－研究－中国

②文化发展战略学－研究－中国Ⅳ.① G12

中国版本图书馆 CIP 数据核字 (2014) 第 206921 号

中国文学艺术基金会资助项目

中国文联文艺出版精品工程项目

自由创造是文学艺术的本质要求——论文化政策与文化战略

作　　者：王能宪

出 版 人：朱　庆

终 审 人：奚耀华　　　复 审 人：曹艺凡

责任编辑：邓友女　　　责任校对：朱为中

封面设计：马庆晓　　　责任印制：周　欣

出版发行：中国文联出版社

地　　址：北京市朝阳区农展馆南里 10 号，100125

电　　话：010-65389682（咨询）65067803（发行）65389150（邮购）

传　　真：010-65933115（总编室），010-65033859（发行部）

网　　址：http://www.clapnet.cn

E - mail：clap@clapnet.cn　　　dengyn@clapnet.cn

印　　刷：中煤涿州制图印刷厂北京分厂

装　　订：中煤涿州制图印刷厂北京分厂

法律顾问：北京市天驰洪范律师事务所徐波律师

本书如有破损、缺页、装订错误，请与本社联系调换

开　　本：710×1000　　　1/16

字　　数：315 千字　　　印 张：21.25

版　　次：2014 年 12 月第 1 版　　　印 次：2014 年 12 月第 1 次印刷

书　　号：ISBN 978-7-5059-9037-1

定　　价：64.00 元

《中国艺术学文库》总序

仲呈祥

在艺术教育的实践领域有着诸如中央音乐学院、中国音乐学院、中央美术学院、中国美术学院、北京电影学院、北京舞蹈学院等单科专业院校，有着诸如中国艺术研究院、南京艺术学院、山东艺术学院、吉林艺术学院、云南艺术学院等综合性艺术院校，有着诸如北京大学、北京师范大学、复旦大学、中国传媒大学等综合性大学。我称它们为高等艺术教育的“三支大军”。

而对于整个艺术学学科建设体系来说，除了上述“三支大军”外，尚有诸如《文艺研究》《艺术百家》等重要学术期刊，也有诸如中国文联出版社、中国电影出版社等重要专业出版社。如果说国务院学位委员会架设了中国艺术学学科建设的“中军帐”，那么这些学术期刊和专业出版社就是这些艺术教育“三支大军”的“检阅台”，这些“检阅台”往往展示了我国艺术教育实践的最新的理论成果。

在“艺术学”由从属于“文学”的一级学科升格为我国第13个学科门类3周年之际，中国文联出版社社长兼总编辑朱庆同志到任伊始立下宏愿，拟出版一套既具有时代内涵又具有历史意义的中国艺术学文库，以此集我国高等艺术教育成果之大观。这一出版构想先是得到了文化部原副部长、现中国艺术研究院院长王文章同志和新闻出版广电总局原副局长、现中国图书评论学会会长邬书林同志的大力支持，继而邀请我作为这套文库的总主编。编写这样一套由标志着我国当代较高审美思维水平的教授、博导、青年才俊等汇聚的文库，我本人及各分卷主编均深知责任重大，实有如履薄冰之感。原因有三：

一是因为此事意义深远。中华民族的文明史，其中重要一脉当为具有东方气派、民族风格的艺术史。习近平总书记深刻指出：中国特色社会主义植根于中华文化的沃土。而中华文化的重要组成部分，则是中国艺术。从孔子、老子、庄子到梁启超、王国维、蔡元培，再到朱光潜、宗白华等，都留下了丰富、独特的中华美学遗产；从公元前人类“文明轴心”时期，到秦汉、魏晋、唐宋、明清，从《文心雕龙》到《诗品》再到各领风骚的《诗论》《乐论》《画论》《书论》《印说》等，都记载着一部为人类审美思维做出独特贡献的中国艺术史。中国共产党人不是历史虚无主义者，也不是文化虚无主义者。中国共产党人始终是中国优秀传统文化和艺术的忠实继承者和弘扬者。因此，我们出版这样一套文库，就是为了在实现中华民族伟大复兴的中国梦的历史进程中弘扬优秀传统文化，并密切联系改革开放和现代化建设的伟大实践，以哲学精神为指引，以历史镜鉴为启迪，从而建设有中国特色的艺术学学科体系。艺术的方式把握世界是马克思深刻阐明的人类不可或缺的与经济的方式、政治的方式、历史的方式、哲学的方式、宗教的方式并列的把握世界的方式，因此艺术学理论建设和学科建设是人类自由而全面发展的必须。艺术学文库应运而生，实出必然。

二是因为丛书量大体周。就“量大”而言，我国艺术学门类下现拥有艺术学理论、音乐与舞蹈学、戏剧与影视学、美术学、设计学五个“一级学科”博士生导师数百名，即使出版他们每人一本自己最为得意的学术论著，也称得上是中国出版界的一大盛事，更不要说是搜罗博导、教授全部著作而成煌煌“艺藏”了。就“体周”而言，我国艺术学门类下每一个一级学科下又有多个自设的二级学科。要横到边纵到底，覆盖这些全部学科而网成经纬，就个人目力之所及、学力之所逮，实是断难完成。幸好，我的尊敬的师长、中国艺术学学科的重要奠基人于润洋先生、张道一先生、靳尚谊先生、叶朗先生和王文章、邬书林同志等愿意担任此丛书学术顾问。有了他们的指导，只要尽心尽力，此套文库的质量定将有所跃升。

三是因为唯恐挂一漏万。上述“三支大军”各有优势，互补生辉。例如，专科艺术院校对某一艺术门类本体和规律的研究较为深入，为中国特色艺术学学科建设打好了坚实的基础；综合性艺术院校的优势在于打通了艺术门类下的美术、音乐、舞蹈、戏剧、电影、设计等一级学科，且配备齐全，长于从艺术各个学科的相同处寻找普遍的规律；综合性大学的艺术教育依托于相对广阔的人文科学和自然科学背景，擅长从哲学思维的层面，提出高屋建瓴的贯通于各个艺术门类的艺术学的一些普遍规律。要充分发挥“三支大军”的学术优势而博采众长，实施“多彩、平等、包容”亟须功夫，倘有挂一漏万，岂不惶恐?

权且充序。

（仲呈祥，研究员、博士生导师。中央文史馆馆员、中国文艺评论家协会主席、国务院学位委员会艺术学科评议组召集人、教育部艺术教育委员会副主任。曾任中国文联副主席、国家广播电影电视总局副总编辑。）

目 录

下编　文 稿

CONTENTS

Part Tow Essay

自由创造是文学艺术的本质要求（代序）

——关于重提“创作自由”

解放思想是一个不断探索、不断发展、不断深化的过程，它不可能一蹴而就，更不可能一劳永逸。党的十七大号召全党“坚持解放思想、实事求是、与时俱进，勇于变革、勇于创新，永不僵化、永不停滞”。因此可以说，解放思想永无止境，因为实践永无止境，创新永无止境。

在纪念改革开放30年之际，我们的文艺领域，甚至包括整个思想文化领域，是否需要进一步解放思想？如何进一步解放思想？怎样才能实现十七大提出的“更加自觉、更加主动地推动文化大发展大繁荣”，“兴起社会主义文化建设新高潮”这一战略目标？我以为应当旗帜鲜明地重提“创作自由”。

一、重提创作自由是文艺领域进一步解放思想的紧迫任务

改革开放30年最重要、最宝贵的一条经验就是“解放思想、实事求是”这八个大字。我认为，当前文艺领域进一步解放思想的一项紧迫任务，就是切实贯彻“双百”方针，重提创作自由。

30年来，党中央和中央领导同志一贯重视、关心和支持文艺工作，“解放思想、实事求是”的思想路线在文艺领域得到了充分体现。

1979年10月30日，党的十一届三中全会召开不久，党在思想路线、政治路线、组织路线进行全面拨乱反正，邓小平同志《在中国文学艺术工作者第四次代表大会上的祝辞》，针对“四人帮”那一套极“左”的做法，反复强调要尊重文艺规律，尊重广大文艺家的独创性，对文艺创作不要横加干涉。他说：“文艺这种复杂的精神劳动，非常需要发挥个人的创

造精神。写什么和怎样写，只能由文艺家在艺术实践中去探索和逐步求得解决。在这方面，不要横加干涉。”

1986年9月28日，党的十二届六中全会通过的《中共中央关于社会主义精神文明建设指导方针的决议》，首次在党的文件中明确提出了实行“创作自由”，指出：“学术和艺术问题，要遵守宪法规定的原则，实行学术自由，创作自由，讨论自由，批评和反批评自由。”

1991年3月1日，江泽民同志在元宵节文艺界座谈会上，提出在坚持四项基本原则的前提下，提倡和鼓励学术与艺术的自由发展，指出：“在文艺创作中，应该遵循列宁讲的一条原则，就是绝对必须保证有个人创造性和个人爱好的广阔天地，有思想和幻想、形式和内容的广阔天地。”

2006年11月13日，温家宝总理在第八次文代会和第七次作代会上发表讲话（其中一部分公开发表时题为《同文学艺术家谈心》），重提“创作自由”，指出：“实行‘双百’方针，就是要在宪法规定的范围内，保障学术自由和创作自由，鼓励解放思想，提倡兼收并蓄，尊重客观规律，为文学艺术家探索真理、勇于创新，营造良好的社会氛围和学术土壤。”并阐述了创新与解放思想的关系：“创新与解放思想有着直接的因果关系，思想解放是因，创新是果。离开解放思想就不可能创新。倡导创新，就必须首先解放思想。……一切新的思想、新的理论、新的发明、新的创造，它的产生、发展和完善，都需要解放思想作为必要条件。”

2008年5月3日，胡锦涛总书记在北京大学考察时强调“学术自由”。总书记在北大师生代表座谈会上的讲话中指出：“尊重学术自由，营造宽松环境，切实把广大科研人员的积极性、主动性、创造性激发出来。”

…………

由此可知，党中央和中央领导同志对文艺规律和创作规律的认识是十分清楚的，态度是十分鲜明的，完全体现了“解放思想、实事求是”的精神。

那么，今天的文艺领域乃至整个思想文化领域是否真正达到了“创作自由”“学术自由”“批评和反批评自由”的境界呢？

应该说，改革开放以来，随着中央文艺政策的调整和改革开放的不断深入，总体上看，文艺领域长期以来受极“左”思潮的影响逐步得到清理，文艺政策不断完善，文化环境日益宽松。但是，与我国改革开放的形势和党中央对文艺工作的要求还不相适应，一些有形无形的东西还束缚着人们的思想，文艺领域还需要进一步解放思想。

譬如：长期以来形成的一些极左的东西并未完全根除，自觉不自觉地影响和制约着人们的思想和手脚；在一些地方和部门，长官意志（或好尚）在一定程度上左右和影响着文艺的发展（有人戏称：没有横加干涉，有竖加干涉）；随着民主法制建设的进程，作品审查等有关制度应当在法制的轨道上得到完善和规范，应当逐步形成依法促进文艺繁荣和依法管理文化产品的法律制度和社会风气；由于法制不健全，导致文艺领域急功近利、粗制滥造、金钱至上等不良风气盛行，一些“过度自由”的低俗不堪的文化产品充斥市场而得不到应有的制裁；文艺批评风气不正，实事求是、敢讲真话、坚持真理的批评十分缺乏，而言不由衷、圈子主义、吹捧肉麻的所谓评论则比比皆是；……

针对上述问题，我以为，当前文艺领域进一步解放思想，最突出、最重要也是最根本的，就是在坚持民主法制的前提下，重提“创作自由”，把“百花齐放、百家争鸣”这一繁荣文艺和科学的方针，实实在在地而不是当作口号，贯彻到文艺工作乃至整个思想文化工作中去。

二、重提创作自由是促进文艺大发展大繁荣的必然要求

党的十七大向全党发出号召，“更加自觉、更加主动地推动文化大发展大繁荣”，“兴起社会主义文化建设新高潮”。这是对当前国际国内形势作了准确的分析判断之后做出的重大战略抉择，也是落实科学发展观、全面建设小康社会、实现中华民族伟大复兴的重大战略任务。

那么，如何实现这“两大一新”的战略任务呢？当然有诸多因素和条件，但其中重要的一条，我认为还是要重提“创作自由”。或者换句话说，重提“创作自由”是促进文艺大发展大繁荣的必然要求和必要条件。

应当说，现在的文艺政策和环境是相当宽松和自由的，至少可以说是新中国以来最好的时期之一。这里之所以用“之一”这个限制词，是因为改革开放初期，拨乱反正之后有一段相当自由活泼的繁荣期，具体说就是80年代初期和中期。

正是在这个时候，“创作自由”最先由著名作家巴金先生在他的被誉

为“时代忏悔录”的《随想录》中提出来的。巴金先生反思时代，解剖自我，认识到“创作自由”的可贵和必须，他说：“‘创作自由’是创作繁荣不可少的条件”，“从‘创作自由’起步，会走到百花盛开的园林。‘创作自由’不是空洞的口号，只有在创作实践中人们才懂得什么是‘创作自由’。也只有出现更多、更好的作品，才能说明什么是‘创作自由’。”

这就是说，“创作自由”既是文艺繁荣的条件，也是检验文艺是否真的繁荣的标尺。或者说，只有真正实现了“创作自由”，才会“出现更多更好的作品”，才会“走到百花盛开的园林”。这难道不是经历了长期“左祸”和“文革”灾难之后得出的金玉良言？难道不值得每一个文艺工作者尤其是文艺工作的领导者深长思之吗？

我们应该深刻反思、认真总结多年来“极左”特别是“文革”的历史教训，从中得出有益的启示。中国现代文学馆有现代文学史上的“七大师”，即鲁（迅）、郭（沫若）、茅（盾）、巴（金）、老（舍）、曹（禺）和谢冰心，这七位大师除了鲁迅一人过早地去世，其余六位都进入了新中国。有人将他们新中国前后的作品进行对比研究，得出的结论是，他们当中几乎没有一人能够超越自己解放前的作品。这实在不能不令人深思，难道他们集体“江郎才尽”了吗？抑或他们担任领导职务（其中多位担任新中国文化方面的领导职务）影响到个人创作吗？还是有其他方面的复杂原因？我想，有没有“创作自由”的环境和条件（包括主客观两方面），无疑是最重要的原因。这只要读一读陈毅同志1962年3月6日在广州向知识分子“脱帽加冕”的著名讲话，就十分清楚了。①

如何看待和评价改革开放30年来的文艺？如何看待和评价建国60年来的文艺？检验的唯一标准，就是看留下了什么经得起历史检验的真正有价值的作品和有影响的作家（艺术家）。可以说，什么时候达到了创作自由，什么时候的文艺（科学）就百花争艳，满园春色；什么时候背离了创作自由，什么时候的文艺（科学）就万马齐喑，百花凋零。

回顾历史，展望未来，我们希望通过新一轮的解放思想，通过重提“创作自由”，能够使我国的文艺创作和文化创造，真正达到一种自由创造

---

① 陈毅：《在全国话剧、歌剧、儿童剧创作座谈会上的讲话》（1962年3月6日），中共中央书记处研究室文化组编：《党和国家领导人论文艺》，文化艺术出版社1982年版。

的理想状态，实现十七大提出的“两大一新”的伟大目标。

三、重提创作自由是当前文艺理论建设的重大课题

我们不应当忌讳“自由”，更没有必要讳言“创作自由”。

自由、平等、民主、科学，这些既是西方文艺复兴和启蒙运动的口号和旗帜，也是马克思主义和共产党人始终不渝的追求。更何况“创作自由”的“自由”并不是一个政治概念，它是一个哲学意义上的范畴，是一种创作的状态和境界。马克思恩格斯指出：自由是根据对外界必然性的认识来支配我们自己和外部世界。毛泽东说：“人类的历史，就是一个不断地从必然王国向自由王国发展的历史。”“创作自由”正是这个意义上的“自由”。

1957 年 2 月 27 日，毛泽东同志在《关于正确处理人民内部矛盾的问题》的著名讲话中提出“双百”方针的时候，他就一口气连用了几个“自由”。他说：“百花齐放、百家争鸣的方针，是促进艺术发展和科学进步的方针，是促进我国的社会主义文化繁荣的方针。艺术上不同的形式和风格可以自由发展，科学上不同学派可以自由争论。利用行政力量，强制推行一种风格、一种学派，禁止另一种风格、另一种学派，我认为会有害于艺术和科学的发展。艺术和科学中的是非问题，应当通过艺术界科学界的自由讨论去解决，通过艺术和科学的实践去解决，而不应当采取简单的方法去解决。”

随后不久，毛泽东同志又在全国宣传工作会议上强调：“百花齐放、百家争鸣，这是一个基本性的同时也是长期性的方针，不是一个暂时性的方针。”并且指出：“百花齐放是一种发展文艺的方法，百家争鸣是一种发展科学的方法。百花齐放、百家争鸣这个方针不但是使科学和艺术发展的好方法，而且推而广之，也是我们进行一切工作的好方法。”

然而，这个“基本的”“长期的”方针，这个可以推广到“进行一切工作的好方法”，并没有得到切实有效、一以贯之的执行。反右、大跃进、三年自然灾害，直到“文化大革命”，哪有什么“双百”方针可言。即使到了改革开放的时代，在一些问题上也仍然有过曲折和反复，如“创作自

由”虽然写进了党的十二届六中全会《决议》①，但不久就随着反对资产阶级自由化而销声匿迹了。

其实，所谓“创作自由”，就是创作达到了一种自由创造的理想状态，也就是进入了创作的“自由王国”。只有真正达到了“创作自由”，进入了“自由王国”的境界，才能充分张开想象的翅膀，才能尽情挥洒饱蘸激情的笔墨，才能有效发挥每一个人的聪明才智。正如党的十六大报告所言：“必须尊重劳动、尊重知识、尊重人才、尊重创造，这要作为党和国家的一项重大方针在全社会认真贯彻。”“放手让一切劳动、知识、技术、管理和资本的活力竞相迸发，让一切创造社会财富的源泉充分涌流。”（这样诗意的表述在党代会的报告中极为少见，十七大报告亦有类似的表述。）

很难想象，当我们的作家、艺术家，包括理论家、学者乃至科学家在内的所有从事精神创造的劳动者，他们在从事精神创造的时候瞻前顾后、畏首畏尾，顾虑重重、忧心忡忡，在那里揣摩领导意图，在那里窥测政治风向，这样能够创作出什么有价值、有意义的东西来。

需要郑重说明的是，创作自由，决不是想写什么就写什么，想说什么就说什么，想发表什么就发表什么，想骂人就骂人，想诽谤就诽谤，……这样只能导致混乱和无序。这绝不是“创作自由”的本意和真谛。任何社会，任何人群，都不可能有绝对的自由。任何有理想有追求的作家艺术家，都不仅会以社会责任约束自己，还会以法律和道德来约束自己。

因此，我们的文艺理论界，应当进一步解放思想，鲜明地提出“创作自由”的口号，高扬“创作自由”的旗帜。我们的文艺理论建设，应当为“创作自由”正本清源，为“创作自由”构建理论体系，为“创作自由”营造舆论环境。为我国的文艺创作同时也包括文艺批评和文艺理论自身由“必然王国”进入到“自由王国”，为我国文化的大发展大繁荣，作出应有的贡献。

（此文发表于中共中央党校《学习时报》2009 年 3 月 30 日）

---

① 《中共中央关于社会主义精神文明建设指导方针的决议》（1986 年 9 月 28 日通过）指出：“学术和艺术问题，要遵守宪法规定的原则，实行学术自由，创作自由，讨论自由，批评和反批评自由。”

上编

演　　讲

中国企业赞助文化事业的现状与展望

——1995 年 6 月 29 日，在澳大利亚布里斯班格里菲斯大学“文化政策国际研讨会”的演讲

尊敬的主席先生、各位专家：

下午好！

感谢大会主席特意安排我在全体会议上发言，使我有机会向全体与会的同行和专家介绍中国的文化政策和文化发展状况，为此我深感荣幸！会议作出这样的安排，充分表明了中国和澳大利亚两国人民的深厚友谊，也充分说明世界希望了解改革开放的中国。

中国实行改革开放以来，经济社会各方面都发生了深刻而巨大的变化，文化事业当然也不例外。今天我不可能在这里全面地介绍中国文化事业的发展与变化，只能就“中国企业赞助文化事业的现状及其发展趋势”这个问题谈谈有关情况和我的看法。下面，我主要讲三个问题。

一、新中国文化事业发展的两个阶段

中国是一个具有悠久历史文化传统的国家，曾经为人类的文明和进步作出过重大贡献。新中国建立以来，政府十分重视各项文化事业的建设，努力继承和弘扬民族优秀传统文化，吸收世界各国的进步文化，创建有中国特色的社会主义新文化，以满足人民群众日益增长的精神文化需求，提高全民族的思想道德素质和科学文化素质。

新中国文化事业的发展，伴随着社会主义建设的历史进程，以我国实行改革开放政策特别是建立社会主义市场经济体制为标志，可分为前后两个发展阶段。

第一阶段从中华人民共和国成立到“文化大革命”结束，前后近30年时间，我国实行计划经济体制，文化事业由国家和政府统包统管。在这个时期内，所有文化机构和文化单位，如各级图书馆、博物馆、美术馆、展览馆、纪念馆、群众艺术馆、工人文化宫、少年文化宫等，各种剧团、乐团、歌舞团、艺术团、杂技团等，各类艺术院校、艺术研究机构、文艺社团等，各种出版社、通讯社（报社）、广播电台、电视台、电影制片厂等等，都是国家统一管理的事业单位，由中央政府或地方政府按计划拨付经费。各种作家、艺术家、演员、记者、编辑，总之各类形形色色的文化人都作为国家干部，根据一定的条件和标准，由国家发给工资，并享受住房分配和公费医疗等福利待遇。各种文化艺术活动，如调演、汇演、电影放映、节庆活动乃至经常性的文化娱乐活动，主要由政府组织进行。

这种计划经济形式，在一定的历史条件下促进了文化事业的发展。新中国建立以来培养和造就了一大批杰出的文艺家，产生了一大批各类优秀文艺作品。但是，由于政府大包大揽，国家财政不堪重负，并且滋养了文艺单位“等、靠、要”的思想和一部分人平均主义、“大锅饭”的思想，不利于调动文化艺术工作者的积极性和创造性。过分强调计划性，忽视市场因素，也不利于文化艺术事业的发展。

第二阶段是我国实行改革开放以来的十几年，计划经济体制逐步为市场经济体制所代替，我国的政治、经济和社会结构发生了一系列重大变革，文化事业管理体制也打破了过去由国家统包统管的局面，出现了国家、集体、个人共办文化事业的新格局。过去在计划经济体制下那种由国家统一包揽，平均主义大锅饭，皇帝女儿不愁嫁，没有商品观念，忽视经济效益，不研究市场供求关系变化等等陈旧落后的观念和现象，随着改革开放的不断深入和商品经济的日益发展，得到了根本性的改变。文化市场迅速发展，规模日益壮大；竞争机制引入文化领域，大大激发了文艺生产力，调动了各方面的积极性，促进了文艺繁荣；社会兴办文化产业蓬勃发展，新兴的艺术门类和娱乐方式层出不穷，大大丰富和满足了广大群众不同层次的文化生活。这些都是商品经济和市场机制给文化事业带来的新鲜气象，为文化事业的发展注入了生机和活力。

但是，由于我国处于新旧交替的社会转型时期，市场经济体制正在逐步建立和完善过程中，商品经济大潮也给文化事业带来了巨大的冲击。特别是我国正处在大规模基本建设高潮，国家财政主要用于发展经济，对文化的投入极为有限。许多文化单位特别是那些非营利型的公益性文化事业单位和从事民族艺术、高雅艺术的文化单位，大都面临经费拮据、发展后劲不足的局面，乃至出现停滞、萎缩的危机。例如高雅艺术的创演耗资大而收益低，一度陷于“多演多赔、少演少赔、不演不赔”的两难境地；图书馆由于经费不足，而书价大幅度上升，购书数量逐年锐减；博物馆因为没有资金，无力收购珍贵文物，扩展藏品。诸如此类，已非个别现象，严重影响到文化事业的发展和社会主义精神文明建设。正是在这种形式下，社会各界特别是一些拥有实力且具战略眼光的企业，开始发起对文化事业的赞助。

二、中国企业赞助文化事业的现状

近年来，社会各界主要是企业界，还有港澳台同胞、海外侨胞和国外友好人士或团体对文化事业的赞助，如雨后春笋般蓬勃兴起，有力地推动了我国文化事业的繁荣和发展。就企业而言，他们或者出于某种社会责任，或者为了提高自身的文化品位和社会形象，或者为了达到某种广告宣传效应，提高企业的知名度，开始有意识地向文化单位和文化活动提供资金或物质援助，并且已形成一种声势。这类消息报道不时见诸报端，大有你呼我应、此起彼伏之势。综观近年来特别是近两年来这方面的情况，企业支援文化事业在我国主要有如下几种方式：

1. 长期无偿资助

某一企业向某一文化单位提供长期性固定经费援助。例如上海证券交易所向中央乐团每年提供不少于250万元，用于发展交响乐事业。在1994年2月资助签约仪式上，上海证券交易所理事长李祥瑞表示，他们的资助完全是无偿的，不求任何商业性回报，不参与乐团管理，使乐团能独立追求自身的艺术品位，保持高雅艺术的精神风范。又如北京同力制冷设备公司每年无偿资助中央戏剧学院100万元，以补充教育经费之不足。再如唐山富豪实业总公司5年内出资300万元，资助中央歌剧院发展歌剧事业；深圳机场有限责任公司每年资助中央芭蕾舞团交响乐团20万元，发展交响乐艺术。

2. 专项资助

企业资助某项大型文化活动或某文化单位开展专项文化活动。例如国家或地方政府举办的各类大型艺术节、纪念活动、庆祝活动、体育活动等，都有许多企业慷慨解囊，踊跃赞助。例如，加拿大在中国的跨国公司北方电讯，计划在1995—1996两年出资25万美元，主要用于资助中央乐团邀请国外著名指挥家来团帮助训练并举办音乐会。最近，邀请德国指挥家汉斯·普里姆·贝尔格拉特来华与中央乐团交响乐队合作在北京音乐厅举办了两场经典作品交响音乐会，获得中外人士的广泛好评。再如中国嘉德国际拍卖有限公司无偿赞助北京市文物局50万元，用于北京市建城3040周年纪念活动和文物修复。深圳中华自行车股份有限公司无偿赞助《中国体育》杂志社150万元，用于支持该杂志英文版对外发行。四川矛盾实业总公司无偿资助《诗探索》20万元，使这份全国唯一的诗歌理论刊物得以生存。

3. 文企联姻，互利互惠

企业出资帮助文化单位发展艺术生产，文化单位给予企业一定回报。例如，湖北省工商银行自1992年以来每年出资10万元，作为湖北省歌舞团的艺术生产资金，该团每年到省工商银行下属基层单位无偿慰问演出8至12场，既解决了歌舞团资金不足的困难，又活跃了企业职工文化生活。又如上海龙晖实业有限公司与北京京剧院合作组建梅兰芳京剧团，该企业每年为剧团提供经费40万元，保证剧团的基本演出资金，要求该团每年演出梅派剧目不少于100场。该团团长梅葆玖表示，龙晖实业有限公司帮助他实现了恢复成立梅兰芳京剧团这一很久的心愿，一定要努力弘扬民族文化，将梅派艺术发扬光大。再如上海新亚药业公司与上海儿童艺术剧院联合组建“中国福利会儿童艺术剧院新亚药业儿童剧团”，新亚药业公司为此每年向上海儿艺资助30万元人民币，规定新成立的儿艺新亚儿童剧团每年至少以此名义演出100场，而且必须排演一出新剧目。

4. 企业承办，参与管理

完全由企业承办经营某一文化单位或团体，而不改变其专业文艺团体的性质。例如海南省三亚市歌舞团、琼剧团、杂技团、礼仪表演团等7个专业文艺团体，分别由海南港澳投资集团大东海旅游中心、市烟草总公司、麒麟大酒店、冶金三亚度假村等 6 家有经济实力的企业承办，由三亚市文化局协调管理，开创了专业文艺团体“企业办、政府管”的新途径。再如深圳中达公司与广州市文联签约，从 1993 年 1 月起，由该企业承办《广州文艺》月刊，负担一切办刊费用，并对刊物从总体决策到具体经营都做长期的实质性的参与。由于有了坚强的经济后盾，刊物确定了“创一流纯文学杂志”的目标，大幅度提高稿酬标准，使刊物质量迅速提高。

5. 设立文艺基金

企业出资设立不同类型的基金，用于支持和奖励发展高雅艺术。例如上海宝山钢铁公司出资 1000 万元设立高雅艺术奖励基金，奖励在文学艺术方面取得卓越成就者。1994 年 2 月首次颁奖，便以 180 万元的奖额重奖那些从事戏剧、电影、音乐、舞蹈的杰出人才，如贺渌汀、黄佐临、白杨、谢晋等 147 位艺术家和 23 部优秀作品。再如四川省自贡市有 33 家企业联合发起组建了“自贡市文化艺术创作发展基金会”，并捐资 48 万元，主要用于重点剧节目创作、演出的补贴和有突出贡献的文艺单位、文艺人才和优秀作品的奖励。基金会成立以来，奉行“企业助文化繁荣，文化促企业发展”的宗旨，为当地的文艺事业发展和精神文明建设开展了一系列卓有成效的工作，得到各方面的好评。其中最大一项资金投入是大型川剧《中国公主图兰朵》的创作演出。该剧已得到有关专家的高度赞赏，1994 年参加中国小百花越剧艺术节，获得 2 个演员金奖、2 个演员银奖、1 个演员铜奖、1 个演出奖等几项殊荣。1995 年该剧还将参加第四届中国戏剧节。

从以上归纳的并不全面、并不完整的几个方面的情况看来，企业对文化事业的赞助是积极而富有成效的，有力地支持和促进了文化艺术事业的繁荣和发展。中国政府对此采取积极支持、鼓励和提倡的态度。江泽民主席多次强调社会需要高雅艺术，希望得到社会各界的支持。去年年底在纪念梅兰芳、周信芳诞辰 100 周年期间，江泽民主席在与艺术家座谈时指出：“要提倡社会各个方面支持民族艺术创作和演出。我们高兴地看到，文化体制改革的深入发展和社会的支持，正在为民族艺术的发展创造越来越好的环境和条件。”去年上海证券交易所资助中央乐团，国务委员李铁映和文化部部长刘忠德出席了签约仪式，表明了政府的支持与肯定。

三、中国企业赞助文化事业的发展趋势

随着我国社会主义现代化建设的不断进步和市场经济的不断成熟与完善，企业的经济实力将会不断增强，企业的经营自主权将会进一步扩大，可以预见，企业对文化事业的赞助在中国将会有更大的发展。根据我国企业赞助文化事业的现状，并借鉴国外的经验，今后主要应加强以下两方面工作：

1. 亟待制定有关法规，使企业支援文化事业纳入法制化管理的轨道

目前，我国企业支援文化事业属于初始阶段，处在一种自发自流的无序状态。至今还没有一部关于赞助的法规，仅仅在《中华人民共和国企业所得税暂行条例》中规定“纳税人用于公益、救济性的捐赠，在年度应纳税所得额3%以内的部分，准予扣除”。这样的优惠待遇是很不够的。由于没有相应的法律加以规范，一方面限制了企业与个人赞助文化事业的积极性，另一方面造成了赞助活动中的某些混乱现象。譬如，赞助方向倒错，相当一部分赞助资金流向赢利性的通俗娱乐文化活动，如歌星演唱会，而急需得到赞助的高雅艺术往往得不到赞助；赞助资金不到位现象，某些企业在达到了一定宣传广告效应之后，赞助资金并未及时如数支付给受赠单位，使赞助成了空头支票；赞助资金使用管理混乱，常常被占用、平调、私分或贪污；甚至有人打着拉赞助的幌子，进行诈骗、走私、逃汇、逃税等违法犯罪活动，从中牟取暴利等等。这些都充分说明，要尽快制定有关管理法规，使赞助规范化、法制化。

中国文化部正在加紧制定一项社会包括企业赞助文化事业管理办法。这项法规确定了立法的原则：一是自愿原则；二是鼓励、优惠与限制相结合的原则；三是赞助款物的用途适用赞助者意愿与国家文化建设实际需要相统一的原则。这项法规还明确了审批与管理权限和制度，规定了给予赞助者的优惠待遇。根据国际惯例，允许企业赞助公益性、非营利性和高雅型文化艺术事业的资金可以税前列支，免交所得税；个人赞助可以免交个人所得税。同时，根据赞助者的贡献大小给予荣誉性奖励。这项法规的实施，必将对社会包括企业对文化事业的赞助起到很好的规范作用。

2. 组建企业赞助文化事业协会或基金会

建立这样的组织机构，能够集中力量，形成规模与合力，对赞助的投向、使用等进行有效的调控和管理。目前，中国还没有像日本的社团法人"企业メセナ协会"这样的全国性组织，但应当尽快建立起来。据悉，加拿大北方电讯准备为中央乐团建立一个由中外企业家组成的企业赞助基金会。如前所述，四川自贡市33家企业已经联合组织了"自贡市文化艺术创作发展基金会"，这可能是中国第一家由企业联合组建的赞助文化事业的组织机构。至于像上海宝钢设立的文艺奖励基金，或其他用于发展高雅艺术的基金会在我国已经大量存在。总之，中国企业赞助文化事业的队伍和组织将会日益发展，日益壮大。

（补记：这是应澳大利亚布里斯班格里菲斯大学文化政策研究院之邀，作为中国政府和文化部的代表参加这次文化政策国际研讨会所发表的演讲，当时我担任文化部办公厅政策研究室主任。参加这次会议，自始至终得到我驻澳大利亚使馆文化参赞茹贤女士的协助，谨此致谢。）

当前文化工作的形势

——1997 年 4 月 18 日，在国家高级教育行政学院第 12 期高等学校领导干部进修班的演讲

各位校长、国家高级教育行政学院的领导：

上午好！

十分荣幸，有机会向在座的百位大学校长报告当前文化工作的有关情况。本来，应当是刘忠德部长来讲的，刘部长是教委的老领导，他一定很愿意来和大家见面、交流，可是他现在正在美、加访问，其他的部领导也都抽不出身来，只好由我来滥竽充数了。

首先说明一点，这里讲的文化是一个相对宽泛的概念。因为文化部管辖的范围已经比较窄了，主要是文化艺术、文物保护和对外文化交流；还有广播电影电视和新闻出版，分属广电部和新闻出版署管理；还有文联、作协也在一定程度上负责文学艺术方面的事情。如果只讲文化部的工作，就不全面了，我尽量兼顾到其他几个方面。

下面，我想讲三个方面的问题：一是总体形势，二是主要成绩和存在问题，三是发展趋势。

一、文化事业发展的总体形势

改革开放以来，随着我国社会主义现代化建设的不断发展，随着我国经济建设取得的巨大成就和综合国力的日益增强，我国的文化事业也有了较快的发展。特别是自去年中央召开了以思想道德建设和文化建设为主要议题的十四届六中全会以来，文化事业面临一个千载难逢的发展机遇，文化工作出现了前所未有的大好形势，主要表现在以下四个方面：

第一，文化建设作为精神文明建设的一个重要方面得到全社会的普遍重视

文化在社会发展中到底起什么作用？重要不重要？这个问题对于在座的诸位来说，当然是不成其问题的，但对于全社会，尤其对于某些领导同志，这就是一个十分重要的认识问题。

精神文明建设可以分为“两方面”“三大块”：“两方面”就是思想道德建设和科学文化建设，“三大块”就是思想宣传、教育科技和文学艺术。① 这三者既相互联系，又各有不同。思想宣传，关系到党和国家的思想理论、方针政策和发展方向，当然十分重要。教育科技，是国家强盛的根本，科教兴国战略是基本国策，教育是立国之本，科技是第一生产力，这些都已家喻户晓，深入人心，其重要程度不言而喻。唯有文学艺术在这三者之中是最“软”的，最不受重视的，而实际上也同样是十分重要的。

爱因斯坦说过：人与人的差异在于八小时之外。这就是说，人的成长有赖于他所处的文化环境。在人的一生当中，学校教育总是具有阶段性的，无论你是本科生还是博士后，一旦迈出了学校的大门走向社会，学校教育也就随之终止了。此后的教育，便是社会教育，或者叫终生教育，就要依赖家庭和社会来完成。社会文化环境如何，对于个人的成长乃至整个国民素质的提高，发挥着重要的影响作用。譬如，图书馆、博物馆、影剧院、音乐厅、广播电视、诗歌小说、报刊杂志……这些方面的文化建设，对于人的全面发展和社会的全面进步无疑都是十分重要的。

一首歌，一部电影，一篇小说，往往影响一代人乃至几代人。江泽民总书记多次讲过这样的话。他还说过，在国外一听到二胡曲《二泉映月》，思乡之情便油然而生。这便是文艺的力量。我们说科技是第一生产力，实际上不仅自然科学如此，包括文艺在内的社会科学也是生产力，而且是更高层次的生产力——形而上的生产力。因为，人是思想的动物，一定的文化影响人的思想，思想支配人的行为，精神变物质嘛。

---

① 1980年2月12日，胡耀邦同志在剧本创作座谈会上指出：“我们建设社会主义精神文明需要有三个高峰：思想理论高峰，科学技术高峰，文学艺术高峰。达不到这三个高峰，不能叫四个现代化。”（《党和国家领导人论文艺》，文化艺术出版社1982年版，第253页）——耀邦同志用“三个高峰”来概括精神文明建设，我认为很有道理，实际上形象地体现了精神文明建设的三个主要方面。

十四届六中全会以文化建设为主要议题，这本身即已表明党中央对文化建设的高度重视。《决议》指出：“发展文学艺术、新闻出版、哲学社会科学等文化事业，满足人民群众日益增长的精神文化需求，对于提高民族素质、促进经济发展和社会全面进步，具有重要作用。”“建设物质文明关键在党，建设精神文明关键也在党。各级党委必须始终坚持两手抓、两手都要硬，把两个文明作为统一的奋斗目标，一起部署，一起落实，一起检查。考核、评价党政领导班子和主要领导干部，不仅要看领导物质文明建设的实绩和本领，而且要看领导精神文明建设的实绩和本领。这要作为对干部使用和奖惩的基本依据。”可见党中央对文化建设的认识之高和决心之大。

十四届六中全会之后，江苏、福建、宁夏等地纷纷召开全省（区）文化工作会议，贯彻全会精神，加大文化建设力度。像江苏省的文化工作会议，除了文化部门的同志参加，各地市县的党政一把手都到会，省委书记和省长分别发表讲话，其重视程度是前所未有的。

一些地区或城市还纷纷作出区域或城市的文化发展战略和规划。江苏提出建设与经济发展相适应的“文化大省”的奋斗目标，广东确立了“珠江三角洲文化发展战略”，深圳提出建设“现代国际性文化名城”。京、沪、穗等大城市都积极开展文化发展战略研讨。

这些都充分表明，从中央到地方，文化建设正得到全社会的日益关注，重视文化建设正逐步形成共识。

第二，对文化投入的力度加大

十四届六中全会《决议》提出要“切实解决目前宣传文化事业投入总量偏少、比例偏低的问题。”那么，投入“偏少”“偏低”到什么程度呢？

长期以来，我国对文化建设的投入严重不足。早在80年代初，邓小平就曾指出：“经济发展和教育、科学、文化、卫生发展的比例失调，教科文卫的费用太少，不成比例。”① 至今，除了教育和科技在“科教兴国”这一基本国策的推动下投入有了较大幅度的增加，文化投入“比例失调”的状况仍然没有得到改变。1994年国家财政总支出为5819.76亿元，教科文

① 邓小平：《目前的形势和任务》（1980年1月16日），《邓小平文选》（1975—1982），人民出版社1983年第1版，第250页。

卫事业费为957.77亿元，占国家财政总支出的18.11%。其中文化事业费为28.83亿元，仅占教科文卫事业费的3%，占国家财政总支出的0.49%。近几年来，文化事业费占国家财政总支出的总在0.45%左右徘徊，比“六五”期间的0.51%有所下降。

去年，教育经费1800亿元（其中500亿元为社会集资），而文化经费只有43亿元。我并不是说教育经费太多，我们这么大的国家，这点教育经费并不多，距离教育发展纲要的标准还有差距。我要强调的是，文化经费太少了，简直少得可怜，太不成比例。

由于国家投入不足，给各项文化事业带来严重影响和损失。以图书馆事业为例，我国早在“六五”计划中就已提出县县有图书馆的目标，至今尚有178个县无图书馆。在已有的县级图书馆中，有馆无舍（只有一个空牌子）和有馆无书的还相当多。图书馆的购书经费得不到保证，有的县级图书馆根本没有一分钱购书费，连报纸也订不了。甚至连位居亚洲第一的北京图书馆，购书数量特别是外文图书数量也在逐年递减，一些长期订阅的科技方面的外文期刊，由于价格昂贵不得不忍痛割爱，读者很有意见。据统计，北京图书馆的期刊藏量仅为英国国家图书馆的四分之一。1995年，国务院研究室和发展研究中心在五台山召开新的经济增长方式研讨会，为制定“九五”规划作准备。我作了一个大会发言，其中提到公共图书馆建设，文化部在制定文化事业发展“九五”规划时提出人均0.3册藏书作为奋斗目标。当时，袁木同志和马洪同志听了大吃一惊。我们知道，图书馆通常是一个国家或一个地区文明程度的标志，对于提高全民族的思想道德素质和科学文化素质负有重要使命，长此下去，何以担当此任？

另外，由于投入不足，造成高层次、高品位文化的萎缩，如学术著作出版难，高雅艺术面临困境，等等。

正是看到了这些问题，十四届六中全会召开前夕，国务院发布了《关于进一步完善文化经济政策的若干规定》（国发37号文件），主要有两条优惠政策：一是开征文化事业建设费，二是鼓励对文化的捐赠。关于开征文化事业建设费，就是规定征收新闻媒体如电视、报纸等的广告收入的3%，以及高消费娱乐业如歌厅、舞厅等的营业额的3%，用于支持发展文化事业。关于对文化事业的捐赠，也叫赞助，属于国际通例。各国都不同程度地采用这种方法来帮助、扶持发展文化事业，对捐赠者不管是企业、个人还是社会团体等都给予免税等优惠政策，以提高他们的积极性。如美国税法规定对交响乐、芭蕾舞、歌剧等9种艺术门类给予赞助，企业就可以享受免税待遇。在美国，企业赞助文化的金额是联邦政府投入的10倍。这实际上可以看作是政府投入的另一种形式。在我国这个问题一直还没有解决好，现在开了个口子，允许对高雅艺术、文物保护的赞助可以享受有关优惠政策。而对教育捐赠的优惠政策早就实行了。

全会召开半年多来，各地贯彻落实《决议》精神和有关文化经济政策，出现了可喜的景象：一是加大了文化投入的比例。如北京市去年的文化事业费由上一年度的3200万增加到6700万，翻了一番还多。全会之后，北京市委市政府专门作出了加快北京市文化事业发展的决定，出台了一系列有力措施。二是解决了部分文化单位差额拨款的问题。长期以来，一部分文化单位，主要是艺术表演团体被当作差额拨款单位，资金严重不足，现在基本上都改为全额拨款。宁夏等地还加大投入力度，办好重点剧（院）团。三是落实了税利返还政策。文化单位上缴的税利可以返还文化部门用于发展文化事业，这项政策长期没有得到落实，全会后江苏等地已率先实行。四是图书馆购书经费单列，数额增加。五是设立文化发展专项资金。这些措施将会加大对文化的投入，促进文化事业的繁荣发展。

第三，各地兴起文化设施建设热潮

国家大剧院和国家博物馆这两项具体的文化设施建设写进十四届六中全会决议，这在中国共产党的历史上，在中华人民共和国的历史上，都是前所未有的事情。据说，全会《决议》的征求意见稿发到各省市和各部委征求意见时，没有哪一个省、哪一个部门对这两项文化设施建设提出不同意见的。

十四届六中全会决议产生的直接影响，就是各地迅速兴起了大型文化设施建设的热潮。我们最近走了几个省市，形势十分鼓舞人心。如上海，博物馆投资5个多亿，大剧院投资12个亿，都在建设当中。图书馆投资6个多亿，已经建成，还要建东方音乐厅和马戏城。江苏也要建大剧院、图书馆、美术馆。山东图书馆扩建工程正在建设当中，还要建音乐厅和美术馆。安徽也要建图书馆和博物馆。内蒙古图书馆作为自治区成立40周年献礼工程即将建成。云南也正在规划建设新的图书馆。可以预见，到本世纪末，一大批大型的标志性文化设施将陆续建成，文化设施落后的面貌将大为改观。

第四，文化事业发展处于积极向上的态势

党的十四届六中全会《决议》对文化建设的战略地位、方针政策、主要任务和具体措施提出了明确的要求，为文化事业的发展创造了前所未有的历史机遇。刘忠德部长多次引用拿破仑的一句名言：人们等待机遇，我却要创造机遇。他说：根据历史唯物主义的观点，机遇是不能创造的，拿破仑却要去创造，这是强调人的主观能动作用。现在机遇来了，我们必须抓住机遇，振奋精神，努力奋斗，去开创文化工作的新局面。

六中全会闭幕之后，第二天上午文化部就向全体党员做了传达，下午召开党组会，研究如何贯彻落实，很快就形成了文化部党组《关于学习贯彻党的十四届六中全会精神的意见》，对近期工作作了具体部署。春节后，党组成员分头到各省调研，了解、检查各地贯彻落实六中全会情况。总之，全国文化系统上上下下热情很高，干劲很足，处于一种积极进取的精神状态和发展趋势。

二、主要成绩和存在问题

先说说成绩，主要体现在以下六个方面：

1. 文艺创作日益繁荣

繁荣文艺创作是文化工作的中心任务，而文艺繁荣的主要标志就是出优秀人才和优秀作品。广大文艺工作者认真贯彻“二为”方向和“双百”方针，坚持弘扬主旋律、提倡多样化，“以高尚的精神塑造人、以优秀的作品鼓舞人”，近年来创作出一大批优秀的文艺作品。如舞台作品就有歌剧《苍原》、京剧《曹操与杨修》等一批精品剧目。为纪念世界反法西斯战争和抗日战争胜利50周年而创作演出的大型歌舞《光明赞》，得到广泛好评。

文化部门十分注重普及与提高的关系，以精品生产带动普遍繁荣，努力满足广大群众不同层次的文化需求。如北京音乐厅多年来利用寒暑假举办“音乐之门”系列音乐会，以低价位面向中小学生普及音乐知识。上海注重广场文化建设，举办双休日义演活动，许多知名艺术家走上街头向群众献艺，深受市民欢迎。多年来文化部门组织送文化下乡活动，不仅丰富了广大农民的文化生活，也使文艺工作者深受教育和感染。特别是中直院团的艺术家们下乡演出，每一场都是人山人海，气氛热烈。

2. 文化体制改革取得突破性进展

长期以来在计划经济体制下形成的文化体制，与社会主义市场经济体制的新形势已经很不适应，严重影响和阻碍了文艺生产力的发展。这些年来，随着改革开放的深入，文化体制改革也一直在不断推进，并且取得了一定的成效，但许多问题特别是一些深层次的问题还没有得到根本性的解决。譬如，群众意见最大的演员“走穴”问题。一些演员包括有的名演员，自己团里的演出不参加，长期在外面参与一些商业性的组台演出，把嗓子唱坏了，买几片润喉片还要回团里报销，团长也拿他没办法。再譬如画院的体制问题，我们到很多地方调研都反映到这个问题。每个省市包括一些大中城市都有画院，养着一批画家，规定每年交那么几幅作品，就算完成了工作量。其余时间创作的画，都是自己拿到市场上去卖，收入完全归个人所有。有的画家都已经买了不只一处别墅，而国家还要给他发工资，分房子，所有的笔墨纸张全都报销。你说哪个国家、哪个时代有这样的好事情？

因此，进一步深化文化体制改革势在必行。近年来文化部主要推进了中直院团的文化体制改革，进而带动全国的文化体制改革。我们确定了改革的指导思想是：与建立社会主义市场经济体制相适应，与社会主义精神文明建设的要求相一致，与文化艺术自身的发展规律相符合。或者说，按照社会主义精神文明建设的要求，遵循文化发展的内在规律，发挥市场机制的积极作用。要求通过改革，逐步建立起科学合理的布局结构，充满活力的运行机制，长期稳定的经费来源渠道。进一步明确国家与院团的关系，院团与演员的关系，贡献大小与经济效益相挂钩，充分调动演员的积极性与院团的积极性，促进文艺生产力的发展。

改革抓住了两个关键的环节：一是实行演出补贴制。就是改变投入方式，把过去的艺术生产之前的投入改为艺术生产之后的补贴。演出剧目越多，经济效益与社会效益越好，得到的补贴就越多；反之，演出剧目少，两个效益差，得到的补贴就少，如果没有剧目也就没有补贴。再也不像过去那样撒“芝麻盐”，吃“大锅饭”，有效调动了院团的生产积极性。二是实行考评聘任制。所有演员必须通过业务考试重新聘任，院团长也要与文化部签订目标责任书，实行任期内的责任制。特别是对演员的考试和聘任，大大激发了他们的学习、工作热情，大大调动了他们的积极性和创造性。长期冷清的院团一下子变得活跃起来，以至于院团周边地区的居民纷纷到文化部告状，说剧团排戏和演员练功扰民，早上太早，晚上太晚，影响了他们的正常生活。改革后的中国交响乐团（即原中央乐团）首场演出获得成功，江泽民总书记出席并给予鼓励。中央民族乐团访美演出也大获成功。实践表明，中直院团的改革成效显著，取得了突破性进展。

3. 文化市场发展迅速

改革开放以来，我国的文化市场从无到有，从小到大，通过不断的培育和发展，现已逐步形成九大市场，即：娱乐市场、音像市场、演出市场、电影市场、美术市场、书报刊市场、文物市场、文化艺术培训市场和国际文化市场。国际文化市场，是我们国家对外开放的必然结果，有人把它称为“中外文化交流市场”，我觉得不是太确切，文化交流更多的是一种政府行为，当然即使是政府行为现在有时也与商业运作的方式交织在一起，但就性质而言，文化交流还是政府行为，不是市场行为。“国际文化市场”是指那些纯商业性的引进或输出的文化项目，从发展的趋势来看，随着文化产业的迅速发展，将成为一个越来越大、越来越重要的市场。

这样一个相对完备的文化市场，对于活跃城乡的文化生活，满足广大群众不同层次的文化消费，起到了重要的作用。但是，我们也要看到文化市场在发展过程中的负面作用和消极影响。譬如，由于经济利益驱动，盗版侵权、制黄贩黄等违法犯罪行为屡禁不止，去年广东就查出了二十多条地下光盘生产线。再如，市场的趋利性导致文化的庸俗化和市侩化倾向，一些内容平庸、格调低下、粗制滥造的文化产品充斥市场，污染文化环境，毒害群众特别是青少年的心灵。因此，对文化市场要加强管理，特别要加强法制建设，依法保障文化市场的健康有序发展。

4. 农村文化工作得到加强

我国是一个农业大国，农村的文化建设，对于农民素质的提高，对于农村经济社会的发展，乃至整个国家的长治久安和小康社会建设，都具有十分重要的意义。由于实行家庭联产承包责任制，农村的经济社会结构发生了很大变化，一段时间以来农村的文化工作受到了不同程度的影响，例如乡镇文化站在一些地方滑坡得比较厉害。近年来，各地特别是东部沿海经济发达地区，农村文化建设得到了重视和加强，出现了一些喜人的景象。一年前，我们到苏南等地调研，看到这里的农村文化建设，令人十分振奋。这里的乡镇都建起了图书馆，藏书都在万册以上，多的达十万余册，有的还配备了电脑。图书馆里夜晚灯火通明，我们完全是随意走进去(没有预先通知，也没有人陪同。)，看到许多农民在这里读书看报，查阅农业科技信息。江阴、无锡等地开展“家庭读书 123 工程”，要求每个农户要有 1 个书架、2 份报刊、300 册藏书，形成了家家户户比读书的良好风尚。锡山区的一个镇建了一座相当漂亮的剧场，剧场落成时请了上海交响乐团在这里演奏了 5 场交响乐，著名指挥家曹鹏陶醉了，他说音响效果完全可以与城里的音乐厅媲美。

近年来文化部为了加强农村文化建设，实施了“三大文化工程”，即文化先进县，万里边疆文化长廊建设，以及少儿文艺蒲公英计划。目前全国文化先进县已达 120 个，在农村文化设施建设和农民开展文化活动等方面都有具体要求，有力地促进了农村文化建设。万里边疆文化长廊建设，已经开展多年，中央和地方投入了大量人力物力，力求通过若干年的建设，在边疆地带建成一个设施完善、活动经常、内容丰富的文化长廊。这对于巩固边防，发展边贸，活跃边境地区群众文化生活，都是很有意义的。少儿文艺蒲公英计划，已经在全国农村建设了一批儿童文化园，起到了很好的示范和带动作用。

我们还非常重视少数民族地区的文化建设，采取了一些优惠政策和措施，如“四优先”，即文化设施建设优先，文艺人才培养优先，文物保护优先，对外文化交流优先。这些优惠政策对于促进少数民族地区文化建设和文艺繁荣，必将起到有力的推动作用。

5. 文物保护得到全社会重视

我国的历史文化遗产极其丰富，新中国成立以后文物保护工作一直很受重视。进入新时期以来，大规模经济建设与文物保护的矛盾日益突现，由于党中央国务院采取了正确的方针政策，使文物保护工作更进一步得到全社会的重视。1992 年和 1995 年，先后两次在西安召开全国文物工作会议，中央领导同志对文物工作提出了“保护为主、抢救第一”的方针，和

“有效保护、合理利用、加强管理”的原则，还提出了文物工作“五纳入”的要求，就是要求各级党委和政府把文物工作纳入当地经济和社会发展计划，纳入城乡建设规划，纳入财政预算，纳入体制改革，纳入领导责任制。正确处理好文物保护与经济发展的关系，动员全民和全社会自觉保护文物。

据初步统计，我国有不可移动的文物约35万处，其中国家重点文物保护单位750处，到本世纪末发展到1000处左右，省级文物保护单位约5千处，县级文物保护单位约5万处。现有历史文化名城共99座，还有11处文物古迹被联合国教科文组织列入世界文化遗产清单，今后还会继续增加。目前我国文物系统所属的各类博物馆达1130个，馆藏文物约1000万件，每年提供各种文物展览1万余个，观众人数达1亿人次。近年来，西藏布达拉宫的维修和三峡库区文物的抢救发掘举世瞩目，得到广泛好评。

6. 对外文化交流进一步扩大

随着我国对外开放的日益扩大，对外文化交流也日益活跃。文化外交作为我国外交的重要一翼，有效地配合了经济外交和政治外交，发挥着独特的不可替代的作用。文化交流，对外传播弘扬中华民族辉煌灿烂的传统文化，宣传当代中国现代化建设的伟大成就，使中国文化在世界的影响越来越大；对内引进世界各国优秀的文化艺术成果，丰富了广大群众的精神文化生活，开阔了眼界。近年来连续开展的主题文化年，产生了广泛而深远的影响。如1996年举办的国际交响乐年，邀请了美国、法国、荷兰、奥地利等世界顶尖的交响乐团来华演出，受到热烈欢迎，使我国人民不出国门就能欣赏到国际一流的交响乐。今年为国际歌剧舞剧年，1998年为国际美术年，1999年为国际民族歌舞年。通过这些主题文化年活动，我国人民特别是北京、上海、广州等大城市居民可以直接欣赏到各国优秀的文化艺术。

目前，我国已与133个国家签订了文化合作协定，在驻外使（领）馆设有86个文化处（组），与世界各国的文化交流与合作越来越频繁。去年经文化部审批的文化交流项目达1580起，12600人次，其中大部分为民间交流项目。一个以政府为主导，官民并举，引进与输出并重，政府行为与商业行为相结合的对外文化交流新格局正在形成。

存在问题，主要有以下三个方面：

1. 投入不足

关于文化投入不足的问题，前面已经谈到。这个问题如果长期得不到解决，势必影响到文化艺术事业的繁荣发展，影响到国民素质的提高，影响到整个民族的创造力，最终必然影响到整个国家经济社会的发展，影响到社会主义现代化建设的进程。特别是公益性文化事业，如图书馆、博物馆、文化馆（站）等，属于典型的公共服务事业，与义务教育、公共卫生和基础科学研究一样，都是必须由财政投入，服务于全体公民的社会事业，是政府的职责所在。如果图书馆没有经费购买图书，博物馆没有经费收购文物，文化馆也没有经费组织开展文化活动，逼得这些文化单位利用场馆去搞那些与文化不搭界的“创收”，那么它们还有什么存在的必要和价值呢？在现代社会分工越来越细的情况下，文化单位却要丧失自身的文化功能去参与“全民经商”，这决不是一种正常现象。

党的十四届六中全会《决议》指出：“建设社会主义精神文明要有物质保障。没有必要的物质保障，精神文明建设的许多任务就难以落实。要从社会主义现代化建设的全局出发，把精神文明建设纳入经济和社会发展的总体规划，保证必需的资金。”要求“切实解决目前宣传文化事业投入总量偏少、比例偏低的问题。”强调“对政府兴办的图书馆、博物馆、科技馆、文化馆、革命历史纪念馆等公益性事业单位，应给予经费保证。对反映国家和民族学术、艺术水平的精神产品，代表国家水平的艺术院校、表演团体和国家重点文物保护单位，有代表性的地方、民族特色艺术团体，要加大扶持力度。”各地贯彻落实全会精神，加大对文化投入的力度，出现了一些好的势头，相信文化投入不足的问题会逐步得到解决。

2. 体制不顺

我国的文化管理体制，从中央到地方，机构设置五花八门，人们形象地概括为“上面三国演义，下面八国联军”“上面多头，下面少腿，中间错位”。由于机构重叠，职能交叉，造成管理上的不统一，经常出现疏漏和混乱。有了利益，互相争抢，为了部门利益打得一塌糊涂；出了问题，推诿扯皮，谁也不愿挨板子。部门与部门之间，行业与行业之间，各自画地为牢，形成不必要的壁垒。听说前些年花卉市场发展得很好，农业部门与林业部门争抢管理权限，打得不可开交，最后只好作出这样的划分：草本花卉归农业部门管，木本花卉归林业部门管。文化市场的管理也是这样，以音像市场为例，出版部门管源头，广电部门管“天上”（播放），文化部门管“地下”（市场），实际上这些环节不可能分得那么清楚，往往容易造成管理上的不统一，形成真空和漏洞，给盗版和制黄贩黄等犯罪分子以可乘之机。

解决体制不顺的问题，主要靠改革，靠政府职能转变。政府管理机关要尽可能减少各种具体的审批权、管理权、罚款权等等，把主要精力集中到宏观管理和科学决策上来，转变到调查研究和制定政策法规上来。

3. 法制不健全

目前，我国文化方面的法律只有两部，就是1982年颁布的《中华人民共和国文物保护法》和1990年颁布的《中华人民共和国著作权法》。这与文化事业繁荣发展的要求，与我们国家民主法制建设的进程，是很不相适应的。与教育领域的立法也有很大的差距。这些年来教育事业的发展，除了得益于科教兴国的基本国策，也与教育立法的相对完备大有关系。立一个法当然很不容易，文化领域的立法也许更复杂一些，例如《新闻法》《出版法》，都搞了十几年了，就是出不来。《图书馆法》《博物馆法》这样的专业性法律，都有国际可比性，也搞了多年了，但还是出不来。现在文化领域的许多方面，如演出、电影、电视、广播、出版等等，都只能依靠国务院条例和部门规章来进行规范。依法保障文化事业的健康繁荣，文化法制建设的任务还相当艰巨。

三、21世纪文化发展趋势

再过两三年，20世纪就要结束，21世纪就要到来。我们在这样一个新的世纪、新的千年到来之际，展望一下21世纪的文化发展趋势，对于我们把握世界大势，抓住机遇，搞好我们国家的文化建设，是不无意义的。下面从四个方面简要地谈一谈：

1. 世界范围内重视文化与发展问题

联合国教科文组织从80年代开始，组织实施了一项“世界文化发展十年”（1988—1997）活动，提出了一些新的文化与社会发展理念，必将对人类未来的发展产生重要影响。“世界文化发展十年”活动是根据1982年在墨西哥城举行的世界文化政策会议的建议，由联合国大会在1986年批准的。在“世界文化发展十年”的文件中提出了“将文化置于发展的中心位置”的重要命题，认为“任何不考虑某个特定人群的自然和文化环境的项目就有失败的危险。这个提法包含了出席墨西哥城会议的代表在世界文化发展十年方面所建议的战略的根本之点。这个战略包含了一系列的协作行动，其目的是在经济和技术发展中将文化和人的价值恢复到中心的位置上。”因而倡导形成一种新的思想方法，“这种方法应对发展的质量和人的因素予以更多的重视，而且能在社会和经济发展各种措施中建立起对文化方面的重要性的认识。”① 1995年，联合国教科文组织“世界文化与发展委员会”发布了第一份世界文化发展报告《我们的创造性的多样性》，这是由前任联合国秘书长德奎利亚尔由牵头，调集了十多个国家的十几位专家学者花了三年的时间而完成的。该报告透露，联合国正在筹备召开全球“文化与发展”高峰会议，这将是与1995年在巴西里约热内卢召开的“环境与发展”大会同等规格的、由世界各国领导人参加的专门讨论文化与社会发展问题的世界性峰会。世界“环发”大会之后，环保问题在世界范围内引起高度重视，如果“文化与发展”世界峰会得以召开，文化对于社会发展和社会进步的重要作用和意义，必将在世界范围内产生更大的影响，以上这些重视文化与发展的新观念必将在世界各国付诸实践。

2. 科学技术对文化发展产生重要影响

由于现代科学技术日新月异的发展，特别是交通、通讯和信息技术的发展，使得地球正在迅速变小，人们之间的文化交流可以超越时空，变得越来越便捷。本世纪发明的计算机和网络技术，使信息交流和文化传播发生了革命性的变化。借助卫星通讯技术，全世界可以同时欣赏维也纳金色大厅的新年音乐会。通过网络，可以立刻下载好莱坞刚刚出炉的美国大片，可以随时阅读世界各大图书馆的数字化书籍，可以尽情欣赏全球各大博物馆的数字化馆藏精品……这些不仅改变了人们的生活方式，也改变了人们的思维方式，对文化交流与文化创造从形式到内容产生越来越大的影响。在这种情况下，新世纪的文化建设必将面临许多新的机遇与挑战。

---

① 参见联合国教科文组织编《世界文化发展十年实用指南》，北京大学出版社1989年版。

在各种挑战当中，最大的挑战可能就是国家的文化安全问题。在新技术革命的影响下，在西方某些强势文化的冲击下，如何保持文化的独立性，维护文化的多样性，已经成为世界性的问题，尤其是发展中国家的问题。上面提到的联合国教科文的“世界文化发展十年”提出了“维护和提高文化特性”的问题，认为“构成各民族文化生活的真正基础受到了威胁。一些文化的世界性影响，广告和传播工具的影响，由于标准化的生产方式所引起的情趣和生活方式的标准化，某些传统价值的变质及鉴别新价值的困难”，因而必须“保存、维护和促进他们的文化特性”①。

3. 文化产业将成为新的经济增长点

由于二战之后世界没有爆发大规模的战争，半个世纪以来相对和平稳定，经济持续增长，人们用于文化消费的比重不断加大，刺激了文化产业的迅速发展。在美国、加拿大、英国、法国、日本等发达国家，文化产品成为主要的出口创汇项目，甚至成为国民经济的支柱产业，被称为“朝阳产业”。又因为文化产业不消耗资源，被称为“无烟工业”和“绿色工业”。因此，文化产业必定是21世纪优先发展的战略性行业。我国在世界上具有无与伦比的丰富多彩的文化资源，随着经济社会的不断发展，群众的文化消费需求不断增长，市场潜力无限，这些都是我们发展文化产业的有利条件。不仅如此，文化与文化产业的竞争，是一场“没有硝烟的战争”，我们只有发展好自己的文化和文化产业，在未来世界文化产业竞争的大格局中抢占制高点和必要的市场份额，才能有效抵御西方的文化渗透和文化侵略。

4. 中国在21世纪应当成为文化大国

在世纪之交，一些学者讨论东西方文化在新世纪的命运，很多人认为21世纪是东方文化的世纪，以中国儒家文化为代表的东方文化必将在21世纪复兴和光大。两年前，曾经担任过文化部长的著名作家王蒙先生在全国政协做过一个大会发言，提出我国应当成为文化大国，引起强烈反响。王蒙认为，我国要成为经济大国，一时还不大可能；成为军事大国更不可能，因为中华民族是一个爱好和平的民族；但我们在文化上是举世无匹的，应当有所作为，成为文化大国。现在很多地方如江苏、浙江等省纷纷

① 参见联合国教科文组织编《世界文化发展十年实用指南》，北京大学出版社1989年版。

提出建设“文化大省”，如果国家也提出一个建设“文化大国”的奋斗目标，对于我国21世纪的文化建设乃至整个中华民族的伟大复兴都是具有战略意义的。

今天就讲到这里，讲得不对的地方请各位校长批评指正。谢谢！

关于文化建设的几对矛盾

——2000年11月19日，在杭州浙江省文化厅主办地（市）县文化局长培训班的演讲

大家都是文化工作的领导者和实践者，很多同志反映，在实际工作中经常会遇到一些理论问题，感到似是而非，不甚明了。因此，今天我侧重讲讲理论上的问题，主要讲文化建设的几对矛盾：

一、物质生产与精神生产；

二、商品属性与审美属性；

三、社会效益与经济效益；

四、文化事业与文化产业。

大家对这几对矛盾，对这些概念都非常熟悉，因此我不是从一般概念和范畴出发，而是结合这些概念和范畴，针对文化工作中一些具体的理论与实践问题谈谈自己的认识和体会。希望能够与大家共同探讨，讲得不对的地方请同志们批评指正。

一、物质生产与精神生产

（一）人类的社会生产分为物质生产与精神生产两大部类，自从人类进入文明时代就早已形成，随着人类历史的不断发展，社会分工日益细密，但物质与精神这两大部类社会生产依然没有改变。

人类的社会生产分为两大部类，即物质生产和精神生产。与之相对应的生产产品也分为两大部类，即物质产品和精神产品。物质产品是物质生产的成果，表现为物质形态，主要用来满足人们的物质生活需要；精神产

品是精神生产的成果，表现为观念形态，主要用来满足人们的精神生活需要。

作为观念形态的精神产品，大体上可以分为两大类型：一类是学术性精神产品，如社会科学中的哲学、宗教、经济、政治等思想学说以及自然科学的诸多领域，如数学、物理、化学、生物、分子、原子等等学科的研究成果；一类是艺术性精神产品，如文学、戏剧、电影、音乐、舞蹈、绘画、雕塑等等。

人类社会之所以在物质生产之外出现精神生产，在物质需求之外还有精神需求，这是人之所以为人的特殊需要，是人的本质规定性所在，也是人区别于动物的根本不同。（有研究认为，动物也有精神现象，只不过没有人类那么高级和精密。）人类不仅有衣食住行等物质方面的需求，还有思考问题、创造和欣赏艺术等精神方面的需求，这在人类进入文明社会的时候就形成了。最近，国家正式公布了《夏商周年表》，把我国的历史纪年由公元前的841年向前延伸了1200多年，这是“夏商周断代工程”的最新成果，把有文字记载的历史向前推进了一大步。实际上，我国的文明史远比有文字记载的历史要早得多，例如我们浙江的良渚文化，就是距今5000多年前的新石器时代的文化。我们面对这些精美的玉器，令人感到不可思议。再如河南出土的9000年前的骨笛，今天还能吹出宫商角徵羽五音来。这些显然不是生产工具，而是一种精神产品，并且达到了相当高的水准。

我们说人类的社会生产自从进入文明时代就分为两大部类，但是在人类文明的早期阶段，这两大部类不可能像今天的社会分工那样细密，一个琢玉工人，可能就是一个著名歌手；一个骨笛演奏家，或许同时还是一个射猎的高手。像我们今天这样的专业作家，古代社会就没有。

随着时代的发展，特别是现代科学技术的发展，人们的社会分工越来越细，专业性越来越强，但人类社会生产的两大部类并没有改变，只不过物质产品的生产和精神产品的生产都朝着高级化的方向发展。例如，航天飞机与音像制品，前者尽管知识含量、科技含量都很高，但它只不过是一个载人到太空的飞行器，仍然属于物质产品；后者尽管是高科技加特殊材料制成，却包含着丰富的精神内容，能够把过去只能在现场欣赏的戏剧、音乐等艺术通过数字化技术压缩储存，供人们不受时空限制地千百次反复观赏，所以它仍属精神产品。这里需要说明的是，任何观念形态的精神产品，除非在你的脑子里还没有问世，一旦问世，就必须以一定的物化形态出现，或者说附着在一定的物质载体之上，如书刊离不开纸张，戏剧离不开舞台，电影离不开拷贝。不依赖任何物质载体的悬在半空中的观念形态，实际上是不存在的。

当然，时代发展到今天，物质产品与精神产品有时候不是那么容易区分，许多物质产品包含着丰富的精神内容，而许多精神产品又总是以物质的形态出现，但从总体上、本质上看，还是只有这两大部类归宿，要么属于精神，要么属于物质。我以为，人类社会这两大部类的生产，一万年以后也不会改变。

（二）物质生产的成果满足人们的物质需要，其使用价值是一次性的，其价格可以用社会必要劳动时间计算；精神生产的成果满足人们的精神需要，可以重复多次，其价值是永恒的，价格也难以准确计量，必须通过社会二次分配进行补偿。

物质产品生产不同于精神产品生产的根本区别有以下几个方面：

第一，物质产品的生产满足人们的物质需求，这种物质的消费是一次性的，其使用价值是短暂的；文化产品的生产满足人们的精神需求，这种精神的消费是可以重复进行的。特别是优秀的精神产品，如中外名著等人类文化精粹，其价值是永恒的。一部《红楼梦》，自从问世以来，多少人反复阅读，多少人为之痴迷，多少人为之垂泪，一代一代以至无穷，所以说精神产品的价值是永恒的。而任何物质产品，当人们的消费完结之后，它的使用价值也就终止了，例如粮食吃了就没了，茶杯摔了就没法再用了，汽车的寿命到了就得报废，所以说物质产品的消费是一次性的，其使用价值是有限的。还有，精神产品具有共享性，很多人可以同时欣赏一部戏剧、电影，可以同时阅读一部小说；而物质产品则不可能，一个苹果，我吃了，你就不可能再去消费它，只能独享，因为物质的消费是一次性的，不可能重复进行。

第二，物质产品的生产成果为物质形态，一般都有可以计量的价值和价格；精神产品的生产成果为观念形态（虽然如上所述总是附着在一定的物质载体上），它的价值和价格往往难以明确计量，有时甚至出现价值与价格乃至投入与产出的严重背离。有的精神产品对人类贡献巨大，其价值不可估量，而创造者所得无几，如马克思的《资本论》。这部马克思主义经济学巨著，它揭示了资本主义生产规律特别是资本家剥削工人的秘密，即剩余价值规律，唤醒了全世界无产者为推翻剥削阶级而进行的伟大革命。《资本论》对人类社会进步的贡献之大是不言而喻的，而作者马克思和恩格斯所得到的稿酬却少得可怜，马克思曾经诙谐地说过，还不及他在写作《资本论》时所抽的雪茄烟的烟钱。这种现象在精神生产领域是很普遍的，有句笑话叫作“十五的月亮十六圆（元）”，就是讽刺这类不合理的现象的：歌手在台上走几圈，唱一首歌要价成千上万，而歌曲作者写作这首歌只不过得到十几元稿费。精神产品价值与价格不统一甚至严重背离的现象，在物质产品生产领域是不存在的，通过“社会必要劳动时间”可以比较准确地计算出不同物质产品的价值和价格，连农民也明白等价交换的原理，知道10斤土豆差不多可以换来1斤花生，今天我们也可以拿出口3000辆汽车的外汇买回1架波音飞机。

第三，物质产品的生产以经济效益为主，追求利润的最大化是天经地义的；精神产品的生产以社会效益为主，当社会效益与经济效益发生冲突时，必须把社会效益摆在首位，或者说“以社会效益为最高准则”。所谓“社会效益”，就是说精神产品所产生的作用和效果是全社会受益的。譬如，我们经常说某首歌、某出戏、某部小说激励了几代人，是说这些精神产品对人们产生了很大的影响，鼓舞了人们的精神和力量，使得大家努力工作，为社会作出了贡献。而这种贡献的经济价值既无法计量，精神产品的生产者（即某首歌、某出戏、某部小说的作者或演出团体）也无法直接受惠。物质产品的生产则不然，无论是个体生产还是跨国公司，他们生产的产品和利润，亦即经济效益，都完全、直接归个人或公司所有。关于经济效益与社会效益的问题，后面还要专门讨论，这里先点到为止。

由于上述原因，精神产品的生产不能搬用物质产品生产的规律。必须通过社会二次分配，即利用从物质产品生产中征得的税收，在财政预算中划分适当的比例，对精神产品的生产者进行必要的补偿。以艺术表演团体为例，能够通过演出门票收入维持艺术生产和生存的剧团并不多，特别是那些从事高雅艺术（如歌剧、舞剧、交响乐等）和民族艺术（如我国的京剧、昆曲及各种地方戏曲）的剧团，一般都需要财政予以扶持，或者通过立法引导社会资助。1997 年我在法国考察，我们与法国文化部的同行交流，他们告诉我们，法国的 5 个国家院团的经费主要由国家财政拨付，大概占院团收入的 60% 到 80% 不等，远远高于我国国家院团财政拨款的比例。对于这一类精神产品的生产，如果政府不予以投入和扶植，而是与物质产品生产一样，完全听任市场规律和价值规律决定其生死存亡，就是无视精神产品生产与物质产品生产的不同特点和规律，其结果只能是文化的毁灭。

（三）物质生产与精神生产相互依赖，相互促进。改革开放的经验表明，物质文明与精神文明要“两手抓”，经济建设与文化建设要协调发展。

马克思主义认为，经济基础决定上层建筑，社会存在决定社会意识；但同时上层建筑又反作用于经济基础，一定的思想意识形态能够推动或者阻碍社会的发展与进步。这是马克思主义的基本原理。党的十二届六中全会做出的《中共中央关于社会主义精神文明建设指导方针的决议》（1986）对物质文明建设与精神文明建设的关系早就有非常准确的阐述：“物质文明为精神文明的发展提供物质条件和实践经验，精神文明又为物质文明的发展提供精神动力和智力支持，为它的正确发展方向提供有力的思想保证。”这是完全符合马克思主义关于经济基础与上层建筑学说，完全符合建设有中国特色社会主义的实际的。我们既要紧紧抓住发展经济这个中心不动摇，又要下大力气搞好社会主义精神文明建设，使二者相互促进，共同发展。

物质文明和精神文明“两个文明”建设是从两大部类社会生产发展而来的。最早提出“精神文明”建设的是邓小平同志，1979 年，当“文革”的灾难刚刚结束，邓小平就在第四次文代会的《祝辞》中高瞻远瞩地指出：“我们要在建设高度物质文明的同时，提高全民族的科学文化水平，发展高尚的丰富多彩的文化生活，建设高度的社会主义精神文明。”此后，邓小平同志关于“两个文明”建设有一系列的论述，反复强调两个文明要一起抓，必须“两手硬”，防止“一手硬”“一手软”。这一思想在《邓小平文选》中体现得很充分，很突出。

从邓小平提出“两个文明”建设，到江泽民在建党七十周年的讲话提出有中国特色社会主义经济、政治、文化三者有机统一，再到党的十五大确立社会主义初级阶段的基本纲领，提出“社会主义现代化应该有繁荣的经济，也应该有繁荣的文化”，“文化是综合国力的重要标志”，到今年年初提出“三个代表”，强调中国共产党要代表中国先进生产力的发展要求，代表中国先进文化的前进方向，代表中国最广大人民群众的根本利益，逐步确立了文化建设（或者说精神文明建设，此时为同义语。）在整个社会主义现代化建设中的战略地位和重大作用。物质文明与精神文明要同步建设，相互促进；经济建设与文化建设要协调发展，共同繁荣。

二、商品属性与审美属性

（一）绝大多数精神产品具有商品属性，进入流通领域成为大众消费品。

前面我们讲到了物质产品与精神产品的主要不同之处，实际上它们也有很多相同的地方：二者都是人类的劳动成果，都是劳动产品，都具有一定的价值和使用价值。精神产品一般都可以作为商品进入流通领域，具有商品的属性，受到商品规律和价值规律的制约。精神产品进入市场之后，也如同物质产品一样接受市场法则的检验，接受消费者的选择，优胜劣汰，适者生存。马克思主义关于商品的一般定义，对于绝大多数精神产品都是适用的。

改革开放以来，特别是建立社会主义市场经济体制以来，我国文化市场的迅速发展充分证明了这一点。我们通常所说文化市场已形成“九大市场”，几乎囊括了精神产品生产的所有领域。这九大市场包括：娱乐市场、音像市场、演出市场、电影市场、美术市场、书报刊市场、文物市场、艺术培训市场和国际文化市场。“国际文化市场”有的称之为“对外文化交流市场”，我觉得这个提法不太妥当。国际间的文化交流，一般看作是政府行为，不是市场行为。当然随着交流的日益扩大，形式越来越多样化，市场行为与政府行为有时会交织在一起。还有近年来迅速发展的文化产业，可以说是一种与文化相关的经济活动，是一种商业文化、市场文化，它所涉及的范围完全都是进入市场的精神文化产品，都具有商品属性。关于文化产业的问题，在下面还要具体讲。

当然，也有不进入市场的精神产品，譬如有人写的诗歌、小说等文学作品，只供自己或朋友欣赏，并不出版，这类精神产品因为不进入市场，也就不具有商品属性。另外，群众性自娱自乐活动，如街头的扭秧歌、京剧清唱等，也不具有商品属性。像北京景山公园的星期天群众大合唱，原来只在半山的亭子里，有几个热心人，到了星期天就聚在那里唱歌，有指挥的，有伴奏的，你愿意跟着唱就一块唱，最多的时候有几百人，现在发展到好多处，歌声此起彼伏，热闹非凡。可能各地也都有这类群众性活动，都属于此类自娱自乐，不具有商品属性。此外，还有一项重要内容，也属于不进入市场的精神产品，即由政府无偿提供的公共文化产品，如无偿提供服务的文化机构，像图书馆、博物馆、文化馆、科技馆等等。虽然博物馆、科技馆等收一点门票，但只是象征性的。至于这些地方设立的部分项目的有偿服务，则是另外一个问题。再如政府组织的大型纪念活动和节庆活动，也有一些无偿提供的展演活动，亦属此列。不过，今后这类政府组织的活动将会越来越少，或者与市场机制相结合，这是发展趋势。主要有这么三种类型的精神产品不进入市场，不具备商品属性。

（二）与一般物质产品不同的是，精神产品既有商品属性，又有审美属性，而且是最本质的属性，或者可以称之为“非商化特质”。

精神产品的审美属性是一般物质产品所不具备的，这是精神产品与物质产品最本质的区别。当然，这并不是说物质产品就不存在审美的问题，实际上很多物质产品也有审美的因素，如汽车的造型漂亮不漂亮，花布的图案好看不好看，这是渗透在物质产品中的精神创造，或者说含有精神创造成分的物质产品，当然也存在审美的问题。甚至连水稻、棉花之类纯天然的物质产品，也有色泽和品质等属于审美方面的因素。但是，必须指出的是，物质产品所包含的审美因素与精神产品的审美本质不是一回事。精神产品的审美属性主要体现在以下四个方面：

第一，精神劳动的独创性

精神产品的生产者，如作家、艺术家的劳动，是一种创造性的复杂的精神劳动，比起物质生产劳动，具有更多的独立性和自主性。写什么和怎么写，文艺家应当享有充分的自由，这样才能发挥他们的主动性、积极性和创造性。即使是集体创作，与发挥文艺家个人的聪明才智也并不矛盾。如果不尊重文艺家的创造性，不尊重文艺创作的内在规律，就很难有效地进行文学艺术的创作。正是在这个意义上，邓小平强调“不要横加干涉”。作为精神产品的文艺家的劳动成果，也与物质生产的劳动成果不同，正如马克思所说的那样：“我们从小麦的滋味中尝不出种植小麦的人是俄国的农奴，法国的小农，还是英国的资本家。”① 文艺家的作品不同于麦子和土豆，也不同于流水线上下来的汽车和电器，只能是前所未有与众不同的“这一个”，只许创新，不能重复。现存唐诗五万余首，没有一首是重复的；鲁迅的杂文，普希金的诗歌，巴尔扎克的小说，都是他们独具个性的不朽创作。

第二，审美价值的永恒性

价值是借用经济学名词。尽管精神产品的价值也是由精神生产者“生产”出来的，但它与一般物质产品的价值有着根本的不同。物质产品的价值是由它的使用价值所决定的，表现为物质形态；而精神产品即使常常也表现为物化形式，但它之所以能够满足消费者的精神审美需求不是物化形式本身，而是通过物化形式所表现出来的观念性的东西，即它的审美价值。假设一部《红楼梦》标价30元人民币，它决不意味着就是这部《红楼梦》的价值，这只不过是其物化劳动的费用，而《红楼梦》的审美价值则是书中所蕴涵的博大精深的思想内容和卓越精湛的艺术成就。精神产品的审美价值与一般物质产品的价值，二者的区别还在于：任何物质产品总是受到一定时空的限制，都有一定的使用寿命，都不可能永远地保存下去；而文化产品则可以超越时空，具有恒久性。譬如，一把椅子坐坏了，主人把它扔掉了，这件物品就不存在了，其使用价值也就到此终结。然而一本好书读破了，主人也把它扔掉了，这本书虽然不存在了，但这本书的审美价值依然存在。因为，同一书籍还有别人保存，还有不断出现的新的版本，还可以进行数字化处理永久保存。并且，审美价值越高生命力越长，有的甚至可以永远与人类共存，如屈原诗歌中所表现的爱国主义精神，作为中华民族宝贵的精神财富将会千秋万代地流传下去，李白就说过：“屈平诗赋悬日月，楚王台榭空山丘。”

第三，精神产品生产的阶段性

一般精神产品都具有精神内容和物质外壳两重性，这是精神文化产品

---

① 马克思：《政治经济学批判》，《马克思恩格斯全集》第13卷，人民出版社1962年版，第16页。

生产过程的阶段性所决定的。精神产品的生产过程，大多包括精神生产和物质生产前后两个阶段，前一阶段是学者、作家和艺术家富有独创性的精神劳动，后一阶段则是由物质生产部门的劳动者所进行的物质劳动。例如，书籍的生产，作者创作，编辑审稿，属于精神劳动阶段，而印刷、装订等则为物质生产阶段。歌曲的生产，词曲作家作词谱曲，歌唱家演唱，属于精神劳动阶段，而后录制成唱片或光碟，则是物质生产阶段。这两个阶段不同性质的劳动过程，使精神文化产品由观念形态转化为物质形态，亦即精神内容和物质形态的统一。在这里，起决定作用的是前一阶段的精神生产过程，因为决定精神文化产品本质的不是它的物质载体，而是它的思想内容、审美价值和艺术水准。物质产品的生产，尤其是现代化的高科技产品，如电视机、电脑等产品，虽然也有设计和施工等不同阶段和生产流程，但这些产品的价值在于它作为一件物质产品本身，即它可以用来收看电视和打字、上网的功能和价值，而不在于它的外观多么具有美感（虽然这也是产品的价值因素之一）。

第四，价值与价格的不统一性

前面已经讲到，物质产品的价格是根据创造这一产品的使用价值所耗费的社会必要劳动时间所决定的，价值与价格相一致，这是商品经济等价交换的原则。精神产品则不然，它不可能像物质产品那样精确地计算社会必要劳动时间，价值与价格往往很难统一起来，因而精神产品就难于实现真正意义上的等价交换。不仅如此，由于文化传统、艺术时尚、国民素质等种种原因，精神文化产品的价值与价格还会出现背离甚至严重背离的情况。比如，被马克思称为“出于春蚕吐丝一样的必要而创作《失乐园》”的密尔顿，耗尽了自己毕生的心智，结果仅仅得到5个英镑。再如前面已经提到过，马克思的巨著《资本论》的全部稿费，还不及他写作时吸雪茄烟的钱。这种不合理的状况与物质产品价格依照市场规律进行自然调节大不一样，“好东西”不一定卖得出“好价钱”。

因此，钱钟书先生提出来，精神产品特别是人类的文化精粹具有“非商化特质”。1992年，钱钟书先生有感于当时文化领域的商业化倾向，他在接受《人民政协报》记者采访时说过：“崇高的理想、凝重的节操和博大精深的科学、超凡脱俗的艺术，均具有非商化的特质。强求人类的文化精粹，去符合某种市场价值价格的规则，那只会使科学和文艺都‘市侩化’，丧失其真正进步的可能和希望。历史上和现代的这种事例还少吗？我们必须提高觉悟，纠正‘市侩化’的短视和浅见。”

（三）认识精神产品具有商品属性与审美属性双重属性的现实意义。

改革开放以来，随着我国商品经济的迅速发展，特别是党的十四大确立了社会主义市场经济体制之后，我国的文化事业也相应发生了一系列深刻的变化。在新的形势面前，正确认识精神产品的商品属性和审美属性，有助于我们正确把握精神产品与市场经济的关系，促进文化事业和文化产业在市场经济条件下健康发展。

正确认识精神产品的双重属性，其现实意义主要有两个方面：一方面要遵循商品经济规律，利用市场机制，促使精神产品面向市场，适应市场，在市场经济条件下蓬勃发展；一方面又要反对文化艺术商品化的倾向，不能完全由市场取向来决定文化艺术的兴衰存亡。

关于利用商品经济规律，利用市场机制发展文化事业和文化产业，这些年来文化体制改革的实践已经做出了充分有力的说明。文化市场迅速崛起，蓬勃发展；国家、集体、个人等多种经济成分并存，承包、联营、合资等多种经营形式并举；竞争机制引入文化领域，大大激发和促进了文艺生产力；以文化娱乐业为主的文化第三产业方兴未艾，新兴的艺术门类和娱乐方式层出不穷，大大丰富和满足了群众的精神文化生活。这些都是商品经济和市场机制给文化事业带来的新鲜气象，为文化事业和文化产业的发展注入了活力，其积极作用有目共睹，毋庸置疑。

关于反对文化艺术商品化倾向，就是要克服和纠正近年来的文化拜金主义，即一切以市场为取向，以票房价值和赚钱营利为准则，单纯追求经济效益的严重错误倾向。现在有些人经不住商品浪潮的冲击，不惜降低艺术品位，甚至不惜降低人格，来迎合市场，迎合一部分读者和观众，导致文化的庸俗化倾向。譬如，书摊上（岂止书摊）许多内容平庸、格调低下、粗制滥造的书刊，舞台上或屏幕上一些追求新奇刺激或不健康的演出和影视作品等等。制造这些精神垃圾的所谓作家、艺术家实际上已经沦为金钱的奴隶，沦为劣质文化消费品的制造商。正如邓小平所批评的那样：“‘一切向钱看’的歪风，在文艺界也传播开来了，从基层到中央一级的表演团体，都有些演员到处乱跑乱演，不少人竟用一些庸俗低级的内容和形式去捞钱。很可惜，有些名演员，有些解放军的文艺战士，也被卷到里边去了。对于那些只顾迎合一部分观众的低级趣味，而不惜败坏社会主义文艺工作者光荣称号的人，广大群众表示愤慨是理所当然的。这种‘一切向钱看’、把精神产品商品化的倾向，在精神生产的其他方面也有表现。有些混迹于文艺界、出版界、文物界的人简直成了唯利是图的商人。”① 对于文艺的“商品化”和庸俗化倾向，我们必须通过有效的政策调控和正确的舆论导向，进行坚决地遏止和纠正。

三、社会效益与经济效益

（一）精神产品的“双重属性”带来精神产品生产的“两个效益”。

由于精神产品具有商品属性和审美属性这样的“双重属性”，因而带来了精神产品生产者（部门）必须注重的经济效益和社会效益这样“两个效益”。

精神产品的商品属性决定了精神产品的生产者必须注重经济效益。过去，在计划经济年代，一切由政府包揽，“皇帝的女儿不愁嫁”，文化单位不注重经济效益，不讲究成本核算和票房价值，也许还过得下去。今天，在社会主义市场经济条件下，经过了几轮文化体制改革，我们的精神产品生产部门，如果再不注重经济效益，再不讲究投入产出和票房效果，恐怕连生存都困难，更谈不上繁荣发展了。因此，我们的精神产品生产，一定要适应社会主义市场经济体制的要求，一定要研究市场供求关系和消费心理的变化，一定要讲究投入、产出、利润核算，在可能的情况下争取更多的经济回报，争取达到“两个效益”的良性互动。试想，一部作品的经济效益等于零，即使它的社会效益再高，也无从体现和发挥出来啊！

另一方面，精神产品的审美属性决定了精神产品的生产者必须尤其注重社会效益。邓小平同志在第四次文代会的《祝辞》中强调：“对人民负责的文艺工作者，要始终不渝地面向广大群众，在艺术上精益求精，力戒

① 邓小平：《党在组织战线和思想战线上的迫切任务》，《邓小平文选》第3卷，人民出版社1993年版，第43页。

粗制滥造，认真严肃地考虑自己作品的社会效果，力求把最好的精神食粮贡献给人民。”这是何等诚恳的话语，又是何等殷切的期望！每一个对社会负责、对人民负责的文艺工作者乃至所有的精神产品生产者，都应当深长思之，把最好最美的作品贡献给社会，贡献给人民。

在多数情况下，精神产品的“两个效益”是统一的。一部作品，有了良好的经济效益也就能够发挥良好的社会效益；同样一部作品的社会效益很好，其经济效益也会比较可观。这样的例子很多，比如我们浙江的“小百花”越剧团，每排一出戏都很叫座，经济效益很好，影响越来越大，名气越来越响，形成了“小百花现象”，也成了我们浙江的一个文化品牌。这就是经济效益和社会效益取得了双丰收，形成了良性循环。当然，也有“两个效益”不统一的时候，甚至产生矛盾和冲突。譬如，一些很有价值的学术著作，由于读者面窄，经济效益往往不理想，甚至出版不了，只能束之高阁；而一些低俗乃至淫秽的东西倒很能赚钱，甚至可以牟取暴利，但给社会带来精神污染，社会效益极其糟糕，这种情况可以说经济效益越高，对社会的危害越大。这种矛盾现象，在社会主义初级阶段，在社会主义市场经济体制和社会主义法制尚不完善的情况下，可能还不是个别的、局部的、偶然的，怎么办？一是要坚持社会效益为主，二是要完善文化经济政策。

（二）精神生产部门必须坚持把社会效益摆在首位，力争达到社会效益和经济效益的统一。

1985 年 9 月 23 日，邓小平同志在中国共产党全国代表会议上的讲话中最先提出了社会效益的问题，他说：“思想文化教育卫生部门，都要以社会效益为一切活动的唯一准则，它所属的企业也要以社会效益为最高准则。思想文化界要多出好的精神产品，要坚决制止坏产品的生产、进口和流传。”① 这里用了一个“唯一准则”，一个“最高准则”，可见重视和强调精神产品的社会效益，这个思想是毫不含糊的。

1994 年 1 月 24 日，江泽民总书记在全国宣传思想工作会议上的讲话中提出了实现经济效益和社会效益统一的问题，指出：“坚持把社会效益

① 邓小平：《在中国共产党全国代表会议上的讲话》（1985 年 9 月 23 日），《邓小平文选》第 3 卷，人民出版社 1993 年版，第 145 页。

放在首位，在这个基本前提下实现经济效益和社会效益的统一。……我们在宣传文化工作中要始终把社会效益作为最高准则，当经济效益同社会效益发生矛盾时，自觉服从社会效益。”① 稍后，中央召开了十四届六中全会，作出了《中共中央关于加强社会主义精神文明建设若干重要问题的决议》，强调：“文化产品具有不同于物质产品的特殊属性，对人们的思想道德和科学文化素质有重要影响。要坚持把社会效益放在首位，力求实现社会效益和经济效益的最佳结合。”一个要求达到“两个效益”相“统一”，一个要求达到“最佳结合”，意思是完全一致的，都是从精神文化产品与物质产品所不同的特殊性亦即它的审美属性出发，强调把社会效益放在首位，在这个前提下尽可能实现经济效益和社会效益的统一，也就是“两个效益”的双丰收。

（三）解决社会效益与经济效益之间的矛盾，关键在于完善有关文化经济政策，对精神文化产品的生产实行分类指导。

前面讲到两大部类社会生产，由于精神产品生产不同于物质产品生产的特殊性和复杂性，必须通过社会二次分配，利用从物质产品生产中征取的税收，再通过财政预算对相关精神产品的生产者进行补偿和资助，这就是文化经济政策的由来。我们必须完善和落实有关文化经济政策，对精神文化产品的生产实行分类指导，促进各类文化事业和文化产业的繁荣发展。

1996 年初，江泽民总书记在全国宣传部长会议上的讲话中提出了一个重要的观点，“要形成有利于把社会效益放在首位的环境和条件”。他讲：“在发展社会主义市场经济的条件下，处理好社会效益和经济效益的关系，是精神产品生产的一个很重要的问题。要进一步研究宣传文化领域的有关政策特别是文化经济政策。要善于运用市场机制增强文化企事业单位的活力，同时要形成有利于把社会效益放在首位的环境和条件。现在，这个问题还没有解决好。不少干部、群众反映，我们有些革命历史纪念馆、博物馆等重要的爱国主义教育基地，也去搞‘创收’，办什么‘家具展销’‘服装展销’，等等。对这种现象，群众意见很大。为解决这个问题，我看有一条应该研究，就是要确定一批有重大影响的、把社会效益作为唯一准则的单位和项目，由

① 江泽民：《在全国宣传思想工作会议上的讲话》，《人民日报》1994 年 3 月 7 日。

各级政府提供经费保证。这个钱不能省。”① 这段话完全符合两大部类社会生产的原理，符合精神产品生产的规律，对前些年一些文化单位违背精神产品宗旨搞所谓“创收”，导致阵地“变形”，是一种有力的纠正。

根据江总书记提出要进一步研究文化经济政策，“形成有利于把社会效益放在首位的环境和条件”的指示精神，在十四届六中全会召开之前国务院专门出台了《关于进一步完善文化经济政策的若干规定》。特别是党的十四届六中全会形成的《中共中央关于加强社会主义精神文明建设若干重要问题的决议》，这是一个非常好的文件，提出了很多有利于思想文化建设的方针政策。全会之后，许多省市抓住机遇，纷纷召开文化工作会议，贯彻全会精神，还专门出台了相关文件，中央提出的有关政策措施得到了落实。浙江是贯彻落实得比较好的省份之一。

十四届六中全会《决议》强调：“建设社会主义精神文明要有物质保障。没有必要的物质保障，精神文明建设的许多任务就难以落实。”提出要“切实解决目前宣传文化事业投入总量偏少、比例偏低的问题。”明确划分了精神生产单位分类指导的原则，一类是“给予经费保证”，一类是“加大扶持力度”。“对政府兴办的图书馆、博物馆、科技馆、文化馆、革命历史纪念馆等公益性事业单位，应给予经费保证。对反映国家和民族学术、艺术水平的艺术院校、表演团体和国家重点文物保护单位，有代表性的地方、民族特色艺术团体，要加大扶持力度。”这些都是我们从事文化工作和精神产品生产部门必须遵循的方针政策和有利措施，一定要认真落实。

四、文化事业与文化产业

（一）文化事业与文化产业既有区别又有联系，文化事业是公共建设，属于政府行为；文化产业是经济活动，属于市场行为。

刚刚结束的十五届五中全会，作出了《中共中央关于制定国民经济和社会发展第十个五年计划的建议》，第一次明确把“文化事业”和“文化

---

① 江泽民：《宣传思想战线的主要任务——在全国宣传部长会议上的讲话》（1996 年 1 月 24 日），《十四大以来重要文献选编》。

产业”加以区分，要求在“十五”乃至相当长的一段时间内，既要大力繁荣各项文化事业，又要加快发展相关文化产业。

文化事业与文化产业既有联系又有区别，区分的唯一标准就是是否以营利为目的。（经营性并不是文化产业的唯一特征，文化事业中也有经营。）凡是以营利为目的，可以通过经营赚取利润维持生产和再生产的一系列文化活动，均可视为文化产业。凡是不以营利为目的，虽有经营但不可能通过经营赚取利润维持生产和再生产，必须依靠财政拨款或社会捐赠才能生存发展的文化部门，都应当视为文化事业。尽管这两者有时不是那么泾渭分明，在实践中文化产业与文化事业并没有截然和绝对的界限，但是这一划分是必要的，也是可行的，具有十分重大的意义。这种区分在国外也同样存在，只不过他们没有“文化事业”这样的说法。对于公共性、原创性文化以及民族性文化艺术精粹，世界各国都有政府或民间的资助，而且资助的数额和力度并不比我国少。而对于文化产业，世界各国都认为是一种经济活动，是一种商业行为和市场行为。

现在有些人喜欢赶时髦，包括我们文化系统内部的一些同志，提出一些似是而非的口号，搞乱了人们的思想。譬如，有的提“文化要走产业化的发展道路”，这样的提法不仅站不住脚，而且是十分错误的。“文化产业”只是文化中可以用产业方式运作的那一部分，决不是文化的全部。公共文化建设能产业化吗？图书馆能产业化吗？显然是行不通的。至于说有些文化事业单位如艺术表演团体，在艺术生产过程中采用产业运作方式，甚至一些公共文化建设项目或者其中的某些环节采用产业运作方式，这都是可行的，也是必要的，并且这正是我们在社会主义市场经济条件下进行文化体制改革的重要内容。总之，文化产业不等于文化的全部，发展文化产业替代不了文化事业。我们既不能把文化事业与文化产业完全割裂开来，也不能把两者混为一谈，笼统地提“文化产业化”。文化事业与文化产业的性质、功能和发展路径都有所不同，繁荣文化事业主要靠政府，发展文化产业主要靠市场，这是我的基本观点。

（二）文化事业主要包括公共文化建设和文化艺术的创新两个方面，是一个国家综合国力和创新能力的重要体现，必须依靠政府的力量办好。

我们所说的文化事业，主要包括公共文化建设和文化艺术的创新两个方面，这是两大部类社会生产当中精神产品生产的核心部分，是一个国家综合国力和创新能力的重要体现，关系到国民素质的提高，关系到国家的发展、社会的进步和民族的振兴，必须主要依靠政府的力量把它办好。前面讲到精神产品具有商品属性和审美属性，如果说带有商业文化色彩的文化产业主要体现精神产品的商品价值的话，那么具有公共性和原创性特点的文化事业主要就体现精神产品的审美价值。创造具有崇高审美价值的精神产品是文化事业的神圣使命。下面，主要讲讲文化事业的“公共性”和“原创性”两大特点。

先说公共性。文化的公共性是它面向全社会和全体公民提供公共服务的本质所决定的，如图书馆、博物馆、科技馆、文化馆、文化站等文化设施和文化单位，都是依靠公共财政支撑向公众提供服务的。这些，世界各国都是作为一项重要的公共建设给予财政投入的，可以体现一个国家和地区经济文化的发展水平。我们到西方一些发达国家，城市中最好的地段，最漂亮的建筑，往往就是图书馆、博物馆、歌剧院等文化设施。像法国的国家图书馆新馆，建在塞纳河的边上，主体建筑四栋藏书楼，远远地望去就像四本翻开的巨型书籍，巴黎人称之为“四本大书”，这是密特朗总统执政时期政府投资 80 亿法郎（当时相当于 120 亿人民币）兴建的。有些国家的博物馆连门票都不收，如大英博物馆和日本的京都御所等。前面提到，我们国家的博物馆、科技馆收一点门票，也是象征性的，仅靠门票收入根本不可能维持博物馆的运转和生存。个别博物馆像北京的故宫和陕西的秦始皇陵兵马俑博物馆，门票收入比较多，但也是采取收支两条线的办法，门票收入上缴国库，正常经费由财政拨付，并不是说你门票收入多了就可以拿来私分、搞福利，这是绝不允许的，非常严格的。这就是文化事业的特点。

再说原创性。前面已经讲到精神产品与物质产品生产的最大不同，就是精神生产是一种独一无二的创造。这种创造是一种发挥个人（或团体）想象力和独创性的前所未有的创造或曰创新，我们称之为“原创”。这类原创性文化虽然多属个人的独创，但其中杰出的代表往往成为一个民族和时代的象征，其价值是永恒的。例如我们浙江绍兴的鲁迅，他不仅是我们浙江的骄傲，也是我们中华民族的骄傲。这类原创性文化的产生，依靠功利性很强和商业味很浓的文化产业是难以实现的，只有个人或团体不计名利，呕心沥血，不懈追求，在一定的环境和条件下才得以完成，如新中国成立以来集体创作的芭蕾舞《白毛女》《红色娘子军》等等。所以，我们要办好具有导向性、示范性、代表性的高水平的，以政府投入为主的各级各类艺术表演团体。文化事业这种原创性特征是文化产业所无法替代的，只有在原创性文化大为繁荣的前提下，文化产业才能赖以发展壮大，绝不可本末倒置。

（三）文化产业是在现代科学技术的推动下出现的一种“文化工业”和“朝阳产业”，将会成为新的经济增长点，具有巨大的发展潜力和很好的未来前景。

前面在讲到“文化产业”的时候，用了一些诸如“市场行为”“商业行为”“经济活动”等等限制词，这丝毫没有贬低文化产业的意思，因为这是实际情形。文化产业就是一种经济活动，就是通过经营文化产品和文化服务来达到赚钱目的的行为。但是，我们绝不可小看它。相反，从近些年来世界文化产业发展的趋势看，文化产业要作为一种国家战略来认识，因为它不仅关系到经济的增长，还关系到国家的文化安全和文化独立。所以，我们既要大力发展各项文化事业，还要加快发展文化产业。

关于对文化产业的认识和文化产业的发展，我这里简单谈几点看法，供大家参考：

首先，文化产业是现代科学技术推动的结果

联合国教科文组织给“文化产业”下的定义是这样表述的：“文化产业是按照工业标准生产、再生产、存储以及分配文化产品和服务的一系列活动。”这里有两个概念要特别注意，一个是“工业标准”，一个是“再生产”。所谓“工业标准”，就是利用机器如生产线、流水线大批量生产文化产品，它是相对于个体或小作坊手工生产而言的。所谓“再生产”，即是“复制”，如录音、录像，它是相对于原创而言的。所以，当文化产业在西方刚刚兴起的时候，法兰克福学派是给予严厉批判的，称之为“文化工业”，也确实带有贬义色彩。不过，“文化工业”一词倒是揭示了文化产业的本质特征，这就是说，文化产业是一种工业化的结果，离开了现代科学技术就无所谓文化产业。例如，如果没有数字化技术，就不可能有今天这样丰富多彩的录音录像产品，就不可能有今天这样大规模的音像市场，这个道理非常简单。

其次，文化产业有巨大的经济功能，将会成为新的经济增长点

由于科学技术的推动，文化产品可以机械化、批量化生产而赢得巨额利润，因此人们便从经济学的角度观察、研究这一现象，把“文化”冠以“产业”，把它完全作为一种经济活动来看待。文化产业，上面提到法兰克福学派把它称之为“文化工业”，还有“无烟工业”“知识工业”“朝阳产业”等等译名，这些都是从经济学的角度认识文化的“产业”功能，亦即经济功能，可以说“文化产业”就是一个经济学的概念。因为文化产业不仅可以赚取利润，创造财富，还可以起到增加就业、刺激消费、涵养税源等作用。正因为文化产业具有明显的经济功能，能够获取可观的经济利润，所以成为了新兴的支柱产业。据资料显示，1996 年，美国的文化产品，包括电影、软件、电视节目、音乐、图书等，首次超过其他传统产业如汽车、农业、航空、军工等，成为第一大出口项目。美国、加拿大、英国、日本等国家的文化产业在其国内生产总值（GDP）中所占的份额已达到 5% 左右。可见，文化产业成了经济发展当中不可忽视的重要组成部分，并且显示出强劲的发展优势和发展潜力，因而倍受资本市场的青睐，成为投资商、企业家乃至政府关注的热点。

再次，文化产业对文化事业也有促进作用

发展文化产业，一方面以文化事业的繁荣发展为条件，另一方面又能促进文化事业的繁荣发展。因为，无论是繁荣文化事业还是发展文化产业，目的都是为了增加社会精神产品，更好地满足人民群众日益增长的多方面、多层次的文化需求。尤其是在社会主义市场经济条件下，精神文化产品的绝大部分都以商品的形式进入市场，而文化产业正是借助市场这只“看不见的手”，利用现代科学技术，通过现代传媒手段，把文化产品和消费者沟通起来，促进了文化的传播、普及和繁荣。因此，文化产业与文化事业在一定程度上是互为作用的，繁荣文化事业是发展文化产业的基础和前提，发展文化产业又会促进文化事业的进步，推动文化艺术的繁荣。例如，把四大名著改编为电视连续剧就是成功的例子。再如，电视转播和音像制品把各类舞台艺术延伸到千家万户，使受众成千万倍地增加，对于舞台艺术的普及和观众欣赏水平的提高，无疑会起到很好的促进作用。

最后，文化产业关系到国家的文化安全

美国等国家利用自己的经济和科技实力，向全世界推销自己的文化产品，不仅赚取了大量外汇，而且把他们的思想观念、生活方式和价值观散布到世界的每一个角落。人们把这种文化“侵略”称之为“一场没有硝烟的战争”，其影响力和渗透力绝不亚于任何枪炮。由于世界经济一体化的影响，出现了文化趋同化的问题，许多古老而独特的文化面临消失的危险，就像世界生物多样性面临挑战一样，世界文化多样性也面临严峻的挑战与考验。在经济一体化的潮流面前，如何维护世界文化的多样性，成为当今世界各国特别是发展中国家面临的一个紧迫而重大的问题。正因为文化产业具有经济、政治、文化等多重意义，许多国家都把发展文化产业作为一种国家战略予以推进，使自己国家的文化产业在世界文化产业发展的大格局中抢占制高点和一定的市场份额。

关于文化事业与文化产业的关系，我专门写过一篇文章在《人民日报》发表，题为《简论文化产业与文化的关系》，《新华文摘》全文转载。① 五中全会之后，中宣部的一个刊物《时事报告》约我就文化产业的问题再写一篇文章，我又以《繁荣文化事业靠政府，发展文化产业靠市场——再论文化产业与文化的关系》为题，对文化事业与文化产业不同的功能、作用以及不同的发展路径进行了探讨，将在明年年初发表。② 这两篇文章大家有兴趣的话，可以作为参考。因此，关于文化事业与文化产业的问题就不多讲了。

关于文化建设的几对矛盾，今天就讲到这里。谢谢！

① 见《人民日报》2000年5月13日，《新华文摘》当年第8期转载，已收入本书“下编”。

② 该文亦已收入本书“下编”。

文化行政机关如何转变政府职能

——2001 年 6 月 5 日，在中央文化管理干部学院
第 1 期全国文化厅局长暨文化部机关和直属单位
领导干部培训班的演讲

各位厅局长、文化部机关和直属单位各位领导：

上午好！

政府职能转变，是当前各级政府部门和政府机关面临的一个重大课题，也是牵涉到整个经济社会发展的一个十分重大而又紧迫的问题。

前不久，江泽民总书记在安徽考察工作时强调，进一步改进领导方式和领导方法，实现领导方式和领导方法的创新，是当前加强党的建设，也是做好各项工作面临的一个重大课题。各级领导干部都要紧密结合国内外形势的发展变化，紧密结合生产力发展和经济体制的深刻变革，紧密结合人民群众对物质文化生活的要求，不断提高驾驭市场的能力，提高运用民主法制办法开展工作的能力，提高按照科学规律办事的能力，努力掌握科学的领导方式和领导方法。

由此看来，所谓转变政府职能，本质上也就是领导方式和领导方法的创新。这是一个很高的要求和很高的标准。

我们文化行政机关如何转变政府职能呢？各位既有丰富的行政经验，也有深入的思考，我在这里真是班门弄斧了，讲得不对的地方请批评指正。

下面，我想讲三个方面的问题：

一是转变政府职能是建立社会主义市场经济体制的必然要求；

二是文化行政机关转变政府职能存在的主要问题和今后的发展方向；

三是西方国家政府管理文化事务的几种主要模式。

一、转变政府职能是建立社会主义市场经济体制的必然要求

（一）什么是政府职能？为什么要转变政府职能？

政府职能是指国家行政机关根据社会环境和社会发展的需要，依法对国家政治经济和社会事务进行管理时应承担的职责和功能。简言之，政府职能就是政府管理国家事务的职责和功能。

从文化部到各省（直辖市、自治区）、地（市）、县（市）文化局，各级文化行政机关担负着管理国家文化事务的职能。

为什么要提出“转变”政府职能呢？早在80年代，随着党的工作重心的转移，即由过去的以阶级斗争为纲转变为以经济建设为中心，这一问题就提了出来。特别是党的十四大以后，我国实现了由计划经济到市场经济的重大转变，政府作为国家机器属于上层建筑，随着经济基础的变化，其职能也要适应这个变化。因此，转变政府职能是建立社会主义市场经济体制的内在要求，具有客观必然性。

江泽民总书记在十四大报告中指出：“建立社会主义市场经济体制，涉及到我国经济基础和上层建筑的许多领域，需要有一系列相应的体制改革和政策调整。”“加快政府职能的转变，这是上层建筑适应经济基础和促进经济发展的大问题。”“政府的职能，主要是统筹规划，掌握政策，信息引导，组织协调，提供服务和检查监督。”

党的十四届三中全会通过的《中共中央关于建立社会主义市场经济体制若干问题的决议》指出：“转变政府职能，改革政府机构，是建立社会主义市场经济体制的迫切要求。政府管理经济的职能，主要是制定和执行宏观调控政策，搞好基础设施建设，创造良好的经济发展环境。同时，要培育市场体系，监督市场运行和维护公平竞争，调节社会分配和组织社会保障。”“政府运用经济手段、法律手段和必要的行政手段管理国民经济，不直接干预企业的生产经营活动。”——主要从经济体制改革的角度来讲，转变政府职能的内容更加明确和具体。

这就是说，在市场经济条件下，凡是市场管得了的全部交给市场，政

府不介入。不像计划经济年代那样，这里建个钢厂，那里建个糖厂，都由政府投资，由政府确定生产计划和生产指标。这一类企业统统交给市场，即便是国有企业，政府也不再投资，不再直接管理。只有市场管不了的政府管，如《决议》中提到的基础设施建设。像1998年洪水之后对大江大湖的治理，像西部大开发中的“铁（路）、公（路）、机（场）”之类基础设施建设，它们属于政府公共服务的范畴，必须由政府负责。另外，涉及到国家安全和国计民生的重要经济领域，如通讯、交通、能源等行业，由国有企业经营或国家控股。

江总书记在十五大报告中进一步指出：“要按照社会主义市场经济的要求，转变政府职能，实现政企分开，把企业生产经营管理的权力切实交给企业；根据精简、统一、效能的原则进行机构改革，建立办事高效、运转协调、行为规范的行政管理体系，提高为人民服务的水平；把综合经济部门改组为宏观调控部门，调整和减少专业经济部门，加强执法监管部门，培育和发展社会中介组织。深化行政体制改革，实现国家机构组织、职能、编制、工作程序的法定化，严格控制机构膨胀，坚决裁减冗员。深化人事制度改革，引入竞争激励机制，完善公务员制度，建设一支高素质的专业化行政管理干部队伍。”——全面提出了转变政府职能的目标和任务。

（二）转变政府职能需要解决什么问题

转变政府职能，是要解决政府到底管什么的问题，以及怎么管，管到什么程度，哪些权力应该下放，下放给谁，等等。要下决心改变那种政府不该管，管不了，也管不好的状况。

政府的职能往哪里转？江总书记在十五大报告中讲得很明确：一是企业的生产经营权交给企业——也就是企业上面不设行政主管部门；二是国民经济宏观调控的权力留给综合经济部门——如经贸委、计委、财政部、人民银行等；三是大量的服务、协调、监督职能转给社会中介组织——如行业协会、学会、商会和公司等，诸如人事代理、工程招标、工程监理等均由社会中介组织完成。从这一基本要求出发，我国政府职能要在以下三个方面实行根本性转变：

从职能行使的范围来说，要由过去以微观管理为主，转变为宏观调控为主；

从职能行使的方式来说，要由过去以行政手段为主，转变为以经济手段和法律手段为主；

从职能行使的性质来说，要由过去强调以“服从”为主，转变为“服务”为主。

转变政府职能，必须解决好以下几方面的关系：

一是解决好政府与企业的关系。按照政企分开的原则，变行政隶属关系为资产纽带关系，把社会经济管理职能、国有资产管理职能与企业经营管理职能分开，实行企业无行政主管部门的模式，即取消“婆婆”，使企业摆脱对政府的依附关系（不是政府的附属物），真正成为自主经营、自负盈亏、自我发展、自我约束的法人实体。同时不允许政府办企业，也避免企业办社会，因为这样既丧失了公平，也牺牲了效益。

二是要解决好政府与市场的关系。要充分发挥市场在资源配置中的基础性作用。政府主要是大力培育和发展各类市场，制定宏观调控政策，健全市场规则，加强市场监管，尽快建立统一开放、竞争有序的市场体系。

三是要解决好政府与社会的关系。充分发挥社会中介组织的作用，强化社会自我管理能力，建立一种以自由平等为核心、以社会契约关系为特征的现代社会。这样可以减轻政府运行的负荷，即朱镕基总理所强调的减少行政成本，建立廉价政府。

总之，政府职能的转变，重点是政府管理经济职能的转变。

（三）转变政府职能的核心问题是依法行政

我国宪法规定：“一切国家机关和武装力量、各级政党和各社会团体、各企业组织必须遵守宪法和法律。”

江泽民同志在党的十五大报告中指出：“一切行政机关都必须依法行政。”

1. 依法行政，就是行政权力的法定（制）化

行政机关作为国家权力机关的执行者，担负着依法管理国家事务、经济和文化事业、社会事务的繁重任务。行政权力的运用，最经常、最广泛、最密切地关系着社会公共利益和公民个人利益，体现国家政权的性质，影响国家政权同广大人民群众的关系，事关有中国特色社会主义事业的兴衰成败。

依法行政是依法治国的重要内容，也是转变政府职能的核心问题。依法行政，首要的问题是行政权力的法定化。必须明确，各级政府和政府各部门只能在宪法和法律、法规的范围内活动，依法决策，依法处理问题，自觉地把行政行为纳入法制化轨道。这就是江总书记讲的“实现国家机构组织、职能、编制、工作程序的法定化”。在政府行政领域的主要方面，包括政府职责的划分、行使的范围、运行的程序等都要法定化，都要有法可依。《行政程序法》和《监督法》已被全国人大常委会列入立法规划，正在调研酝酿之中。

必须明确，凡是超过法律规定的权力都是非法和无效的。《行政诉讼法》和《行政复议法》已经颁布实施，我们一定要依法行政，否则一不小心你就有可能成为被告。要改变过去那种重政策，轻法律，习惯于靠行政手段、行政命令的作风。有几句顺口溜就是讽刺这种现象的：“黑头（法律）不如红头（文件），红头不如白头（内部文件），白头不如笔头（领导批示），笔头不如口头（领导口头指示）。”

依法行政是建立法制社会的首要之举，是关键的关键。有领导同志曾提出，依法治国，首先要依法治“官”，依法治权。依法行政可以有效防止“人治”和政府职能的随意化，防止滥用职权和以权谋私，防止滋生腐败。

2. 从严治政，维护权力的公正性和权威性

朱镕基总理在九届二次人大会议所作《政府工作报告》中指出，政府要加强行政立法工作，强化执法监督，推进依法行政，并明确要求要从严治政，建设廉政、勤政、务实、高效的政府。

行政机关行使职权，要与经济利益彻底脱钩。应当“吃皇粮”，“办公差”，不能既当“裁判员”，又当“运动员”。有时候，政府在一定程度上还是“教练员”，这样三重身份合一，必然导致不公平竞争。政府机关不允许经商办企业，否则就造成不公平、不正当竞争，而且还容易造成腐败。两年前，中央采取断然措施，禁止军队和政法机关经商。行政机关依法收取的罚没款和其他税费应当全部纳入财政管理，收支两条线。现实生活中存在的所谓“自费行政”，又要权力，又要靠权力吃“杂粮”，捞“外快”，权钱挂钩。这个问题如不解决，一些行政部门就会自觉不自觉地找事、争权，争那些能给本部门、本系统带来实惠的审批权、发证权、收费权、罚款权等。据说，前些年就闹过这样的笑话，由于老百姓生活水平的提高，花卉市场发展很快，林业部门与农业部门为了争夺审批权打得不可开交，最后只好采取折衷的办法，草本的花卉归农业部门管，木本的花卉归林业部门管。

行政立法要维护社会主义法制的统一性，要排除部门保护主义和地方保护主义的干扰，从制度上、源头上解决“依法打架”的问题。

3. 加强行政民主建设，树立“公仆”行政观念

依法行政，必须正确处理好政府与人民的关系。要始终牢记我们手中的权力是属于人民的，人民把权力交给我们行使，是要我们用它来保护人民，为人民谋利益。不是人民为了政府而存在，而是政府为了人民而存在。依法行政，从根本上说，就是要全心全意为人民服务，满腔热情为人民办事，维护广大人民群众的合法权益。这反映了社会主义法制的本质，也是宪法体现的根本原则。

过去一提到政府，往往就会自觉不自觉地片面强调和强化它的管理职能，养成了官僚主义和衙门作风，门难进，脸难看，事难办，层层请示，层层审批，层层盖章，层层设卡，旷时低效，劳民伤财。这种风气和观念必须彻底改变，要增强公仆意识、服务意识、便民意识。深圳市政府大力精简审批项目和审批程序，作为转变政府职能的突破口。

上海市市长徐匡迪曾经说过这样的话，应对WTO最大的难点是，政府官员如何从长期习惯做“管理者”，转变为时代需要的“服务者”；“指挥式”管理让位于“服务式”管理。这实在是讲到了点子上。

总之，通过转变政府职能，力求做到：经济市场化，政治民主化，社会法制化。

二、文化行政机关转变政府职能存在的主要问题和今后的发展趋势

（一）存在的主要问题

1. 政事不分，微观管理过多

一是由政府出面组织或直接举办的活动过多，“管文化”与“办文化”

的关系处理不当。文化行政管理机关既要适当组织必要的文化活动（如重大庆典活动、“三下乡”等），但又要防止因活动过多而分散政府管理的精力。例如，经常性地组织和举办各种调演、汇演、展演、比赛、评奖之类活动，耗费大量人力物力，严重影响到对艺术事业的宏观管理。比如，对各艺术门类的现状、问题、发展趋势以及应当采取的对策等，就缺乏应有的调查研究和政策措施。

二是权力下放不够。计划经济时代权力过分集中，审批项目繁多，工作效率不高等弊端，在各级文化行政机关至今仍不同程度存在。例如，地方呼吁强烈的外事审批权问题，文化市场的分级管理与属地管理之间的矛盾问题，对直属事业单位人、财、物统得过死的问题，等等。

三是政事不分，越俎代庖。许多应当由事业单位甚至可以通过市场运作来完成的事情，往往由政府出面包办代替。例如，有些大型晚会和活动，政治意义不是特别强的，没有必要非要政府来直接操办。这背后通常都是经济利益驱动，某些部门或个人可以从中捞取好处，严重影响了政府的形象和权威。

2. 体制不顺，政出多门

目前我国的文化管理体制，人们称之为上面“三国演义”，下面“八国联军”。这种管理体制上下错位，职责不清，往往政出多门，各行其是。有了利益，互相争抢；出了问题，互相推诿扯皮，不利于文化事业的统一管理和宏观调控。

这种文化管理体制把一个统一的文化事业分割成文化艺术、广播影视、新闻出版几大块。本来，这几个部分可以互为补充，互相促进，特别是在国家投入不足的情况下，可以以丰补歉，实行内部宏观调控。例如，前几年电影制片厂整建制划归广电部门管理之后，当时的广电部即作出决定，拿出电视广告收入的5%用于扶植电影精品生产，这一宏观调控措施有效推动了电影事业的发展。而原先在文化部门管理时，何尝不想多出几部精品，但其自身根本没有这种宏观调控能力。如果实行统一的文化管理体制，不仅电影，其他如高雅艺术、公益文化等，也可以通过内部宏观调控得到有效的扶植和发展。

这种部门分割的管理体制，容易造成部门之间不必要的利益矛盾冲突。部门之间设置壁垒，形成行业垄断，不利于建设统一的文化市场和扩大文化产业规模。如果实行统一管理，则可以减少扯皮，提高效率，使文化资源得到有效配置和充分利用。例如，上海在这次机构改革中率先合并机构，形成了统一的文化管理体制。去年开始实行统一的文化市场综合执法，所谓“五指并一拳”，就是把过去分散在文化、广电、出版等几个部门的执法队伍统一起来，对文化市场进行统一管理，取得了良好的效果。

3. 事务主义，衙门作风

文化行政机关与其他政府机关一样，形式主义、文牍主义、官僚主义的习气还没有得到根本的扭转。整天忙于具体事务：项目报批，公文运转，会议活动，各种应酬……很少能够腾出时间和精力，深入基层，深入实际，搞调查研究，思考一些带有全局性、宏观性、前瞻性的问题。审批项目虽然逐年有所减少，但仍然过多过繁，仍然有“等件”“跑件”现象，仍然是“门难进，脸难看，事难办”，有待进一步下放权力，精简项目，减少程序，进一步采取便民措施。

4. 文化法制建设滞后

目前，文化方面的法律只有两部，即《文物保护法》和《著作权法》（也有三部之说，即《通用语言文字法》或《拍卖法》，因《拍卖法》涉及到艺术品和文物的拍卖），主要是条例和部门规章，与我们国家民主法治建设的进程不相适应。不仅与相对完备的经济立法不可比，与教、科、卫、体相比亦差距甚大。前不久《人民日报》一篇文章介绍教科文卫体立法的情况，这几个方面已有的法律共 24 件，其中教育 7 件，科技 5 件，文化 3 件，卫生 8 件，体育 1 件。文化方面显然是滞后的，体育虽然只有 1 件，但它是大法，即《体育法》。由于文化法制建设滞后，严重影响到文化艺术事业的发展。

以图书馆事业为例，由于缺少法制，在投入等方面得不到应有的保障，而造成图书馆事业的严重损失。

（二）今后的发展趋势

1. 努力提高公务员队伍的素质

转变政府职能的一个重要前提，是要改变公务员队伍的现状，不断提高公务员队伍的素质。这就要求大力加强公务员的教育培训，帮助他们转变观念，更新知识，适应时代发展的需要，努力提高行政能力和行政水平。

要认真执行干部“四化”标准，建立人才激励机制和淘汰机制（考试录用、公开招聘、竞争上岗、破格提拔、任前公示等），不搞论资排辈，杜绝用人上的腐败行为，做到能者上、庸者下，真正形成能上能下、能进能出的用人机制，不断优化公务员队伍，“建设一支高素质的专业化国家行政管理干部队伍”。

在国外考察文化管理，归纳起来，西方国家的文化行政机关主要做三件事：一是调查研究，二是制定政策（法规），三是检查监督。这就要求公务员必须有较高的专业水平、理论水平、政策水平，譬如，对现状的分析与趋势的预测，提出正确的建议与对策，等等。每次与西方国家的文化官员或文艺团体的管理者、艺术家座谈，听他们介绍情况或者与他们讨论问题，没有看到一个人拿着笔记本照念的，也很少看到临时查阅资料的，他们对情况非常熟悉。这充分表明，西方国家公务员的素质是比较高的，也十分敬业。

2. 加大宏观调控力度，实施分类指导

要改变以往单一的行政手段管理方式，转为采用经济的、法律的手段为主，辅之必要的行政手段这样一种综合管理方式，加大对文化事业管理的宏观调控力度，逐步减少政府直接出面操办具体文化艺术活动的频率和次数。

这里主要强调一下经济手段，即如何依靠经济杠杆对文化艺术事业进行宏观调控的问题。文化艺术事业门类众多，情况复杂，必须采取分类指导的原则。根据十四届六中全会《决议》的精神，文化大体上分为三种类型：国家给予经费保证，政府资助，交给市场。对于后者，应当主要由市场规律进行调控，尽量减少不必要的行政干预；而对于前两类文化，则要通过完善文化经济政策，实施有效的宏观调控。

文化是典型的公共产品，特别是图书馆、博物馆、文化馆等公共文化建设和关系到国家和民族发展的各类原创性学术和艺术事业，必须加大财政投入。80 年代初，小平同志就指出，教育、科学、文化、卫生的投入太少，在整个社会经济发展中不成比例。20 多年之后又出现了新的不成比例：教育、科学经费大大提高了，而文化经费反而比“六五”“七五”期间有所下降。十四届六中全会《决议》关于文化事业投入“总量偏少、比例偏低”的问题长期得不到解决，文化部门宏观调控的能力太弱，中央财政转移支付在文化领域几乎等于零。由于经费短缺，严重影响到各项文化事业的发展。

西方国家的文化管理也都充分利用经济杠杆来体现国家意志。英国文化新闻体育部的官员告诉我们，政府资助制片商，鼓励拍摄所谓英国电影，即弘扬英国文化的电影，不管你是英国人拍的还是外国人拍的，不管你是在英国本土拍的还是在境外拍的，只要政府认为是弘扬英国文化的电影都给予奖励。法国政府规定电影院放映法国和欧盟国家的影片必须达到50%以上，超过70%给予奖励，通过这种办法来限制好莱坞大片，抵制美国的文化侵略，等等。

3. 加强决策民主化、科学化建设，提高决策水平

决策是行政管理的重要环节，建立民主、科学的决策机制是转变政府职能的重要内容。要实现决策民主化、科学化，不断提高决策水平和执政水平，必须形成以下制度：

（1）调查研究制度。调查研究应当成为公务员（尤其是各级领导干部）的基本功和一项日常性工作，因为调查研究是科学决策的前提。不了解情况，不切合实际，就有可能作出错误的判断，一旦盲目决策，就会差之毫厘，谬以千里，给事业带来不应有的损失。调查研究一定要深入实际，切忌做表面文章。

（2）科学论证制度。在调查研究的基础之上，还要广泛听取各方面的意见，特别要注意听取有关专家学者和富有实践经验的同志的意见，建立听证和论证制度，增强决策的科学性、可行性和透明度。

（3）民主决策制度。民主决策是科学决策的保障，一定要确保决策的民主程序，切实贯彻民主集中制，防止个人独断专行，造成错误决策。

（4）决策追踪制度。决策一旦形成，某项决定或政策出台之后，还要建立检查、评估制度，以保证决策的贯彻执行和不断完善。

（5）失误追究制度。实践是检验真理的唯一标准。如果一项决策在实践中行不通，甚至造成严重后果的，一定要实行责任追究制度。我国古代选举制，即有“反坐”一说，下级向上级推举人才，地方向中央推举人才，如果被推举人出了问题，推举人也要受到处罚。

4. 健全行政（权力）监督机制

江泽民同志在十五大报告中指强调："要建立决策、执行和监督体系。"正在起草中的《行政程序法》将和现行的《行政复议法》《行政诉讼法》构成对政府行政行为事先、事中、事后三个监督阶段。另外，全国人大还要专门制定《监督法》，前不久李鹏同志专门就此到浙江调研。

行政监督既是依法行政的重要内容，也是确保依法行政得以实施的重要条件。尽管《行政程序法》尚未出台，行政复议和行政诉讼也还没有形成气候，但依法治国、依法行政已是大势所趋，行政监督也必将得到重视和完善。

行政监督也是从严治政，建设廉政、勤政、务实、高效政府的必然要求。目前腐败之风的根源就是缺少权力监督和制约机制。

三、西方国家政府管理文化事务的几种主要模式

一个国家的文化管理模式，从根本上说是与其社会制度紧密相关的，同时也受各个国家的经济、政治、历史、宗教和文化传统等因素的影响，因此，西方各国政府在文化管理方式上也各有特点。

西方国家对文化艺术事业的管理大体有三种模式：一是美国模式，主要采取间接管理；二是法国模式，主要采取直接管理；三是英国模式，采取直接管理和间接管理相结合的办法。其他西方国家管理文化的方式大同小异，分别不同程度地采用类似美、英、法三国的某些做法。

1. 美国：完备的法律

美国政府没有管理文化事务的专门机构，但他们有"联邦艺术暨人文委员会""国家艺术基金会""国家人文基金会"等社会中介组织（或者说是准官方机构），它们代表政府行使一部分管理职能。

美国对文化艺术事业的管理和资助主要依靠法律。例如，1965 年颁布的《国家艺术和人文基金法》规定：政府对文化艺术给予有限支持的方式是对非营利性质的文化艺术团体和公共电台、公共电视台免征所得税，并减免为其赞助的个人和公司的税额。

《联邦税收法》具体规定下列组织可以享受免税待遇：

（1）交响乐和类似的团体；

（2）促进爵士乐发展的音乐节或音乐会组织者；

（3）合唱艺术团体；

（4）组织青少年艺术家演出的团体；

（5）组织艺术展览的团体；

（6）促进戏剧表演的团体、舞蹈艺术团体和学校；

（7）促进对历史文物欣赏和保护的团体；

（8）促进手工艺发展的团体。

由此可见，美国政府对高雅艺术、民族艺术和有形、无形文化遗产采取鼓励、支持和保护的政策。

对于营利与非营利的区分，不在于其是否盈利，而是看其经营目的，即：营利性机构在于为老板或个人和股东谋利；而非营利性机构却除了支付雇员的工资和场租费用外，其收入、财产和盈利不得为个人所有。因此，美国的文化艺术团体均可自愿以本身的宗旨选择登记为营利或非营利机构。若登记为营利机构，则与一般商业公司一样，需照章纳税，好处是盈利可以自由支配，但不可能得到政府和社会的资助；若登记为非营利机构，好处是可以享受免税，并能得到政府和社会的资助，但盈利不得为私人所有。当然，除了百老汇等少数艺术团体为营利机构，其他一般性艺术团体，特别是从事高雅艺术的团体，大都属于非营利机构，因为他们根本不可能通过门票收入维持艺术生产和再生产，必须得到政府、企业和社会的捐助，否则无法生存。

美国联邦政府和地方政府对非营利性文化艺术团体的资助，数额不是很多，但是这些非营利性文化艺术团体从企业和社会得到的捐赠是政府的10倍以上，这实际上社会捐赠可以看作是另一种形式的政府投入。

2. 英国："一臂之距" 原则

英国政府有管理文化艺术事务的专门机构，1992年设立文化遗产部，1997年工党领袖布莱尔上台后更名为文化新闻体育部。他们强调要面向未来和创新，而认为"文化遗产部"则是面对过去的。

英国尽管有文化部，但文化部作为政府机构，不直接与文化艺术团体发生关系，而是通过社会中介机构或称准官方机构，即"官歌"（Quango)，如英格兰艺术委员会、工艺美术委员会、博物馆和美术馆委员会等由专家组成的机构，由他们对文化艺术团体进行评估和拨款。这样的好处有二：一是减少了政府机构的行政事务；二是政府机构不直接与文艺团体发生关系，有利于检查监督，避免产生腐败。这就是有名的“一臂之距”原则。

另外，英国通过发行彩票以弥补文化经费的不足，产生了积极作用。英国近年来经济不景气，文化经费短缺，1994 年开始发行“六合彩”，每年彩票收入达 20 多亿英镑，其中用于文化事业的不少于三分之一（超过 6 亿英镑），几乎与国家的文化经费相等，文化部门受益很大。由于文化在彩票中所占份额最多，因此人们干脆称之为“文化彩票”。

3. 法国：中央集权式

法国是欧洲的文化中心，文化艺术倍受重视，文化部是政府中重要的内阁成员。文化部负责管理全国的文学艺术、新闻出版、广播电视、遗产保护、图书馆、博物馆、建筑和美食等等。文化部机关有一二十个司局，1100 多名工作人员。另有 14000 多名工作人员由文化部派往巴黎或地方各省的文化机构。法国文化部从 70 年代开始向各省、市派遣文化局长。政府法令规定，地方文化局长属文化部官员，是中央政府派遣到地方的文化代表，受文化部和地方政府的双重领导，负责落实政府文化政策，协调政府与地方的文化关系，制定地方文化事业发展规划，为发展地方文化事业提供建议，督促文化设施的运转并充分发挥作用，组织开展重大文化活动等。他们通过文化部与地方政府签订文化发展协定，确保国家和地方文化发展目标的实现。

法国政府对文化的投入采取直接拨款方式，公益性文化单位完全由政府负担，享受公务员待遇（如图书馆）。政府对艺术表演团体的资助数额巨大，5 个国家剧院，财政拨款占剧院总收入的 60% 到 80% 不等。地方政府对文化的投入也相当可观。

德国与美国相似，联邦政府没有文化部，但各州有文化部，对文化投入也很多。据巴伐利亚州文化部介绍，该州仅艺术教育的经费就占到全部教育经费的 5% 。

瑞典、丹麦、澳大利亚等国多采取英国模式。澳大利亚有艺术通讯部，政府对文化建设非常重视。我曾访问过悉尼歌剧院，新南威尔士州政府对悉尼歌剧院的投入很大，不仅剧院的日常经费政府要负担三分之一，而且维修的费用相当高昂，十多年来的维修经费相当于再造一座悉尼歌剧院，这笔费用完全由政府负担。悉尼歌剧院只需要提出维修方案和经费预算即可，这个方案和预算在议会获得通过后，由政府专门负责公共设施维修的工程队负责实施。

随着我国与世界各国文化交往的日益扩大，我们要善于学习、借鉴国外文化管理的长处，促进我们转变政府职能，丰富和发展有中国特色的文化管理学。

今天就讲到这里，谢谢！

对文化产业的几点认识

——2002年6月26日，在北京市委党校的演讲

近年来文化产业在我国发展较快，引起各方面的关注和重视。但是人们对文化产业的认识不尽一致，出现了一些模糊甚至是错误的说法。一个最突出的问题，就是把“文化”与“文化产业”混为一谈，认为所有的文化都是“产业”，都要“产业化”。针对这个问题，两年前我在《人民日报》发表了一篇文章，题为《简论文化产业与文化的关系》[①]，提出：文化产业只是文化中可以用产业方式运作的那一部分，文化产业不等于文化的全部，发展文化产业替代不了文化事业。我们既不能把文化事业与文化产业完全割裂开来，也不能把两者混为一谈，笼统地提“文化产业化”。就在这一年的10月，党中央召开了十五届五中全会，全会作出了《中共中央关于制定国民经济和社会发展第十个五年计划的建议》，第一次明确把“文化事业”和“文化产业”加以区分，要求在“十五”乃至相当长的一段时间内，既要大力繁荣各项文化事业，又要加快发展相关文化产业。全会之后，中宣部的一个刊物《时事报告》约我就文化事业与文化产业的关系再写一篇文章，我采用了一位省委书记的两句话作为我文章的标题，就是《繁荣文化事业靠政府，发展文化产业靠市场》[②]，进一步阐发了文化事业与文化产业不同的功能作用与不同的发展路径。总而言之，文化产业与文化事业有所不同，繁荣文化事业主要靠政府，发展文化产业主要靠市场，这就是我的基本观点。下面，我结合国内外文化产业发展的情况，谈谈自己对文化产业的几点认识，请大家批评指正。

---

① 《人民日报》2000年5月13日6版，《新华文摘》当年第8期全文转载，已收入本书“下编”。

② 《时事报告》2001年第2期，已收入本书“下编”。

一、文化产业是对文化功能认识的一个新的角度
——经济学的角度

文化相对于经济而言，属于精神的范畴，而经济属于物质的范畴。人类的经济活动，主要是解决人们在衣食住行方面的物质需求，文化活动则主要是满足人们在物质需求之外的精神需求。因此，文化的功能主要是作用于人的精神世界，影响人的思想，提高人的素质，也就是《易经》上说的“以文化人”。我们通常说，满足人民群众日益增长的精神文化需求，这就是文化的功能。通过文化建设（或者说精神文明建设），培育“四有”新人，提高全民族的思想道德素质和科学文化素质。这种对文化功能（作用、目的）的认识，是我们一般的、传统的认识。

历史发展到今天，人们对文化的功能的认识又有了新的发现、新的发展——文化在满足人的精神需求的同时，还能够带来经济效益。也就是说，文化既能“化人”，还能赢利，还能赚钱，甚至赚大钱，赢大利，可以获取巨大的经济利润。例如，1996 年，美国的文化产品，包括电影、软件、电视节目、音乐、图书等，首次超过其他传统产业如汽车、农业、航空、军工等，成为第一大出口项目。美国、加拿大、英国、日本等国家的文化产业在其国内生产总值（GDP）中所占的份额已达到5%左右，成为新兴的支柱产业。即使在我国，文化产业刚刚兴起，但成功的例子也时有所闻，譬如经常听说某某演唱会赢利多少，某某歌星的出场费多少。一年前在故宫午门广场举办的“三高”演唱会（世界三大男高音为庆祝北京申办奥运会成功而举办的演唱会），我得到的一张赠票，标价是 1600 美金，这还不是最高的，组织这场演唱会的中艺公司能赚多少不得而知。我还曾经听说，上海古籍出版社影印《四库全书》一下子就赚了 500 万，这已经是很多年之前的事了。

这种情况的出现，主要是现代科学技术的发展所带来的。也就是说，文化产业的兴起是现代科学技术的推动所带来的结果。联合国教科文组织给“文化产业”下的定义是这样表述的：“文化产业是按照工业标准生产、再生产、存储以及分配文化产品和服务的一系列活动。”这里有两个概念

要特别注意，一个是“工业标准”，一个是“再生产”。所谓“工业标准”，就是利用机器如生产线、流水线大批量生产文化产品，它是相对于个体或小作坊手工生产而言的。所谓“再生产”，即是“复制”，如录音、录像，它是相对于原创而言的。所以，当文化产业在西方刚刚兴起的时候，法兰克福学派是给予严厉批判的，称之为“文化工业”，也是带有明显的贬义色彩的。不过，“文化工业”一词倒是揭示了文化产业的本质特征，这就是说，文化产业是一种工业化的结果，离开了现代科学技术就无所谓文化产业。当然，文化产业在世界范围内的兴起，也与半个世纪以来世界政治秩序的相对稳定，经济的持续发展，以及交通与通讯的便捷不无关系，但最根本的原因还是科学技术的推动。前面提到文化也能赚钱是对文化功能的新发现，这个说法可能并不完全准确，因为通过文化赚钱古已有之，龚自珍的一首诗就说过“著书都为稻粱谋”。但古代科学技术落后，生产力水平不高，文化最多只能成为谋生的手段。只有在科学技术高度发达的今天，文化才有可能成为产业。可以说，文化产业是现代社会的产物，是高新科技带来的结果。

由于科学技术的推动，文化产品可以机械化、批量化生产而赢得巨额利润，因此人们便从经济学的角度观察、研究这一现象，把“文化”冠以“产业”，把它完全作为一种经济活动来看待。文化产业，上面提到法兰克福学派把它称之为“文化工业”，还有“无烟工业”“知识工业”“朝阳产业”等等译名，这些都是从经济学的角度认识文化的“产业”功能，亦即经济功能，可以说“文化产业”就是一个经济学的概念。因为文化产业不仅可以赚取利润，创造财富，还可以起到增加就业、刺激消费、涵养税源等作用。正因为文化产业具有明显的经济功能，能够获取可观的经济利润，所以倍受资本市场的青睐，成为投资商、企业家乃至政府关注的热点。

二、文化产业属于经济行为，必须按经济规律办事，同时又要遵循文化规律

文化产业既然作为一种经济行为（商业行为、市场行为），就必须按

照经济规律和市场规律办事；同时，文化产业之所以称为“文化”产业，是因为与文化有着紧密的联系，因而又必须遵循文化自身的发展规律。在发展文化产业的实践中，必须依靠法制和政策导向，尽可能减少文化产业在发展过程中片面追求经济利益而带来的负面影响。

按照物质与精神两大部类的划分，人类的社会生产大体上可以分为物质产品的生产和精神产品的生产。物质产品的生产，按照商品规律、价值规律和市场规律，由市场自行调节即可，而精神产品的生产则比较复杂。譬如，演戏与写小说，虽然也有门票与稿酬收入，但这种收入往往与其付出的创造性劳动不成比例。排演一出戏，特别是歌剧、舞剧，包括我们的传统戏京剧、昆曲等，花费的人力物力往往是门票收入的多少倍，所以剧团仅靠门票收入根本不可能维持其艺术生产，根本无法生存。写小说也是如此，有的作家呕心沥血，千锤百炼，甚至以毕生的精力写成一部作品，而稿酬收入不过几千元、几万元。有一句顺口溜说“十五的月亮十六圆(元)”，就是讽刺这种现象的。著名的歌曲《十五的月亮》，词作者只不过拿到16元稿费。更何况，一出戏，一首歌，一部小说，对社会产生的影响，其价值是无法估量的。我们经常说，《青春之歌》《红岩》《钢铁是怎样炼成的》等优秀作品影响了几代人，讲的就是这个道理。这就是所谓的社会效益。精神产品的生产，虽然也有经济效益的问题，但必须以社会效益为主，或者说以社会效益为最高准则。根据精神产品生产这样一个特点，就必须通过社会二次分配对精神产品的生产者进行补偿，也就是通过国家财政拨款或者社会捐赠予以补贴。这类依靠财政拨款和财政补贴而从事精神产品生产的部门，我们习惯上称之为文化事业。我们说“繁荣文化事业靠政府”，也就是从这个意义上讲的。

文化事业与文化产业既有联系又有区别，区分的唯一标准就是是否以营利为目的。（经营性并不是文化产业的唯一特征，文化事业中也有经营。）凡是以营利为目的，可以通过经营赚取利润维持生产和再生产的一系列文化活动，均可视为文化产业；凡是不以营利为目的，虽有经营但不可能通过经营赚取利润维持生产和再生产，必须依靠财政拨款或社会捐赠才能生存发展的文化部门，都应当视为文化事业。尽管这两者有时不是那么泾渭分明，在实践中文化产业与文化事业并没有截然和绝对的界限，但是这一划分是必要的，也是可行的，具有十分重大的意义。这种区分在国外也同样存在，只不过他们没有“文化事业”这样的说法。对于公共性、原创性文化以及民族性文化艺术精粹，世界各国都有政府或民间的资助，而且资助的数额和力度并不比我国少。而对于文化产业，世界各国都认为是一种商业文化和经济行为。

我们说文化产业是一种经济行为，必然要遵循经济规律和市场规律，这是从经济学的角度观察和分析问题。任何一个文化产业的经营者，其根本目的或者说主要目的是为了赚取利润，这是天经地义的，无可厚非。如果无利可图，他们绝不会去投资举办任何一种文化产业，譬如没有哪一个老板去投资兴建一座图书馆或者歌剧院的，因为这赚不了钱（捐资者另当别论）。只有政府才会投资兴建图书馆和歌剧院等等，这就是文化与文化产业的区别，也是政府与文化产业经营者的不同职责。

我们再从文化发展的角度看，既然文化产业作为一种经济行为，它就不可避免地带有自身难以克服的缺陷和弊病。尽管我们反复强调，从事文化产品的生产者和经营者，不同于一般物质产品的生产者和经营者，必须把社会效益放在首位，争取社会效益和经济效益的双丰收，但是在实践中往往很难做到。因为，这两个效益既统一又矛盾，以营利为目的的文化产业的经营者往往更多的是注重经济效益，那只“看不见的手”总是起着决定性的作用。例如，歌舞娱乐场所中的色情陪侍和盗版及非法出版物的泛滥，还有网吧的经营者违反有关规定，导致青少年沉迷其中，难以自拔，许多令人痛心疾首的事例经常在媒体曝光，这些都是由于经济利益驱动而屡禁不止，成为难以治理的痼疾。因此，国家对文化产业的发展进行规划和调控乃至适当的干预是必须的。当然，这种干预是在遵从市场经济规律和文化发展规律的前提下，通过制定相关的政策法规，规范其经营，促进其发展。

三、文化产业的发展以经济的发展为基础，又推动经济的发展

我们注意到一个现象，世界上的文化产业大国都是经济大国，像美国、加拿大、英国、法国、德国、日本、韩国等等。这个道理很简单，因为经济水平决定人们的消费水平，人们的消费水平越高，文化消费所占的

比重就越高；文化消费的比重越高，文化产业的市场就越大。据资料显示，发达国家居民文化消费已达到总收入的30%，这对于刺激和拉动文化产业的作用是显而易见的。如果老百姓口袋里没有钱，甚至连衣食住行等基本生活保障都成问题，还谈什么文化消费呢。因此，在经济落后的国家，文化产业是发展不起来的。当然，经济发达国家文化产业发展得好，除了经济条件之外，还有科技水平、文化实力和把文化产业作为国家战略来推动等多方面的因素也是不可忽视的，但经济因素是主要的，是文化产业赖以发展的基础性条件。

据抽样调查，北京居民的文化消费占其总收入的比例还不到15%，相当于西方发达国家的一半左右。而我们国家幅员辽阔，城乡差别、东西部差别很大，在广大农村特别是贫困地区，文化消费的水平还很低。1999年，我国的文化消费总量才800多亿元，据分析，潜在的消费能力在3000亿元以上。据有关部门预测，到2005年，我国的文化消费能力将达到5000亿元。由此可见，我国的文化产业具有很大的发展潜力和很好的发展前景。但是，可以肯定地说，我国的文化产业必定最先在大城市和东部沿海经济发达地区发展起来。现在，有一些条件不太具备的地方，也一哄而起要大力发展文化产业，这种现象要引起警惕和注意。要吸取某些地方搞所谓经济开发区的教训，不从实际出发，不经过科学论证，就头脑发热，盲目搞开发，上项目，到头来只能是事与愿违，劳民伤财，不仅文化产业发展不起来，还浪费了资源、人力、资金和土地。

当然，文化产业发展好了，的确可以促进经济的发展，成为新的经济增长点。据统计，美国400家最富有的公司，其中72家属于文化产业，如时代华纳、迪士尼等甚至进入了前10名。下面我再列举一些国外文化产业的数据资料，可以看出文化产业对于促进经济发展的贡献之大。

还是以美国为例，美国电影产量占世界电影产量的6%，但在世界电影市场的占有率却高达80%，1997年，美国在海外的电影票房收入就达58.5亿美元。报业是美国的第10大行业，美国杂志的年销售额超过300亿美元。美国的娱乐业年收入高达4000亿美元。

再看看日本的情况。2000年，日本文化产业的市场规模为85.057万亿日元，约占国内生产总值（GDP）的7%。其中电影和音乐方面的收入仅次于美国，居世界第二位，游戏软件居世界第一。

再看看英国的情况。早在1995年，英国的文化产业收入就达250亿英镑，约占国内生产总值（GDP）的4%，超过了任何一种传统制造业所创造的产值。到1998年，文化产业的年产值已接近600亿英镑，直接从事文化产业的就业人数接近100万人，间接就业人数约为45万人，文化产业就业人数占全国总就业人数的5%。

再来看看我们自己国内的情况。北京市1999年文化产业创造增加值115.4亿元，占全市GDP的5.3%，文化产业增加值已超过第一产业，占第三产业总产值1238.3亿元的9.3%，排在前三位的是出版、广电和广告三个行业。文化产业人均劳动生产率5.1万元，高于全市人均劳动生产率3.5万元的水平。一批文化产业的龙头企业（集团）已初具规模，1999年，北京歌华文化发展集团资产已达9.7亿元，北京出版集团经营收入达2.2亿元，北京报业集团经营收入达5.4亿元。

上海市2000年文化广播电影电视系统创净资产总额80亿元，销售收入42亿元，出版系统创净资产总额17.5亿元，销售收入为34亿元。上海文汇新民联合报业集团组建之后，实行集约化经营，1999年利润达5亿元，2000年净资产总额达21.5亿元，销售收入达14.73亿元。

从以上这些数据资料可以看出，以经济发展为基础的文化产业，反过来促进和带动了经济的发展。文化产业成为了经济发展当中不可忽视的重要的组成部分，并且显示出强劲的发展优势和发展潜力。经济发展与文化产业发展形成良性互动，从而使文化产业成为新的经济增长点和支柱产业。

四、文化产业的繁荣以文化的繁荣为前提，又促进文化的繁荣

我们说经济发展是文化产业的一个基础性前提，同时发展文化产业还有另一个重要前提，就是文化的发展水平和繁荣程度。前面已经提到，文化产业只是文化当中可以用产业方式运作的那一部分，也就是说，文化产业是从文化中延伸和衍生出来的。譬如说，曹雪芹创作《红楼梦》属于原创性文化成果，而今天翻印出版《红楼梦》的书籍或拍摄《红楼梦》的电视剧及其音像产品的制作与销售等一系列活动，便属于营利性的文化产

业。贝多芬的《英雄》《命运》《田园》等交响曲是原创性文化成果，而这些交响曲的光碟生产与销售就是文化产业。后者有赖于前者，没有前者就没有后者。没有曹雪芹创作的《红楼梦》，就不可能有今天围绕《红楼梦》而出现的一系列衍生产品；没有贝多芬的音乐，就不可能有根据贝多芬的音乐制作的音像产品。这个道理非常简单，很好理解。所以说，文化产业的发展，除了依赖于一定的经济基础，还要依赖于一定的文化资源和文化积累。

这一定的文化资源和文化积累，正是我们所强调的文化事业之职责所在，是文化建设的使命和任务。我们说文化事业与文化产业既有联系又有区别，其联系就在于此。前者是“源”，后者是“流”；前者是“创新”，后者是“传播”。如果没有原创性的文化生产，工业化、标准化、批量化的文化产业就只能是无源之水、无本之木。譬如，没有原创性的小说、戏剧、音乐等，要发展出版、音像、动漫等文化产业，岂不是一句空话？因而，以政府投入为主的文化事业，往往是以营利为目的的文化产业赖以发展的前提和条件。因此要发展文化产业，首先必须发展好文化事业，只有文化事业繁荣发展了，文化产业才有可能在这个先决条件下得到繁荣发展。

文化事业与文化产业的联系是非常明显的，那么二者的区别何在呢？二者的区别也是很明显的，这是由它们不同的性质和特征所决定的：文化事业具有公共性、原创性、积累性和非商化特质等特征，文化产业则具有工业性、复制性、营利性或者商业性等特征。文化产业的这些特性，在上一节已经讲得比较充分，这里就不再展开讲了。为了使大家更进一步了解文化产业发展对文化事业的依赖性，我把文化事业的几个特性再展开说一说：

先说公共性。文化的公共性是它面向全社会和全体公民提供公共服务的本质所决定的，如图书馆、博物馆、科技馆、文化馆、文化站等文化设施和文化单位，都是依靠公共财政支撑向公众提供服务的。这些，世界各国都是作为一项重要的公共建设给予财政投入的，可以体现一个国家和地区经济文化发展的水平。我们到西方一些发达国家，城市中最好的地段，最漂亮的建筑，往往就是图书馆、博物馆、歌剧院等文化设施。像法国的国家图书馆新馆，建在塞纳河的边上，主体建筑四栋藏书楼，远远地望去就像四本翻开的巨型书籍，巴黎人称之为“四本大书”，这是密特朗总统执政时期政府投资 80 亿法郎（当时相当于 120 亿人民币）兴建的。有些国家的博物馆连门票都不收，如大英博物馆和日本的京都御所等。我们国家的博物馆、科技馆收一点门票，也是象征性的。近年来一些文物古迹和旅游景点门票大幅度涨价，老百姓很有意见，因为这些文化设施大都是用纳税人的钱支撑的。门票过高也不符合“公共性”的要求。当然，故宫等文物景点通过提高门票来适当限制游客人数，则另当别论。

再说原创性。文化的本质就是创造，这种创造是一种发挥个人（或团体）想象力和独创性的前所未有的创造或曰创新，我们称之为“原创”。前面提到曹雪芹《红楼梦》和贝多芬的交响曲，就属于这类原创性文化的代表。这类原创性文化虽然多属个人的独创，但其中杰出的代表往往成为一个民族和时代的象征，其价值是永恒的。这类原创性文化的产生，依靠功利性很强和商业味很浓的文化产业是难以实现的，只有个人或团体不计名利，呕心沥血，不懈追求，在一定的环境和条件下才得以完成，如新中国成立以来集体创作的芭蕾舞《白毛女》《红色娘子军》等等。所以，我们要办好具有导向性、示范性、代表性的高水平的，以政府投入为主的各级各类艺术表演团体。文化事业这种原创性特征是文化产业所无法替代的，只有在原创性文化大为繁荣的前提下，文化产业才能赖以发展壮大，绝不可本末倒置。

再说积累性。积累性或者说继承性，是文化的又一大特性。孙家正部长多次强调，文化重在积累。就是在前人文化创造的基础上再进行新的创造，搞文化建设就是一种文化积累。中华民族有五千年一直不曾中断的光辉灿烂、博大精深的文化积淀，继承和弘扬这份文化遗产，不仅是我们进行文化建设和文化创造的重要依凭，也是我们发展文化产业取之不尽、用之不竭的文化资源。

正因为文化事业有公共性、原创性、积累性这几方面的特性，所以文化事业具有“非商化特质”。“非商化特质”这个说法是钱钟书先生提出来的。1992 年，钱钟书先生有感于当时文化领域的商业化倾向，他在接受《人民政协报》记者采访时说过：“崇高的理想、凝重的节操和博大精深的科学、超凡脱俗的艺术，均具有非商化的特质。强求人类的文化精粹，去符合某种市场价值价格的规则，那只会使科学和文艺都‘市侩化’，丧失其真正进步的可能和希望。历史上和现代的这种事例还少吗？我们必须提高觉悟，纠正‘市侩化’的短视和浅见。”所以，我们要优先发展文化事业，这不仅是人类文化进步的需要，也是文化产业发展的重要前提。

发展文化产业，一方面以文化事业的繁荣发展为条件，另一方面又能促进文化事业的繁荣发展。因为，无论是繁荣文化事业还是发展文化产业，目的都是为了增加社会精神产品，更好地满足人民群众日益增长的多方面、多层次的文化需求。尤其是在社会主义市场经济条件下，精神文化产品的绝大部分都以商品的形式进入市场，而文化产业正是借助市场这只“看不见的手”，利用现代科学技术，通过现代传媒手段，把文化产品和消费者沟通起来，促进了文化的传播、普及和繁荣。因此，文化产业与文化事业在一定程度上是互为作用的，繁荣文化事业是发展文化产业的基础和前提，发展文化产业又会促进文化事业的进步，推动文化艺术的繁荣。例如，把四大名著改编为电视连续剧就是成功的例子。再如，电视转播和音像制品把各类舞台艺术延伸到千家万户，使受众成千万倍地增加，对于舞台艺术的普及和观众欣赏水平的提高，无疑会起到很好的促进作用。

五、文化产业的战略意义与发展思路

根据上面所讲的内容，我们可以看出，发展文化产业具有重大的战略意义。这种战略意义主要体现在经济、文化和政治上。

发展文化产业的经济意义，前面已经阐述得很充分了。文化产业作为一种经济行为，对经济总量的增加、解决就业、扩大税收、出口创汇等方面发挥着越来越突出的作用。在许多国家和地区，文化产业成了新的经济增长点，成了支柱产业。“无烟工业”“知识工业”“绿色产业”“朝阳产业”“支柱产业”……人们送给文化产业这一顶顶桂冠和种种美誉，也足以看出文化产业倍受宠爱，足以说明文化产业在经济社会发展中的地位和作用。

发展文化产业的文化意义，前面也已经阐述得很充分了。虽然文化产业依赖于文化原创，依赖于一定的文化积累和文化资源，但文化产业通过现代科学技术，通过现代传媒手段，通过市场这只“看不见的手”，把原创文化和文化资源与广大消费者架起了桥梁，不仅使文化“增值”，而且促进了文化的传播与交流，在普及与提高上都能起到很好的推动作用。文化事业与文化产业可以相互促进，共同繁荣，因而发展文化产业的文化意义也是不言而喻的。

下面侧重讲一下发展文化产业的政治意义。发展文化产业的政治意义，主要是当前的国际局势和激烈的国际竞争所决定的。当今世界，一方面和平与发展是时代潮流，世界处在一个相对稳定的发展时期；另一方面世界各国特别是大国之间经济、文化、科技的竞争越来越激烈，经济全球化的趋势越来越明显。党的十五大强调，文化是综合国力的重要组成部分，指出：“面对科学技术迅猛发展和综合国力剧烈竞争，面对世界范围各种思想文化相互激荡，面对小康社会人民群众日益增长的文化需求，全党必须从社会主义事业兴旺发达和民族振兴的高度，充分认识文化建设的重要性和紧迫性。”

这里所讲的文化建设，是包括文化产业在内的，因为当时还没有提出文化事业和文化产业的区分。我们只有繁荣发展好我们自己的文化事业和文化产业，才能有效抵御西方国家的文化渗透和文化侵略。美国等国家利用自己的经济科技实力，向全世界推销自己文化产品，不仅赚取了大量外汇，而且把他们的思想观念、生活方式和价值观散布到世界的每一个角落。人们把这种文化侵略称之为“没有硝烟的战争”，其影响力和渗透力绝不亚于任何枪炮。举例来说，美国控制了全球75%的电视节目和生产制作，这种最具活力的传播类文化产业，节目源主要掌握在美国人手中，而设备主要掌握在日本人手中。还有电影，前面已经讲到，美国以世界电影产量的6%，却赢得了80%的世界电影市场占有率。连法国这样富有文化传统的国家也不得不通过制定法律来抵御美国大片的冲击。法国的法律规定，电影院放映法国和欧盟国家的电影不得少于50%，超过70%政府给予奖励。还有互联网，据资料显示，国际互联网访问量最大的100个网站中，94个属于美国。面对这样严峻的挑战，许多国家都意识到发展文化产业的重大的政治意义，呼吁抵抗美国的文化侵略，维护世界文化多样性和民族文化的独立性。

正因为文化产业具有经济、政治、文化等多重意义，许多西方国家把发展文化产业作为一种国家战略予以推进，使自己国家的文化产业在世界文化产业发展的大格局中抢占制高点和一定的市场份额。近20年来，日本政府一直把发展文化产业作为一项基本国策。1995年，日本制定了《新文化立国：关于振兴文化的几个重要策略》，提出了21世纪“文化立国”的战略方针，通过所谓“产、官、学”（即企业、政府与科研机构）相结合的道路大力发展文化产业，使日本的卡通、游戏以及电影、电视、音乐、出版、主题公园等文化产业得以迅速发展，成为国民经济中仅次于制造业的第二大产业。韩国于1997年设立了“文化产业基金”，对中小型文化企业予以扶植和资助。1999年国会通过了《文化产业振兴法》，2001年又成立了文化产业振兴院，政府不遗余力地推动文化产业的发展，使“韩流”风靡亚洲，韩国成为公认的文化出口新兴国家。

既然发展文化产业具有如此重要的战略意义，我国作为一个发展中国家，作为一个在世界事务中具有举足轻重影响力的大国，特别是作为一个文化积淀和文化资源极其丰富深厚的东方文化大国，如何发展好我国的文化产业，是摆在我们面前的一项十分重大而严肃的课题。根据我国的现实状况，借鉴别国的经验教训，我以为发展我国的文化产业从大的思路上要注意到以下几点：

第一，选好发展项目

选好发展项目至关重要。一个国家，一个地区，一个城市，不可能面面俱到，遍地开花。像日本，主要发展与现代传播相关的电子产品及游戏软件等，韩国主要发展动漫、游戏、电影和电视剧等。我们的国家很大，一个地方有一个地方的特点和优势，一定要选择符合自己特点和优势，具有市场前景和发展潜力的项目。必须经过充分的调查研究和科学论证，认真权衡，选准项目。绝不可盲目攀比，一哄而起，搞短期行为。譬如前两年，很多地方，包括一些中部和西部的县和县级市，纷纷来找新闻出版署，都想上光盘生产线，并没有认真考虑当地的经济、交通、市场以及节目源等等因素是否适合。

第二，培育市场主体

党的十四大确立社会主义市场经济体制，到现在不过十年的时间，市场经济的许多方面还不够完善。国有企业转制和民营企业发展取得了一些经验，但在文化领域，由于长期实行计划经济体制，文化单位都按照事业单位依赖国家财政生存，这些年的文化体制改革有了一些探索和成效，但距离市场经济体制的要求还有较大差距，真正意义上的文化产业经营者还不多，还不够强大，也就是文化产业的市场主体还有待培育。有人常说要打造中国文化产业的航空母舰，也是这个意思。没有按照国际惯例和现代企业制度建立起来的文化企业，亦即文化产业的市场主体，要发展好我国的文化产业就只能是一句空话。靠政府“拉郎配”搞所谓“集团”，往往难以做大做强，还是要按市场规律和经济规律办事。由于文化产业的诱人前景，成熟的民营企业家可能是未来文化产业的市场主体。

第三，树立品牌意识

文化产业作为一种经济行为，如同其他所有经济活动一样，必须严格按照经济规律办事，特别重视品牌的创立与维护。只有把品牌做响，才能把事业做大。国际上一些成功的文化产业无不重视品牌战略。如时代华纳，是由1918年的华纳兄弟公司和创立于1923年的时代公司合并而成的，1996年兼并了TBS公司，1999年兼并了美国在线，成为世界上规模最大、范围最广、最富有创造力的一家娱乐传播公司。时代华纳的旗下包括华纳兄弟影业公司、华纳兄弟广播网、华纳唱片集团、华纳家庭影院公司、HBO电影台、CNN新闻台、《时代周刊》《财富》杂志、《人物》杂志等数十家具有世界影响的品牌公司。仅华纳唱片集团在世界各地就有三十余家分公司和四十个以上加盟品牌。不仅如此，品牌下面又有再生品牌，如《财富》杂志的财富排行榜和财富论坛，都成了举世瞩目权威发布的知名品牌。除了时代华纳，还有迪士尼的主题公园及娱乐、新闻品牌，默多克的现代传媒品牌，还有贝塔斯曼的图书出版和销售品牌等等，都是文化产业的世界巨头和世界品牌。我国的一些文化产业也十分重视品牌的打造，如上海的东方明珠和云南的丽江等等，他们的经验值得借鉴。

第四，重视人才培养

人才是事业之本，发展文化产业也要以人为本。目前，我国的文化产业刚刚兴起，这方面的人才奇缺。文化圈内的人往往不懂经营，而懂经济善经营的往往又缺少文化艺术方面的素养，二者兼备的人才十分难得。因此要抓紧培养这方面的人才，途径主要有三条：一是在游泳中学会游泳，从战争中学会战争，在发展文化产业的实践中，一定会产生一批文化企业家和这方面的领军人物；二是大学培养专业人才，近年来已有不少大学新设了与文化产业相关的院系和专业，有的大学或研究机构还成立了文化产业的研究基地，若干年后将是文化产业的骨干力量；三是送到国外培养，或者从国外引进相关人才。当然，这三种途径也可以综合运用。总之，要下大力气培养一大批既懂文化又善经营的通才和相关专业的专才，这是发展我国文化产业的根本。

第五，完善政策环境

我国有关文化方面的政策法规，相对于其他行业是比较滞后的，目前仅有两部法律，即《中华人民共和国文物保护法》和《中华人民共和国著作权法》。除此之外，涉及到文化发展的许多方面，只能依靠国务院条例和部门规章来进行规范和管理。专门针对文化产业方面的政策法规几乎没有。两年前文化部发布了第一部文化产业发展五年规划，提出了一些政策措施，但由于当前文化分块管理，文化部的规划没有涉及到广播电影电视和出版方面，是很不完整的。前面提到，日本、韩国等国家都很重视文化产业方面的政策和策略，甚至有专门的文化产业振兴法。这方面我们还要下很大的功夫，不断完善文化产业的政策法制环境。特别是我国已经加入世贸组织，今后对国外文化产品进入的领域和范围将要更加放宽，如何完善相关的法律法规显得更加紧迫。

以上所讲只是个人的认识，不妥之处，请批评指正。谢谢！

世纪之初的中国文化建设

——2002 年 11 月 13 日，在越南文化通讯管理干部学院的演讲

历史的车轮已经驶入了 21 世纪，人类开始了新的纪元。全球经济一体化、政治多极化、文化多样化的趋势日益突现。在和平与发展仍然作为当今世界主流的时代，文化的价值和作用越来越被世界各国政治家和有识之士所认同，越来越受到关注和重视。

中国是一个具有五千年历史文化的文明古国，又是一个具有 13 亿人口的发展中国家。改革开放以来，我国的经济、政治、文化发生了深刻的变化，取得了举世瞩目的伟大成就。近日，中国共产党正在召开第十六次全国代表大会，这是我党在新世纪召开的一次极其重要的会议，必将对我国的社会主义现代化建设和中华民族的伟大复兴产生积极而深远的影响。

中国和越南都是社会主义国家，许多方面可以相互学习和借鉴。这次我们中央文化管理干部学院代表团应邀访问贵国和贵院，参加了贵院成立 25 周年庆典和其他活动，耳闻目睹贵国实行革新开放以来经济社会发展日新月异的大好形势，特别是了解到贵国在文化建设方面取得的成就和经验，使我们很受启发，得益匪浅。借此机会，我想以“世纪之初的中国文化建设”为题，谈谈我们对文化建设一些基本问题的看法，就教于在座的越南文化界人士及各位专家。

一、文化建设在整个社会主义现代化建设中具有极其重要的地位和作用

中国共产党一贯重视文化建设。毛泽东同志早在新中国建立之前，就提出“要建立中华民族的新文化”，指明这种新文化是“民族的科学的大

众的文化”（《新民主主义论》）。邓小平同志在改革开放初期就指出：“我们要在建设高度物质文明的同时，提高全民族的科学文化水平，发展高尚的丰富多彩的文化生活，建设高度的社会主义精神文明。”（《在中国文学艺术工作者第四次代表大会上的祝辞》）他一方面强调，社会主义的根本任务是发展生产力，坚持以经济建设为中心，不断提高人民的物质生活水平；另一方面又强调，不但要有高度的物质文明，而且要有高度的精神文明，两个文明都搞好，才是中国特色社会主义。以江泽民同志为核心的第三代领导集体，具有很强的文化意识，高度重视文化建设。党的十五大报告全面、深刻、科学地阐述了建设有中国特色社会主义经济、政治、文化的基本目标和基本政策，强调这三者有机统一，不可分割，构成党在社会主义初级阶段的基本纲领。建设有中国特色社会主义文化，作为党在社会主义初级阶段基本纲领的三大组成部分之一，提到了前所未有的高度，突出了文化建设在整个社会主义现代化建设中的地位和作用，具有十分深远的战略意义。

大家知道，2000 年初，江泽民同志提出了著名的“三个代表”理论，就是要求中国共产党必须始终代表中国先进生产力的发展要求，代表中国先进文化的前进方向，代表中国最广大人民的根本利益。这是对马列主义、毛泽东思想和邓小平理论关于党建学说的重大发展。把文化问题提到了“立党之本、执政之基、力量之源”的高度加以认识，再一次体现了我党自觉的文化追求和崇高的文化目标。

文化建设的重要意义是由文化的性质和特征所决定的。文化是一个民族的灵魂。“一个民族，没有振奋的民族精神，没有高尚的民族品格，没有坚定的民族志向，不可能自立于世界先进民族之林。”[①] 文化建设的根本任务是要提高全民族的思想道德素质和科学文化素质，在全社会形成共同理想和精神支柱，为中华民族的伟大复兴，为社会主义现代化建设，提供巨大的精神动力和智力支持。文化建设与经济建设，精神文明与物质文明，是社会发展的车之两轮、鸟之双翼，二者必须协调发展，相互促进，共同进步。因此，十五大提出：“有中国特色社会主义的文化，是凝聚和激励全国各族人民的重要力量，是综合国力的重要标志。”“社会主义现代

① 江泽民：《在中国文联第七次全国代表大会、中国作协第六次全国代表大会上的讲话》。

化应该有繁荣的经济，也应该有繁荣的文化。”

在这样先进的文化理念的指导之下，21 世纪初的中国文化建设必将沿着正确的方向得到进一步的繁荣和发展。

二、文化建设的根本任务是积极进行文化创新

文化的发展就是一个不断创造新的文化成果的过程。所以，文化建设的任务不外乎两个方面：一方面是对已有文化成果的保护、继承与弘扬，如物质文化遗产和非物质文化遗产的保护、开发与利用等；另一方面则是创造属于自己时代的新文化，如文学艺术方面的新作品，思想理论和学术研究方面的新成果等。毫无疑问，在这两方面当中，文化创新是第一位的，是文化建设的中心工作和根本任务。

进行文化创新，首要的一条就是要认真贯彻“为人民服务、为社会主义服务”的方向和“百花齐放、百家争鸣”的方针，发扬艺术民主和学术民主，尊重知识、尊重人才、尊重规律，充分信任和调动作家、艺术家与专家学者的积极性和创造性。同时，另一方面，一个负责任的精神产品的生产者，心里总是装着人民，总是要注重作品的社会效果，力求把最美好的精神食粮奉献给人民和社会，为时代发展和社会进步提供精神动力，贡献聪明才智。这应当成为精神产品生产者的崇高使命和神圣职责。

我们提倡创作自由，这是能否实现文化创新的一个带有根本性的前提条件。创作自由，是“双百”方针题中应有之义，也是宪法赋予公民的基本权利。邓小平曾引述列宁的话，强调在文艺领域，“绝对必须保证有个人创造性和个人爱好的广阔天地，有思想和幻想、内容和形式的广阔天地。”他还指出：“文艺这种复杂的精神劳动，非常需要文艺家发挥个人的创造精神。写什么和怎样写，只能由文艺家在艺术实践中去探索和逐步求得解决。这方面不要横加干涉。”① 我们要充分发挥作家、艺术家个人的创造精神，让他们张开想象的翅膀，自由地挥洒艺术才华。正如江泽民同志

① 邓小平：《在中国文学艺术工作者第四次代表大会上的祝辞》，《邓小平文选》第 2 卷，人民出版社 1994 年版。

所要求的那样："作家、艺术家写什么、演什么，在坚持'二为'方向和'双百'方针的前提下，都应享有充分的自由。我们要为广大文艺工作者创造一个团结、民主、融洽、和谐的气氛和环境。"① 只有这样，作家、艺术家才能真正发挥个人的创造才华，文艺才能实现真正的繁荣，文化创新的任务才能真正落实。

进行文化创新，必须注重普及与提高相结合，繁荣发展丰富多彩的多层次的文化产品，不断满足广大人民日益增长的精神文化需求。我们要实施精品战略，努力创作出属于我们这个时代的可以传之久远的精品力作。文化部部长孙家正同志在最近的一次讲话中提出，通过实施精品战略，打造中华文化优秀品牌：一要形成一批能够反映当代中国文化成就的优秀作品；二要形成一批享誉中外，能够代表当代中国文化艺术水平的文化艺术团体和机构；三要形成世界公认的，具有广泛影响的文化艺术活动。他认为，这种中华文化优秀品牌，必须是具有鲜明的中国精神和民族特色的艺术精品，即具有堂堂正正的中国气派、中国作风和鲜明时代精神的作品。

同时，我们还要大力加强基层文化建设，完善面向广大群众的社会文化网络。基层文化建设是社会主义文化事业的基础，把群众文化作为文化工作的重要内容，是有中国特色社会主义文化的性质所决定的。基层文化建设，城市以社区为重点，农村以乡镇为重点，对于贫困地区和西部地区，还要采取一些特殊政策，以确保广大群众享有基本的文化生活，切实维护和保障公民的文化权益。人民群众不仅是文化的享有者，也是创造者。中国地域广大，民族众多，各地具有丰富而独特的地域文化，群众中蕴藏着文化创新的巨大的积极性和创造力。只有把广大群众和艺术家的积极性和创造性都充分调动起来，我们的文化建设就会焕发出无穷的创造活力和蓬勃生机，我们的文化园地就会出现百花齐放、万木争荣的景象。

三、文化建设必须适应社会主义市场经济体制的发展要求

中国共产党的十四大确立我国建立社会主义市场经济体制的重大决

① 江泽民：《与政协文艺界委员座谈时的讲话》，《人民日报》1993年3月27日。

策，十多年来，长期在计划经济体制下形成的文化管理模式和文化运作方式，通过一系列政策调整和体制改革，已经发生了根本性的变化，基本上适应了社会主义市经济场体制的发展要求。在这一重大的社会变革过程当中，我们清醒地认识到，在社会主义市场经济条件下，文化建设特别是公共文化建设和原创性的文化创新应当视为公共产品。市场经济不等于文化市场化，这是由文化的性质和特点所决定的，也是社会主义的优越性之所在。随着国家经济实力的增强，政府要逐年加大对文化建设的投入，以保障公民的文化权利和先进文化建设的前进方向。我认为，我国新世纪的文化建设要在社会主义市场经济条件下得到更好的繁荣发展，必须着力解决好以下三个方面的问题：

第一，加强文化法制建设，保障文化事业健康发展

社会主义市场经济是法制经济，社会的各种利益关系都必须依靠法律来规范和调整。改革开放以来，我国的民主法制建设取得了很大成绩，伴随国家法制建设的进程，我国文化领域的法制建设也有了较快的发展，但还不能适应社会发展和文化事业自身发展的需要。目前，我国只有《中华人民共和国文物保护法》和《中华人民共和国著作权法》两部文化方面的法律。今后在文化建设的主要方面，诸如国家的资金投入，公民的文化权利，作家、艺术家创作与演出的权利，文化单位的权利与义务，知识产权的保护，民族、民间文化遗产的保护与利用等等，都要通过立法来进行规范，做到依法治文，以法兴文。

第二，规范文化市场，引导文化消费

应当看到，在社会主义市场经济条件下，精神文化产品绝大多数都要进入市场进行流通，这就必然要受到市场那只“看不见的手”的制约。我们既要鼓励文化单位和文化产品迎接市场的挑战，遵循市场规律与价值规律，又不能完全由市场来决定文化的生死存亡，必须坚持以社会效益为最高准则，力求经济效益与社会效益的统一。改革开放以来，经过二十多年的培育与发展，我国的文化市场已经成为规模巨大、门类齐全、品种繁多的市场体系，成为社会主义市场经济不可分割的重要组成部分，为丰富人民群众的文化生活发挥着重要的作用。据统计显示，随着物质生活水平的提高，我国城乡居民的文化消费呈不断上升之势，文化市场的潜力十分巨大，前景十分广阔。特别是中国加入世贸组织之后，文化市场发展的空间更大，情况也更为复杂。今后要通过法制进一步规范和发展文化市场，严厉打击盗版走私、制黄贩黄等违法行为，用健康有益、丰富多彩的文化产品占领市场，形成良好的文化消费方式，促进文化市场健康、有序、持续发展。

第三，发展文化产业，培植新的经济增长点

文化产业是伴随着现代科学技术发展而出现的一种新兴产业，其范围包括娱乐业、演出业、电影业、电视业（商业电视台或频道，以上各业西方国家统称娱乐业。）、出版业、广告业、培训业、咨询业、网络业、旅游业等等，虽然冠以“文化”的名义，但已不是传统意义上的文化概念所能涵盖，它是一种智能化、知识化的产业，这些年来在世界范围内特别是发达国家得到迅速发展，被称之为“知识工业”或“朝阳产业”“支柱产业”。在我国，目前文化部所管辖的范围之内，只是文化产业当中的一小块，这一小块又属于文化当中可以用产业运作的那一部分。前面说到文化不可能市场化，也就不可能产业化，因为图书馆、博物馆、文化馆以及代表国家和民族精粹的艺术都是不可能市场化和产业化的。当然，这并不是说文化产业并不重要，只是说明文化事业与文化产业有所区别。《中共中央关于制定国民经济和社会发展第十个五年计划的建议》把“发展有关文化产业”与“繁荣社会主义文化事业”区分开来，要求在“十五”乃至相当长的时期，既要大力繁荣文化事业，又要加快发展有关文化产业。目前我国的文化产业发展还不够充分，但可以预见，本世纪初的头一二十年是文化产业快速发展的时期。

四、文化建设与对外文化交流

中国的发展离不开世界，经济建设如此，文化建设亦是如此。随着经济全球化、政治多极化趋势的进一步发展，国际的文化交流不断扩大，不同文化的相互交流与碰撞日益加剧，保持文化的独立性和多样性的呼声十分强烈。中国作为一个在世界政治、经济舞台上日趋重要的大国和拥有五千年灿烂文化的文明古国，也应当积极参与世界文化事务，扩大对外文化交流，在国际文化舞台上发挥重要作用。我们在对外文化交流中，既要保持中华民族自己的文化传统和文化特色，又要博采世界各国之长，汲取他们的优秀文化艺术成果，扩大眼界，吸收营养，不断丰富和发展有中国特色社会主义文化。

我们不仅要引进外来文化，还要实施走出去战略，全方位地向世界传播中华文化。特别要着力宣传当代中国改革和建设的伟大成就，树立当代中国的崭新形象。我国政府将要实施《中华文化教育推广战略计划》，综合利用文化艺术、语言教学、广播影视等多种手段，统一部署，整体协调，同共实施，有计划、有步骤地在全世界推广汉语和中华文化。要稳步推进海外中国文化中心建设，使之成为传播中华文化的窗口、园地和桥梁。要不断拓宽对外文化交流的渠道。要充分发挥政府的主导作用，有重点、有计划地在世界重要国家或地区组织和实施中国文化年、中国文化月、中国文化周和中国文化节等具有重大影响的文化活动。要重视和加强我国文化艺术研究机构和作家、艺术家、专家学者与国外同行的交流与对话，融入主流社会，增进了解，扩大共识。要积极扶持有实力的文化企业在国外独立经营商业演出、展览业务，推动我国对外商业性演出、展览向正规化、产业化方向发展，使我国的对外文化交流从现在的以官方和民间交流为主转变为官方、民间、商业并举的新局面。“他山之石，可以攻玉”，我们要努力发展自我，扩大交流，把我国建设成为立足亚太、面向全球的国际文化中心。

五、文化建设与干部教育培训工作

最后，我想讲一讲干部教育培训的问题。我们中国中央文化管理干部学院和越南文化通讯管理干部学院都是一所干部教育学校，我们都负有共同的使命，就是为各自国家的文化建设培训干部。当今世界的竞争关键是人才的竞争，而领导人才在竞争中又起着决定性的作用。我们的文化建设搞得如何，与我们的各级文化行政管理机关有着密切的关系。特别是各级文化行政管理机关的领导人，往往起着关键的决定性的作用。在一定意义上可以这样说，有什么样的文化管理者，就有什么样的文化工作，就有什么样的文化事业。因此，我们作为培训干部的专门机构，其作用是不言而喻的。

干部教育培训工作是一项具有战略意义的工作。江泽民总书记在纪念中国共产党成立75周年的时候就提出要建设一支高素质的干部队伍，十五大报告又提出建设一支高素质的专业化的公务员队伍。党的十五届六中全会，要求加强和改进党的作风建设，强调党员特别是领导干部，要加强马克思主义理论学习，加强对各方面新知识的学习，以达到提高理论素养、树立世界眼光、培养战略思维、加强党性修养、增强解决实际问题能力的目的。去年年初，党中央专门就干部教育培训问题下发了4号文件，对2001—2005年全国干部教育培训工作做出了规划。去年5月，中央又召开了全国干部教育培训工作会议，专门部署这项工作，要求对所有干部在理论素养、思想品德、业务能力、知识水平等方面，有针对性地开展在职学习和脱产培训。

文化部也十分重视干部教育培训工作，孙家正部长亲自兼任我们中央文化管理干部学院院长。他曾经说过，中央文化管理干部学院是全国文化系统的“黄埔军校”，要求我们提高办学水平和教学质量，为提高全国文化管理干部队伍的素质，提高文化管理工作的水平，作出应有的贡献。我们义不容辞也理所当然在这方面要有所作为，我们决心朝着这个方向和目标努力工作。

越南文化通讯管理干部学院已经走过了25年的发展历程，具有先进的办学理念和丰富的教学经验，为文化通讯战线培养了一大批干部，为越南的文化建设作出了积极的贡献。你们在办学目标、规范管理以及开展国际合作等方面，都值得我们学习和借鉴。今后我们两校要携起手来，加强交流与合作，促进我们共同的事业不断向前发展。

最后，祝愿我们两所学院共同发展，不断壮大！

祝愿中、越两国的文化事业进一步繁荣发展！

祝愿中、越两国人民的友谊万古长青！

科学发展观与文化建设

——2004 年 6 月 17 日，在中央文化管理干部学院
第 13 期全国地市文化局长岗位培训班的演讲

科学发展观，是新一届领导集体的执政纲领，是对我国国家发展战略和执政理念的新概括，也是我们党对社会主义现代化建设指导思想的新发展，对于全面建设小康社会进而实现现代化的宏伟目标，具有重大而深远的意义。

今年 2 月，在中央党校举办了省部级主要领导“树立和落实科学发展观”专题研究班，温家宝总理在研究班结业式上发表了题为《提高认识，统一思想，牢固树立和认真落实科学发展观》的重要讲话。这是一篇全面阐述科学发展观的重要文献。下面，我主要以温总理的这篇讲话为依据，就科学发展观与文化建设的关系谈一点自己的认识和体会。

一、科学发展观是我国现阶段经济社会发展的根本指针

科学发展观，是党的十六届三中全会明确提出来的。会议作出的《中共中央关于完善社会主义市场经济体制若干问题的决定》提出“坚持以人为本，树立全面、协调、可持续的发展观，促进经济社会和人的全面发展”，强调“按照统筹城乡发展、统筹区域发展、统筹经济社会发展、统筹人与自然和谐发展、统筹国内发展和对外开放的要求”，推进改革和发展。

此前，温总理在香港参加回归六周年庆典活动，在一次关于抗击非典的讲话中提到“三个协调发展”，他说：“我们深刻认识到，在整个现代化建设中，必须更加注重经济与社会协调发展，更加注重城市与农村协调发

展，更加注重人与自然和谐相处。”他还说：“一个国家与一个人一样，一条腿长一条腿短是站不住的，所以统筹兼顾、协调发展是一个非常重要的思想。”到十六届三中全会，发展为“五个统筹”。

那么，科学发展观是怎么提出来的呢？

（一）科学发展观的提出

温总理在省部班的讲话中指出：“我们党提出的科学发展观，根据马克思主义辩证唯物主义和历史唯物主义的基本原理，总结了国内外在发展问题上的经验教训，吸收人类文明进步的新成果，站在历史和时代的高度，进一步明确了新世纪新阶段我国要发展、为什么发展和怎样发展的重大问题。”

我这里把科学发展观提出的背景和条件归纳为三条：

1. 从中国的国情出发

我国处在社会主义初级阶段，是一个发展中国家，发展极不平衡，东西部的差别、城乡差别、贫富差别有加剧的趋势。我国又是一个13亿人口的大国，温总理在哈佛大学的演讲，讲到中国和平崛起时，用了一个乘除法的比喻，足以令人警醒。他在题为《把目光投向中国》的演讲中指出：“人多，不发达，这是中国的两大国情。中国有13亿人口，不管多么小的问题，只要乘以13亿，那就成为很大很大的问题；不管多么可观的财力、物力，只要除以13亿，那就成为很低很低的人均水平。这是中国领导人任何时候都必须牢牢记住的。”——我国的国情决定了必须实施科学发展观。

2. 总结改革开放以来的经验教训

改革开放20多年来，有成功的经验，也有值得认真总结的教训。

温总理在讲话中指出：“1978年，党的十一届三中全会深刻总结了过去20多年的经验教训，果断地把党和国家的工作重点由‘以阶级斗争为纲’转移到社会主义现代化建设上来，作出了实行改革开放的重大决策。邓小平同志和我们党明确提出走自己的路，建设有中国特色的社会主义，提出并实施现代化建设‘三步走’发展战略，强调社会主义的根本任务是发展生产力，‘发展才是硬道理’，并制定社会主义初级阶段‘一个中心、两个基本点’的基本路线和一系列重大方针政策。这是对我国现代化建设规律认识的一次飞跃，有力地推动了我国改革开放和现代化建设事业的迅速发展。以江泽民同志为核心的第三代中央领导集体提出‘三个代表’重要思想，强调发展是党执政兴国的第一要务，坚持用发展的办法解决前进中的问题，明确提出在发展社会主义市场经济条件下正确处理现代化建设中的一系列重大关系，提出科教兴国战略、可持续发展战略、西部大开发战略等重大战略，进一步丰富了社会主义现代化建设的理论和实践。以胡锦涛同志为总书记的党中央在邓小平理论和‘三个代表’重要思想指导下，按照党的十六大精神，根据新的形势和任务，特别是抗击非典的重要启示，明确提出了科学发展观，把坚持以人为本和经济社会全面、协调、可持续发展统一起来，并强调按照‘五个统筹’的要求推进改革和发展。这标志着我们党对社会主义现代化建设规律的认识更加深入。科学发展观同毛泽东、邓小平、江泽民同志关于发展的重要思想是一脉相承的，是与时俱进的马克思主义发展观。”

另一方面，这些年逐渐形成的贫富悬殊、环境污染、资源枯竭等问题日益突出，特别是经济发展与社会发展、经济建设与文化建设的矛盾也日益突现。尽管邓小平早就提出“我们不但要建设高度的社会主义物质文明，还要建设高度的社会主义精神文明”，江泽民提出建设有中国特色社会主义经济、政治、文化，三者是统一的不可分割的整体，还提出了“三个代表”的理论，对文化建设、精神文明建设的认识不可谓不高，但是还是出现了“一手硬”“一手软”的问题，出现了“不一贯”的情况。邓小平曾经指出：如果经济建设搞上去了，社会风气坏了又有什么意义。江泽民也反复强调：不能以牺牲精神文明为代价，换取经济的一时发展。出现这种“一手软”和“不一贯”的情况，对我国经济社会的发展特别是人的全面发展，带来了很大的负面影响。

3. 顺应世界发展的潮流

人类社会往何处去？坚持可持续发展、保护环境、尊重和保障人权、消除贫困，等等，这些都是当今世界发展的主流和热点问题。

特别是重视人的自身的发展，重视文化在经济社会中的重要作用，越来越引起联合国和各国首脑及有识之士的关注，成为世界发展的潮流。例如，联合国教科文组织《世界文化发展报告·我们的创造性的多样性》（1995）提出：把文化置于发展的中心位置，并提出召开“文化与发展”世界峰会。教科文组织 1998 年在斯德哥尔摩召开“文化促进发展政府间会议”，会议形成的《斯德哥尔摩宣言》（草案）提出：社会发展的终极目标是文化的繁荣。又如，俄罗斯总统普京2002年主持召开俄罗斯联邦“总统文化艺术委员会”会议，专题研究文化与儿童——少年一代精神世界的培养问题，认为从文化这个能够体现一个国家民族思想的领域开始着手狠抓培养接班人的问题至关重要。[①] 再如，东京实施心灵革命行动计划。前些天在文化部我与日本文化厅长官河合隼雄对话，我问为什么小泉首相挑选他这位心理学家担任这一职务，他说这可能与日本人特别是青少年出现的封闭、自私、冷酷、心理不健全等社会问题有关。被称为日本青少年问题研究“第一人”的千石保上世纪90年代写过一本书，叫作《“认真”的崩溃——新日本人论》，在日本社会引起很大反响。因此，东京都在本世纪初开始了面向未来的“心灵革命行动计划”，以带动全国。其核心内容是强调对人的素质教育，提出培育和发扬正义感、伦理感、关爱他人的品质等。具体内容有“七大呼吁”，都是从细小的事情做起，要求市民在家庭、学校社区等一切场合付之行动：（1）让孩子每天恭敬地问候他人；（2）对他人孩子的不良之处也要管教；（3）让孩子做家里的小帮手；（4）教育孩子学会忍耐，不要随心所欲；（5）培育孩子对故人、长辈的尊敬之心；（6）在实践中锻炼孩子；（7）让孩子憧憬未来。目的是要培养出2015年前后支撑东京的新一代东京人：他们富有个性，才华横溢，勇于实现自我价值，追求理想的生活方式，而完全不同于以往囿于“集团主义”而缺乏鲜明个性、善于模仿而创新不够的传统日本人形象。他们自主自立，自尊自爱，具有出众的理性、丰富的想象力和创造力。他们具有高度的责任感和使命感，乐于为这个社会，为日本的明天而贡献力量。

最近，党中央专门发文，要求全社会重视未成年人思想道德教育，可以说非常及时，非常重要。

（二）科学发展观的内涵

温总理在省部班的讲话中指出：“发展观是关于发展的本质、目的、内涵和要求的总体看法和根本观点。有什么样的发展观，就会有什么样的发展道路、发展模式和发展战略，就会对发展的实践产生根本性、全局性

① 参见《中国文化报》2002年10月11日。

的重大影响。”

科学发展观的内涵十分丰富，我们可以从以下三个方面来理解：

1. 以人为本，全面、协调、可持续发展

胡锦涛总书记今年3月在中央人口资源环境工作座谈会上指出：“坚持以人为本，全面、协调、可持续的发展观，是我们以邓小平理论和‘三个代表’重要思想为指导，从新世纪新阶段党和国家事业发展全局出发提出的重大战略思想。坚持以人为本，就是要以实现人的全面发展为目标，从人民群众的根本利益出发谋发展、促发展，让发展的成果惠及全体人民。全面发展，就是要以经济建设为中心，全面推进经济、政治、文化建设，实现经济发展和社会全面进步。协调发展，就是要统筹城乡发展、统筹区域发展、统筹经济社会发展、统筹人与自然和谐发展、统筹国内发展和对外开放，推进生产力和生产关系、经济基础和上层建筑相协调，推进经济、政治、文化建设的各个环节、各个方面相协调。可持续发展，就是要促进人与自然的和谐，实现经济发展和人口、资源、环境相协调，坚持走生产发展、生活富裕、生态良好的文明发展道路，保证一代接一代地永续发展。”

这里核心的内容是“以人为本”和“五个统筹”。

以人为本，是科学发展观的本质和核心。温总理讲：“以人为本，就是要把人民的利益作为一切工作的出发点和落脚点，不断满足人们的多方面需求和促进人的全面发展。具体地说，就是在经济发展的基础上，不断提高人民群众物质文化生活水平和健康水平；就是要尊重和保障人权，包括公民的政治、经济、文化权利；就是要不断提高人们的思想道德素质、科学文化素质和健康素质；就是要创造人们平等发展、充分发挥聪明才智的社会环境。”并且强调：“坚持以人为本，既是经济社会发展的长远指导方针，也是实际工作中必须坚持的重要原则。”“以人为本是我们的执政理念和要求，应当从现在的具体事情做起，贯穿到经济社会发展的各个方面，贯穿到我们的各项工作中去。”

“五个统筹”是一个相互关联的整体，其中又以统筹经济社会发展最为重要。

（1）经济社会协调发展。温总理讲：“发展观的第一要义是发展。离开发展，就无所谓发展观。”坚持以经济建设为中心，是任何时候都不可动摇的。马克思主义认为，生产力的发展是人类社会发展的最终决定力量。我们党执政兴国的第一要务是发展，首先是要发展经济，并且保持较快的发展速度。同时，经济发展必须与社会发展相协调。“经济发展是社会发展的前提和基础，也是社会发展的根本保证；社会发展是经济发展的目的，也为经济发展提供精神动力、智力支持和必要条件。随着人民群众的物质生活水平日益提高，对精神文化、健康安全等方面的需求也日益增长，更加要求社会与经济共同发展。如果社会事业发展滞后，经济也难以实现持续较快发展。”“社会发展包括科技、教育、文化、卫生、体育等社会事业的发展，也包括社会就业、社会保障、社会公正、社会秩序、社会管理、社会和谐等，还包括社会结构、社会领域体制和机制完善等。”

（2）城乡协调发展。中央对“三农”问题极为重视，农业基础薄弱，农村发展滞后，农民收入增长缓慢，已成为我国经济社会发展中亟待解决的突出问题。对农业采取“多予、少取、放活”的方针和“以城带乡、以工促农、城乡互动、协调发展”的发展思路。

（3）区域协调发展。统筹区域发展，就是要继续发挥各个地区的优势和积极性，逐步扭转地区差距扩大的趋势，实现共同发展。国家要从宏观政策上支持欠发达地区加快发展。根据我国当前区域发展的实际情况和全面推进现代化建设的要求，中央明确提出了促进地区协调发展的战略布局：坚持推进西部大开发，振兴东北地区等老工业基地，促进中部地区崛起，鼓励东部地区加快发展，形成东中西互动、优势互补、相互促进、共同发展的新格局。

（4）人与自然协调发展。“处理好经济建设、人口增长与资源利用、生态环境保护的关系，推动整个社会走上生产发展、生活富裕、生态良好的文明发展道路。”已有学者提出建立“生态文明”社会（相对于“工业文明”社会而言），认为生态文明包含三个重要特征：较高的环保意识，可持续的经济发展模式，更加公正合理的社会制度。认为讲发展不仅要看经济发展指标，还要看人文指标、资源指标和环境指标。

（5）内外协调发展。必须适应经济全球化深入发展和我国加入世贸组织的新形势，在更大范围、更广领域和更高层次上参与国际经济技术合作和竞争，提高对外开放水平。要坚持“引进来”和“走出去”相结合，统筹利用国际国内两个市场、两种资源，更好地促进我国现代化建设。要把利用外部有利条件和发挥自身优势结合起来，充分发挥我国市场广阔、劳动力资源丰富的优势。

2. 充分体现了新一代领导集体的执政理念

胡锦涛总书记在纪念建党 82 周年大会的讲话中指出："坚持立党为公、执政为民，必须落实到党和国家制定和实施方针政策的工作中去，必须落实到各级领导干部的思想和行动中去，必须落实到关心群众生产生活的工作中去。"他还强调："各级领导干部都要牢固树立全心全意为人民服务的思想和真心实意对人民负责的精神，做到心里装着群众，凡事想着群众，工作依靠群众，一切为了群众，坚持权为民所用、情为民所系、利为民所谋。"

温家宝总理在十届人大二次会议闭幕后的记者招待会上阐述了中国和平崛起的五要义："第一，中国和平崛起就是要充分利用世界和平的大好时机，努力发展和壮大自己。同时又用自己的发展维护世界和平。第二，中国的崛起，基点主要放在自己的力量上。独立自主、自力更生、艰苦奋斗，依靠广阔的国内市场、充足的劳动资源和雄厚的资金储备，以及改革带来的机制创新。第三，中国的崛起离不开世界。中国必须坚持开放的政策，在平等互利的原则下同世界一切友好国家发展经贸往来。第四，中国的崛起需要很长的时间，恐怕要多少代人的努力奋斗。第五，中国的崛起不会妨碍任何人，也不会威胁任何人，也不会牺牲任何人。中国现在不称霸，将来强大了也永远不会称霸。"

3. 是我国现阶段经济社会发展的根本指针

温家宝总理指出："科学发展观是全面建设小康社会和实现现代化的根本指针。改革开放以来，我国经济社会发展取得了历史性的伟大成就，胜利实现了现代化建设'三步走'战略的第一步、第二步目标，人民生活总体上达到小康水平。但是，现在达到的小康还是低水平的、不全面的、发展很不平衡的小康。党的十六大提出，要在本世纪头 20 年，集中力量，全面建设惠及十几亿人口的更高水平的小康社会，使经济更加发展、民主更加健全、科教更加进步、文化更加繁荣、社会更加和谐、人民生活更加殷实，并明确提出了经济、政治、文化、社会发展等方面的目标和任务。树立科学发展观，是全面建设小康社会的必然要求。我们要到本世纪中叶实现现代化建设第三步战略目标，基本实现现代化，也必须以科学发展观为指导。”并且进一步明确要求：“一定要处理好经济发展与社会发展的关系，处理好城乡发展、地区发展的关系，处理好不同利益群体的关系，处理好经济增长同资源、环境的关系，处理好改革发展稳定的关系，处理好物质文明建设同政治文明建设、精神文明建设的关系，还要处理好国内发展与对外开放的关系。科学发展观为我们解决前进道路上面临的矛盾和问题，顺利推进全面建设小康社会和整个现代化事业，提供了正确的指导思想和根本指针。”

二、文化建设与科学发展观的关系

在科学发展观的指导下，必然要重视文化建设。因为，要坚持以人为本，全面、协调、可持续的发展观，要落实全面建设小康社会的伟大任务，就必须下大力气搞好文化建设，不断提高人的素质，改善生活质量，从而实现人的全面发展和社会的全面进步。

关于文化建设与科学发展观的关系，可以从以下三个方面来理解。

（一）文化是一个民族的灵魂

文化属于精神领域，是一种观念形态，虽然看不见，摸不着，但无处不在，无所不包。

文化是一个民族的灵魂，是一个民族千百年世代相传的基因，是一个民族区别于另一个民族的本质特征和符号。有人说过，只有文化灭亡了这个民族才会灭亡，如果文化不灭，这个民族虽然历尽磨难也总会有复兴的时候。为什么世界上几大文明古国只有中华民族延续至今？这与中华文化中的“大一统”“和而不同”“自强不息”等传统观念不无关系，是中华文化自身的影响力、亲和力和凝聚力所决定的。

党的十六大报告指出：“民族精神是一个民族赖以生存和发展的精神支撑。一个民族，没有振奋的精神和高尚的品格，不可能自立于世界民族之林。”“必须把弘扬和培育民族精神作为文化建设的重要任务。”认为：“当今世界，文化与经济和政治相互交融，在综合国力竞争中的地位和作用越来越突出。文化的力量，深深熔铸在民族的生命力、创造力和凝聚力之中。全党同志要深刻认识文化建设的战略意义，推动社会主义文化的发展繁荣。”

（二）人的全面发展是社会全面发展的前提

没有人的全面发展，就不可能有社会的全面发展；没有人的现代化，就不可能实现国家的现代化。这就是说，人是经济社会发展的根本前提和根本动力。

十六大确立的全面建设小康社会的目标，“是中国特色社会主义经济、政治、文化全面发展的目标”。经济发展固然是全面建设小康社会的中心任务，但文化建设的任务更加艰巨，文化建设在全面建设小康社会当中具有决定性的战略意义和重要地位，它不仅是全面建设小康社会的重要内容和目标，同时又是全面建设小康社会的条件和保障。

我们必须清醒地看到：我国处在并将长期处在社会主义初级阶段，文化建设的任务十分艰巨，矛盾十分突出。至少有这样几个不相适应：一是文化建设与经济发展不相适应；二是人们的精神文化需求与文化供给不相适应（即文化建设的现状满足不了人们的文化需求）；三是国民素质与我国五千年优秀文化传统和深厚的文化积淀不相适应，甚至可以说反差很大，人们的精神境界、道德水平、文化修养亟待提高。因此，文化建设与经济建设必须协调发展，相互促进，共同繁荣。

（三）科学发展观为文化建设提供了巨大的发展空间

实现十六大提出的全面建设小康的目标，树立和落实科学发展观，为文化的繁荣发展提出了更高的标准和要求，也为促进文化的繁荣发展提供了巨大动力和发展空间。

科学发展观强调“以人为本”，强调人的全面发展。我认为这里面十分重要的一条，就是要高度重视人自身的发展。人之所以为人（即与动物的区别），就在于人具有物质需求之上的精神需求。相对于物质需求属于低层次、浅层次的需求，精神需求才是人类高层次、深层次的需求。满足人们的高层次的精神文化需求，是现代社会的必然要求，也是我们全面建设小康社会的必然要求。

人类社会的发展规律是：物质生活相对容易满足，而精神生活没有止境；经济指标容易追赶，但文化建设不可能一蹴而就。这些年来我国的住房、汽车等发展很快，但人的素质很难一下子提高。我每次出国回来有两点感受特别强烈：一是国外的环境优美，二是人的素质高。这两方面我们一时还难以追赶，因为大树不可能一夜之间长成，人的素质更是短期内难以得到提高。我们的城市建设，高楼大厦，并不比国外逊色多少，甚至比他们强，但人的素质确实比人家差，这一点不必讳言，恰恰说明我们要花大力气加强文化建设，提高人的素质，促进人的全面发展。

温总理在今年两会的《政府工作报告》中指出："随着我国经济发展和社会进步，人民群众的精神文化需求不断增长，必须把文化建设摆到更加重要的位置。"并且提出"抓紧制定文化体制改革总体方案和文化发展纲要"。可以预见，在科学发展观的指导下，我国的文化建设必将得到更大的繁荣和发展。

三、当前我国文化建设面临的机遇与挑战

（一）机遇（三个环境）

1. 政策环境（中央的方针政策、先进的文化观念）

从毛泽东的《新民主主义论》（经济、政治、文化三者之关系，建设中国的新文化，即民族的、科学的、大众的文化。），到邓小平的两个文明建设（在建设高度物质文明的同时建设高度的社会主义精神文明），到江泽民的"三个代表"，再到新一届领导集体提出的"科学发展观"，可以看出我党几代领导人对文化问题的看法，一脉相承，与时俱进，具有先进的文化观，体现了我党自觉的文化追求和崇高的文化目标。

温家宝讲："为了加快社会发展，必须增加投入，深化改革，完善政策。各级政府都要较大幅度地增加对发展社会事业的投入。"文化建设是社会事业的一个重要领域，随着市场经济体制的完善和政府职能的转变，投资体制、投资方向也相应发生了转变，财政投入主要用于公共服务和基础设施建设，政府对文化事业的投入必将逐步加大。

2. 消费环境（经济发展提供了物质基础，公民的文化需求和消费不断加大）

根据有关统计资料，随着我国经济的快速发展，国民的收入水平不断提高（去年达到人均GDP1000美元），恩格尔系数不断降低（以十五期间2000—2005年为例，食品、衣着等占消费结构的百分比不断下降，文化教育方面的消费不断增加。）。详附表：

“十五”时期全国消费结构预测（%）

消费项目	2000	2001	2002	2003	2004	2005
食品	48.57	47.27	45.96	44.66	43.34	42.03
衣着	8.20	8.10	8.00	7.89	7.79	7.67
家庭设备用品及服务	5.85	5.81	5.76	5.70	5.64	5.57
医疗保健	4.80	5.08	5.37	5.66	5.95	6.24
交通通讯	5.07	5.43	5.78	6.14	6.50	6.86
娱乐教育文化及服务	11.30	11.86	12.41	12.96	13.50	14.04
居住	12.92	13.04	13.16	13.30	13.46	13.62
杂项商品	3.28	3.42	3.56	3.70	3.83	3.93

资料来源：范剑平等《中国城乡居民消费结构的变化趋势》，人民出版社2001年版

预计到2020年，我国的GDP超过35万亿人民币，人均GDP达到3000美元，国民用于文化教育方面的消费进一步加大，恩格尔系数进一步降低。毫无疑问，这将拉动文化特别是文化产业的进一步发展。

3. 国际环境（和平与发展仍是当今世界的主题，国际间的文化交流与合作日益扩大）

近年来，我国对外文化交流空前活跃，中国文化在世界的影响日益扩大，特别是一些大型主题文化活动，如“中华文化美国行”“中法文化年”“相约北京”“上海国际艺术节”等，不仅使我国文化进入西方发达国家主流社会，也使我国人民领略到世界各国的优秀文化艺术，开阔了眼界，丰富了精神文化生活。

特别是进入互联网时代以来，文化交流与合作发生了革命性的变化，信息的交流与传播突破了地域与时空的界限，变得极为便捷和即时性。我们要充分利用当前相对和平稳定的国际环境和先进的传播手段，大力促使

中国文化“走出去”，进一步扩大中华文化在世界的影响；同时大胆吸收和借鉴世界各国的优秀文化，不断丰富和提高我们自身有中国特色社会主义文化的内涵和境界。

（二）挑战（三个问题：人、钱、法）

1. 人的问题

我认为，文化发展面临的挑战，最大的问题还是人的问题。至少有三个方面的问题不容忽视：

一是用人机制问题。当然这个问题不单是文化系统存在的问题，但在文化系统比较突出。一个不能让人才脱颖而出，不能充分发挥人的积极性和创造性的用人机制是干不好事业的，尤其是文化这种与人紧密相关带有创造性的事业。中央关于文化体制改革的指导原则，无论是经营性文化单位还是非经营性文化单位，都提到了“转换机制”的问题，我以为用人机制是机制、体制创新当中最重要、最关键的环节。用人机制问题不解决，“增强活力”就是一句空话。这次文化体制改革，中央下了很大的决心，花了很大的力气，一定要借这个东风，在改革中把用人机制的问题好好解决一下。

二是要加强学习。记得前几年孙家正部长在一次讲话中谈到文化部的几位老部长，说茅盾、夏衍、郑振铎等都是大作家、大学者，我们何德何能，不加强学习怎么行。现在很多行业的进入是有门槛的，但我们文化系统至今还没有任何资质考核或其他条件作为进入的门槛，似乎什么人都可以搞文化，演员演不了戏可以当干部，图书馆、博物馆成了某些领导安排亲属的地方，以至于在社会上形成了这样的说法：文化部门没文化。我前年到越南访问，河内有一所大学叫文化大学，这所大学的校长告诉我，现在越南文化系统的领导干部和工作人员，包括各省的文化厅长、局长，图书馆、博物馆的馆长等等几乎都是他们学校培养出来的。实际上，越南是学我们的，我们有一个艺术研究院，他们也有一个艺术研究院；我们有一个历史博物馆和一个革命博物馆，他们也有一个历史博物馆和一个革命博物馆；我们有一个文化管理干部学院，他们也有一个文化通讯管理干部学院（越南是文化通讯部）；我们有戏剧学院、音乐学院、美术学院、电影学院等等，他们也都有；唯独这所专门培养文化就业人员的文化大学，他们有我们没有。既然先天不足，后天就一定要加强学习，扩大眼界，增长学识，否则你所领导的“文化人”就不服你，你也就不可能当好一个称职的领导。

三是要解放思想。经过20多年的改革开放，我们一直在倡导解放思想，实事求是，应当说过去那种扣帽子、打棍子的做法再也不存在了，环境是较为宽松自由的。但是，为什么这么多年还是出不了真正的大作家、大作品呢？是不是各种有形无形的条条框框还是在束缚着人们的思想呢？是不是文艺家个人的创造精神（邓小平语）都得到了充分发挥呢？我觉得还有必要进一步解放思想，切实贯彻“二为”方向和“双百”方针，让我们的作家、艺术家充分施展才华，潜心创作；让各方面的积极性和创造性都充分释放出来，才能使文化创新、文化建设进入到一个新境界。

2. 投入不足

文化投入不足，是多年积累下来的问题。现在，党中央如此重视文化建设，各级政府应当按照科学发展观的要求，加大投入力度。

80年代初，小平同志讲过，教、科、文、卫、体的投入在经济社会发展中不成比例，到现在又形成了新的不成比例。2001年，教育的财政性投入已达3363亿元，占当年GDP的3.3%，而当年文化投入只有70多亿元。这里要说明的是，不是说教育投入太多，与其他国家相比仍然太低，也尚未达到党中央、国务院颁布的《教育改革与发展纲要》所提出的占GDP的4%的要求，而是说文化的投入与教育相比，太不成比例。2002年，教育占整个教、科、文、卫、体总投入的64.5%，而文化只占2.5%，卫生占17.9%，科学占6.9%，体育占1.5%，其他如计划生育、广播事业等占6.7%。

十四届六中全会《决议》关于文化经费“总量偏少、比例偏低”的问题并没有得到很好的解决。文化投入占财政总支出的比例非但没有增长，反而呈下降趋势。根据文化部计财司2003年统计资料，“九五”以来1996—2002年全国文化事业费（即财政拨款）占国家财政总支出的比例如下：0.45%，0.49%，0.50%，0.47%，0.42%，0.40%，0.38%，这显然不符合十四届六中全会《决议》提出的文化投入“随着经济的发展逐年增加，增加幅度不低于财政收入的增长幅度”的要求。

这几年由于全国人大教科文卫委员会等部门的呼吁和文化部的积极争

取，情况有了较大改善，特别是中央本级财政增长较快，调控手段（财政转移支付）也有所加强，如基层文化建设的经费、舞台精品艺术工程经费等等。2003 年，中央本级文化事业费 5.37 亿元，达到了历史上的最高点。这一年，全国文化事业费达到 93.98 亿元，比上年度增加 10.32 亿元，增幅为 12.3%，但仍然低于国家财政收入增长幅度的 14.7%。

据报载，俄罗斯由于连续多年经济不景气，文化经费长期拖欠，2000 年文化经费第一次到位，而它的文化部长非但没有感恩戴德，却说这还远远不够，文化经费要翻 20 倍。这位部长也许有些浪漫，但勇气可嘉。俄罗斯也是一个富有深厚文化传统的国家，这几年对文化投入的力度之大令人羡慕。2002 年，俄罗斯联邦文化预算为 117 亿卢布，比上一年增加 62%，3 年中俄罗斯文化经费增加了 4 倍。[①]

3. 法制滞后

文化法制建设滞后是制约文化发展的一个突出的问题（瓶颈）。目前，我国文化方面的法律只有两部，即《文物保护法》和《著作权法》（也有三部之说，即《拍卖法》，因其涉及到文物和艺术品的拍卖）。对文化事业的管理和规范，主要依靠国务院条例和部门规章，这与我们国家民主法治建设的进程很不相适应。不仅与相对完备的经济立法不可比，与教、科、卫、体相比亦差距甚大。据 2001 年《人民日报》文章，教科文卫体立法共 24 件，其中教育 7 件，科技 5 件，文化 3 件，卫生 8 件，体育 1 件。文化法制建设滞后，严重影响到文化艺术事业的发展。

文化法制建设在转变政府职能的今天显得尤其重要。中央提出依法行政，这是依法治国的重要内容，也是转变政府职能的核心问题。依法行政，首要的问题是行政权力的法定化。必须明确，各级政府和政府各部门只能在宪法和法律、法规的范围内活动，依法决策，依法处理问题，自觉地把行政行为纳入法制化轨道。凡是超过法律规定的权力都是非法和无效的。但目前文化领域的许多方面都无法可依，不仅依法行政难以落实，文化事业和文化产业的繁荣发展以及公民的文化权益也都没有保障。因此，从根本上说，要贯彻落实科学发展观，搞好文化建设，还是要以法治文，依法兴文。

① 参见《中国文化报》2003 年 4 月 11 日。

中国共产党的先进文化观与中国先进文化建设

——2005年2月21日，在中央文化管理干部学院“保持共产党员先进性教育活动”党课讲稿

中国共产党建党80多年、执政50多年来，把马克思列宁主义的基本原理与中国革命和建设的实践相结合，在政治、经济、文化、军事、外交等领域都创立了一整套系统而深刻的理论。在文化领域，我党几代领导人站在世界和时代的高度，从中华民族振兴和社会主义现代化建设的实际出发，始终关注和重视文化的地位和作用，把握中国先进文化的前进方向，形成了一脉相承而又与时俱进的先进文化观，指引和推动中国先进文化不断繁荣发展。

一、我党伴随五四新文化运动而建立，早期领导人高扬民主与科学两面文化大旗，揭开了中国现代反帝反封建的历史序幕

中国共产党的创建，最早可以说是从思想文化领域开始的。自从西学东渐，特别是马克思主义在中国传播以来，当时进步的知识分子努力探索东西方文化的异同和中国文化的出路，其中我党早期领导人李大钊、陈独秀等具有一定代表性，体现了我党早期富有革命性的先进文化观。

李大钊是我党的创始人和领导者之一，也是一位学贯中西的伟大思想家。他有两句名言：“铁肩担道义，妙手著文章”，表明了一个共产党人的革命热情和文化理想。在当时激烈的中、西两种文化论争中，李大钊主张“文化调和论”，认为东西方文化调和融合的结果，会产生“第三种文明”，并认为这是人类文化史上的又一次飞跃。李大钊呼吁，古老的中国应当“急起直追，逐宇宙的文化前进”。他说：“我很盼望我们新青年打起精神，

于政治、社会、文学、思想种种方面开辟一条新路径，创造一种新生活。”①

陈独秀是我党早期主要领导人，也是五四新文化运动的倡导者、领袖和主将。1915 年，他在上海创办《青年杂志》（后移北京，改名《新青年》。），并在创刊号上发表《敬告青年》一文。这是新文化运动第一篇纲领性的战斗檄文，文章高举“民主”与“科学”的旗帜，向青年提出了六点希望：（1）自主的而非奴隶的；（2）进步的而非保守的；（3）进取的而非退隐的；（4）世界的而非锁国的；（5）实利的而非虚文的；（6）科学的而非想象的。对封建思想文化展开了猛烈的抨击，号召学习西方的先进文化和科学技术，振聋发聩，令人警醒。如“自主的而非奴隶的”一节有云：“我有手足，自谋温饱；我有口舌，自陈好恶；我有心思，自崇所信；绝不认他人之越俎，亦不应主我而奴他人；盖自认为独立自主之人格以上，一切操行，一切权利，一切信仰，唯有听命各自固有之智能，断无盲从隶属他人之理。德国大哲尼采别道德为二类：有独立心而勇敢者曰贵族道德，谦逊而服从者曰奴隶道德。非然者，忠孝节义，奴隶之道德也；轻刑薄赋，奴隶之幸福也；称颂功德，奴隶之文章也；拜爵赐第，奴隶之光荣也；丰碑高墓，奴隶之纪念物也。以其是非荣辱，听命他人，不以自身为本位，则个人独立平等之人格，消灭无存，其一切善恶行为，势不能诉之自身意志而课以功过；谓之奴隶，谁曰不宜?”

二、毛泽东深刻论述了经济、政治与文化的关系，提出建设“民族的科学的大众的新文化”

毛泽东在《新民主主义论》《在延安文艺座谈会上的讲话》两篇经典著作中集中体现了他的马克思主义文化观和文艺思想。

《新民主主义论》发表于 1940 年 1 月，这是毛泽东同志为当时在延安的《中国文化》杂志创刊号所写的。毛泽东十分谦虚，他说：“对于文化问题，我是门外汉，想研究一下，也方在开始。”可是，全文就中国文化与中国革命的关系、文化的性质、中国新文化的建设等一系列重大的问题

① 李大钊：《新的！旧的！》，《李大钊文集》，人民出版社 1984 年版，第 537 页。

展开论述，一共15个问题，皇皇4万余字，是一篇宏大而精深的马克思主义的文化问题的专论。文章论述文化与政治、经济的关系，至今看来，仍然是马克思主义经典作家最准确、最科学、最经典的论断。这就是我们十分熟悉的一段论述：“一定的文化（当作观念形态的文化）是一定社会的政治和经济的反映，又给予伟大影响和作用于一定社会的政治和经济；而经济是基础，政治则是经济的集中表现。这是我们对于文化和政治、经济的关系及政治和经济的关系的基本观点。”毛泽东以政治家的远见卓识，指出要建设一个新中国和新文化，他说：“我们共产党人，多年以来，不但为中国的政治革命和经济革命而奋斗，而且为中国的文化革命而奋斗；一切这些的目的，在于建设一个中华民族的新社会和新国家。在这个新社会和新国家中，不但有新政治、新经济，而且有新文化。这就是说，我们不但要把一个政治上受压迫、经济上受剥削的中国，变为一个政治上自由和经济上繁荣的中国，而且要把一个被旧文化统治因而愚昧落后的中国，变为一个被新文化统治因而文明先进的中国。一句话，我们要建立一个新中国。建立中华民族的新文化，这就是我们在文化领域中的目的。”这种中华民族的新文化，就是“民族的、科学的、大众的文化。”

《在延安文艺座谈会上的讲话》是1942年在延安整风运动中，针对当时文艺领域存在的现象和问题，主要是解决文艺为什么人这样一个根本问题，也就是文艺工作者对待人民大众的立场和态度问题。围绕这一根本问题，涉及文艺领域的许多问题，诸如：文艺的功能和任务，文艺工作者要熟悉自己的工作对象，社会生活是文学艺术的唯一源泉，文艺源于生活又高于生活，普及与提高的问题，文艺批评的政治标准和艺术标准问题，写光明与写黑暗的问题，等等。60多年过去了，我国文艺发展的实践证明，《讲话》是毛泽东贡献给马克思文艺理论宝库的一份宝贵财富，长期以来成为广大文艺工作者的行动指南。

三、新中国建立后，毛泽东及其第一代领导集体提出“双百”方针等一系列繁荣科学和艺术的方针政策

1949年新中国成立之后，百废待举，百业待兴。新中国的文化事业如

同其他事业一样，在党中央的一系列文艺方针政策指引下，迅速得到恢复和繁荣。这一系列文艺方针政策包括推陈出新，百花齐放、百家争鸣，古为今用、洋为中用，等等，其中最重要的是“双百”方针的提出。1955 年 5 月 2 日，毛泽东在第七次最高国务会议上提出了百花齐放、百家争鸣的问题。此前在 1955 年 4 月 28 日的中央政治局扩大会议上，毛泽东就曾指出：讲学术，这种学术可以，那种学术也可以，不要拿一种学术压倒一切。你如果是真理，信的人势必就会越多。“百花齐放、百家争鸣”我看这应该成为我们的方针。在 5 月 2 日的会议上，毛泽东又讲到：现在春天来了嘛，一百种花都让它开放，不要只让几种开放，还有几种不让它开放，这就叫百花齐放。他还说：百家争鸣是诸子百家，春秋战国时代，两千年前那个时候，有许多学说，大家自由争论，现在我们也需要这个。他指出：在中华人民共和国宪法范围之内，各种学术思想，正确的，错误的，让他们去说，不去干涉他们。5 月 26 日，中共中央宣传部部长陆定一在中国科学院和中国文联召开的会议上作了《百花齐放、百家争鸣》的报告。《报告》根据党中央和毛泽东的有关指示精神，全面系统地阐明了党的“百花齐放、百家争鸣”的方针，指出这个方针的着重点，是要在马克思主义的指引下，充分发扬社会主义的艺术民主和学术民主。1957 年 2 月 27 日，毛泽东在《关于正确处理人民内部矛盾的问题》的著名讲话中正式提出了“双百”方针，指出：“百花齐放、百家争鸣的方针，是促进艺术发展和科学进步的方针，是促进我国的社会主义文化繁荣的方针。艺术上不同的形式和风格可以自由发展，科学上不同的学派可以自由争论。利用行政力量，强制推行一种风格、一种学派，禁止另一种风格、另一种学派，我们认为会有害于艺术和科学的发展。艺术和科学中的是非问题，应当通过艺术界科学界的自由讨论去解决，通过艺术和科学的实践去解决，而不应当采取简单的方法去解决。”[①] 随后不久，毛泽东又在全国宣传工作会议上强调：“百花齐放、百家争鸣，这是一个基本性的同时也是长期性的方针，不是一个暂时的方针。”并且指出：“百花齐放是一种发展文艺的方法，百家争鸣是一种发展科学的方法。百花齐放、百家争鸣这个方针不但是使科学和艺术发展的好方法，而且推而广之，也是我们进行一切工作

① 毛泽东：《毛泽东文集》第 7 卷，人民出版社 1999 年版，第 229 页。

的好方法。”①

然而，由于“左”的错误的干扰，百花齐放、百家争鸣这一基本性、长期性的方针并没有得到很好的、持久的贯彻，致使我国的文化事业受到了严重的挫折和损害。第一代领导集体中的主要成员刘少奇、周恩来、陈毅等同志对“左”的错误进行了抵制和纠偏。如 1956 年 3 月 5 日，刘少奇同志在中国作协与周扬、刘白羽同志的谈话中提出，党和政府对文艺作品的干涉要适当，指出：“党与政府采取政治上的干涉，有的是对的，就是干涉得对的；但是也有的干涉是粗暴的，或者是干涉错了的。……自由争论就是要让大家讲话。有的意见是负责同志讲的，这些负责同志的话，也应该看作是读者、观众的意见，尊重他们的意见，是完全应该的，但作家不一定要按他们的意见那样修改，作家如果不同意可以不改。作家不让负责同志发表感想也不好，因为是负责人，言论就没有自由了？那不行。他们可以发表他们的感想，至于你采纳不采纳，或者是不是按他们的意见修改，你有你的自由。如果是政治上的错误，那就要做出决定，有正式文件，那当然是另一回事。没有正式文件，你可以只当作个别意见，可以不听。那一天我看到曹禺同志，曾说：延安时期的《雷雨》比现在演得好。也许我这个印象是不对的，但是，是不是以后就不允许我讲话了呢？既有两种不同的感想，就可以讲。（陈毅：作家应该有独立见解，独立的风格。）很同意。”②

1961 年 6 月 19 日，周恩来同志《在文艺工作座谈会和故事片创作会议上的讲话》中指出：“艺术作品的好坏，要由群众回答，而不是由领导回答；可是目前领导决定多于群众批准。……艺术是要人民批准的。只要人民爱好，就有价值；不是反党反社会主义的，没有权力去禁演。艺术家要面对人民，而不是只面对领导。”③

特别是陈毅同志 1962 年 3 月 6 日著名的广州讲话，向知识分子脱帽加冕，有如一股春风，十分令人振奋。譬如讲到关于剧本创作的问题时，强调必须尊重作家的独创性劳动，针对有的领导随意发号施令提出了严肃批

① 毛泽东：《在中国共产党全国宣传工作会议上的讲话》（1957 年 3 月 12 日），《毛泽东文集》第 7 卷，人民出版社 1999 年版，第 279 页。

② 刘少奇：《关于作家的修养等问题》，《党和国家领导人论文艺》，文化艺术出版社 1982 年版，第 82—83 页。

③ 参见《周恩来选集》下卷，人民出版社 1997 年版，第 336—337 页。

评，对当时所谓“领导出思想，群众出生活，作家出技巧”的说法进行了批驳，斥之为“一股歪风”。他说：“我们一些作家：郭老、沈雁冰同志、老舍同志、阳翰笙同志、曹禺同志、熊佛西……这是我们国家之宝，我们任何人都应该加以尊敬，怎么随便就讲我要‘领导’你？这太狂妄了。我们国家这种科学家、文学家太少了。我们应该支持他们去发挥他的创造，建立他的学派。我们现在可以拿几个剧院，让他们这些艺术家去搞，由他们作主，我们不要去干涉他们的创造。我们去给他服务，要小米给他小米，要猪肉给他猪肉，要酱油醋给他酱油醋！（笑声）他们搞得不好，我们再来整他嘛。（大笑）他们搞得好，我们领导问题就解决了。为什么不这样考虑问题，总是对人家不信任？自己的文章都没通，随便去改人家的文章，把人家通的文章改成不通。（笑声）我们的天下，这样搞下去，毛主席讲，要霸王别姬呢！刘邦怎么得天下？他就是能够倒屣相迎，项羽就是有个范增而不用，把韩信也赶跑了。韩信在项羽那儿当执戈郎，跑到刘邦那里，经过萧何的引荐，就当大将，当全军的统帅。不尊重科学，不尊重知识，有点像侯宝林讲的一个相声：韩复榘的父亲看京戏，一定强迫关云长跟秦叔宝两人打一仗，人家说关云长是三国人，秦琼是唐朝人，不可能发生战斗，他说：‘我就要他们打一仗，怎么不可能呵？’（笑声）不要以为是讽刺韩复榘，我们队伍中有韩复榘其人哩！（笑声）怎么我们一些大作家，向一些不懂得写戏的人去请示？颠之倒之，我很奇怪。”①

但遗憾的是，以上这些正确意见所起的作用十分有限，“左”的错误非但没有得到遏止，反而愈演愈烈，最后爆发了“文化大革命”，导致中国文化遭受了一场灭顶之灾，中国经济几乎到了崩溃的边缘。

四、第二代领导人邓小平提出精神文明建设与物质文明建设必须“两手抓”，两手都要硬，防止“一手硬”“一手软”

1979 年，当“文革”的灾难刚一结束，邓小平同志就高瞻远瞩地提出

① 陈毅：《在全国话剧、歌剧、儿童剧创作座谈会上的讲话》，《党和国家领导人论文艺》，文化艺术出版社 1982 年版，第 147—148 页。

了“两个文明”建设的问题。他在第四次文代会的《祝辞》中指出：“我们要在建设高度物质文明的同时，提高全民族的科学文化水平，发展高尚的丰富多彩的文化生活，建设高度的社会主义精神文明。”此后，邓小平同志关于两个文明建设有一系列论述，反复强调两个文明要一起抓，防止“一手硬”“一手软”，必须“两手抓”，两手都要硬。这一思想在邓小平理论中体现得很充分，很突出。例如，他说：“不加强精神文明建设，物质文明建设也要受破坏，走弯路。”① 他还说：“经济建设这一手我们搞得相当有成绩，形势喜人，这是我们国家的成功。但风气如果坏下去，经济搞成功又有什么意义？”② 邓小平还提出了文化建设的根本任务是要培育“四有”新人。③

邓小平同志还对思想文化领域的方针政策提出了许多正确的主张，对文革和“左”的错误进行了纠正，起到了拨乱反正的作用，有力地促进了思想文化领域的繁荣发展，至今仍然具有很强的指导意义。例如，他针对“四人帮”那一套作法，强调要尊重文艺规律，尊重文艺家的独创性，对文艺创作不要横加干涉，指出：“文艺这种复杂的精神劳动，非常需要发挥个人的创造精神。写什么和怎样写，只能由文艺家在艺术实践中去探索和逐步求得解决。在这方面，不要横加干涉。”（《祝辞》）他还提出了文艺不从属于政治又不脱离政治的思想，他说：“我们坚持‘双百’方针和‘三不主义’，不继续提文艺从属于政治这样的口号，因为这个口号容易成为对文艺横加干涉的理论根据，长期的实践证明它对文艺的发展利少害多。但是，这当然不是说文艺可以脱离政治。文艺是不可能脱离政治的。”④ 又说：“党对文艺工作的领导，不是发号施令，不是要求文学艺术从属于临时的、具体的、直接的政治任务，而是根据文学艺术的特征和发

---

① 邓小平：《在中国共产党全国代表会议上的讲话》（1985 年 9 月 23 日），《邓小平文选》第 3 卷，人民出版社 1993 年版，第 144 页。

② 邓小平：《在中央政治局常委会上的讲话》（1986 年 1 月 17 日）《邓小平文选》第 3 卷，人民出版社 1993 年版，第 154 页。

③ 邓小平同志最早在 1982 年 7 月 4 日军委座谈会的讲话中提出“有理想、有道德、有文化、守纪律”，后来《中共中央关于社会主义精神文明建设指导方针的决议》，“守纪律”改为“有纪律”，参见《邓小平文选》第 2 卷，人民出版社 1994 年版，第 408 页。

④ 邓小平：《目前的形势和任务》（1980 年 1 月 16 日）《邓小平文选》第 2 卷，人民出版社 1994 年版，第 255—256 页。

展规律，帮助文艺工作者获得条件来繁荣文学艺术事业，提高文学艺术水平，创作出无愧于我们伟大人民、伟大时代的优秀文学艺术作品和表演艺术成果。”（《祝辞》）他还提出精神文化产品的生产要把社会效益作为“唯一准则”和“最高准则”，他在中国共产党全国代表会议上的讲话中指出：“思想文化教育卫生部门，都要以社会效益为一切活动的唯一准则，它所属的企业也要以社会效益为最高准则。”① 小平同志还提出了“尊重知识、尊重人才”的思想，他说：“一定要在党内造成一种风气：尊重知识、尊重人才，要反对不尊重知识分子的错误思想。”②

这里还要提及第二代领导集体中一位重要成员胡耀邦同志关于“三个高峰”的思想。1980 年 2 月 12 日，胡耀邦同志在剧本创作座谈会上的讲话中指出：“我们建设社会主义精神文明需要有三个高峰：思想理论高峰，科学技术高峰，文学艺术高峰。达不到这三个高峰，不能叫四个现代化。”③

五、第三代领导人江泽民提出“三个代表”重要思想，强调中国共产党必须始终代表中国先进文化的前进方向

1991 年 7 月 1 日，担任中共中央总书记不久的江泽民同志在庆祝中国共产党成立 70 周年大会的讲话中，第一次把建设有中国特色社会主义文化与建设有中国特色社会主义经济、政治相提并论，强调这三者是一个有机统一、不可分割的整体。这是对毛泽东同志在《新民主主义论》中关于政治、经济、文化三者关系的论断和邓小平两个文明建设思想的继承和发展。党的十五大，进一步明确把建设有中国特色社会主义经济、政治、文化作为一个统一的目标和整体，构成社会主义初级阶段的基本纲领，指出：“建设有中国特色社会主义文化，就是以马克思主义为指导，以培育有理想、有道德、有文化、有纪律的公民为目标，发展面向现代化、面向世界、面向未来的，民族的科学的大众的社会主义文化。”强调文化“是综合国力的重要标志”，“社会主义现代化应该有繁荣的经济，也应该有繁

① 参见《邓小平文选》第 3 卷，人民出版社 1993 年版，第 145 页。
② 参见《邓小平文选》第 2 卷，人民出版社 1994 年版，第 41 页。
③ 参见《党和国家领导人论文艺》，文化艺术出版社 1982 年版，第 253 页。

荣的文化。”[1] 到2000年初，江泽民同志在广东、上海等地考察，提出了“三个代表”重要思想，指出：“中国共产党要始终代表中国先进生产力的发展要求，代表中国先进文化的前进方向，代表最广大人民群众的根本利益。”“三个代表”作为“立党之本、执政之基、力量之源”，把文化问题提到了前所未有的高度。[2]

党的第三代领导集体，始终坚持贯彻“两个文明”一起抓的方针，党的十四届六中全会《决议》指出：“建设物质文明关键在党，建设精神文明关键也在党。各级党委必须始终坚持两手抓，两手都要硬，把两个文明作为统一的奋斗目标，一起部署，一起落实，一起检查。”江泽民同志多次强调，“物质文明抓得好，精神文明抓得不好，不能说是一个合格的领导。看一个领导干部的政绩，不仅要看他抓物质文明建设的能力和成果，还要看他抓精神文明建设的能力和成果。”“任何时候任何情况下，都不能以牺牲精神文明为代价来求得经济的一时发展。”[3]

江泽民同志总是站在时代发展和民族振兴的高度来认识和强调文化建设的战略意义，1996年1月24日，他在全国宣传部长会议上的讲话中指出：“一个民族只有在努力发展经济的同时，保持和发扬自己的民族文化特色，才能真正自立于世界民族之林。我们能不能继承和发扬中华民族的优秀传统文化，吸收世界各国的优秀文化成果，建设有中国特色社会主义的文化，这是事关中华民族振兴的大问题，事关建设有中国特色社会主义事业取得全面胜利的大问题。”[4]

六、新一届领导集体提出科学发展观，坚持以人为本，重视人的全面发展和社会的协调发展

以胡锦涛为总书记的新一届领导集体提出的科学发展观，是对我国国

① 参见十五大报告。

② 参见江泽民2001年七一讲话，这篇讲话系统阐述了“三个代表”重要思想。

③ 参见《在考察广东、福建时的讲话》，《毛泽东、邓小平、江泽民论文学艺术》，解放军文艺出版社1995年版。

④ 参见《十四大以来重要文献选编》。

家发展战略和执政理念的新概括，也是我们党对社会主义现代化建设指导思想的新发展，对于全面建设小康社会进而实现现代化的宏伟目标，具有重大而深远的意义。甚至可以说，科学发展观是新一届领导集体的执政纲领。科学发展观，是党的十六届三中全会明确提出来的。会议作出的《中共中央关于完善社会主义市场经济体制若干问题的决定》提出“坚持以人为本，树立全面、协调、可持续的发展观，促进经济社会和人的全面发展”，强调“按照统筹城乡发展、统筹区域发展、统筹经济社会发展、统筹人与自然和谐发展、统筹国内发展和对外开放的要求”，推进改革和发展。2004 年 3 月，胡锦涛同志在中央人口资源环境工作座谈会上全面而深刻地阐述了科学发展观的内涵：“坚持以人为本，就是要以实现人的全面发展为目标，从人民群众的根本利益出发谋发展、促发展，让发展的成果惠及全体人民。全面发展，就是要以经济建设为中心，全面推进经济、政治、文化建设，实现经济发展和社会全面进步。协调发展，就是要统筹城乡发展、统筹区域发展、统筹经济社会发展、统筹人与自然和谐发展、统筹国内发展和对外开放，推进生产力和生产关系、经济基础和上层建筑相协调，推进经济、政治、文化建设的各个环节、各个方面相协调。可持续发展，就是要促进人与自然的和谐，实现经济发展和人口、资源、环境相协调，坚持走生产发展、生活富裕、生态良好的文明发展道路，保证一代接一代地永续发展。”

由此可见，在科学发展观的这几个层次中，每一个都涉及到“人”和“文化”问题。因为“以人为本”是科学发展观的本质和核心，或者说灵魂。[①] 那么，什么是以人为本呢？温家宝总理讲：“以人为本，就是要把人民的利益作为一切工作的出发点和落脚点，不断满足人们的多方面需求和促进人的全面发展。具体地说，就是在经济发展的基础上，不断提高人民群众物质文化生活水平和健康水平；就是要尊重和保障人权，包括公民的政治、经济、文化权利；就是要不断提高人们的思想道德素质、科学文化

① 可参考拙作《以人为本是科学发展观的灵魂》，中宣部编《文化发展战略论坛论文集》，广东人民出版社 2004 年版；《文化建设要以人为本》，新华社《半月谈》2004 年第 22 期。

素质和健康素质；就是要创造人们平等发展、充分发挥聪明才智的社会环境。”①

新一届领导集体对文化问题的重视，还体现在把文化问题纳入中央政治局集体学习的内容。2003 年 8 月 12 日，中央政治局第七次集体学习，专门以文化为题进行了学习和讨论，这是前所未有的，引起了国内外的关注和重视。胡锦涛同志在主持这次学习时指出，大力发展社会主义文化，建设社会主义精神文明，是贯彻落实“三个代表”重要思想的必然要求，是全面建设小康社会的必然要求，也是促进经济社会协调发展和人的全面发展的必然要求。我们必须从全面建设小康社会的全局和实现中华民族伟大复兴的高度，深刻认识加强文化建设的战略意义，在推进社会主义物质文明和政治文明建设的同时，更加自觉地推进社会主义文化建设。②

七、几点启示

第一，我党自成立至今天，始终站在时代前列，具有先进的文化观。这是一种文化自觉，是一种精神追求，是中国共产党先进性的重要体现和鲜明特征。

第二，我党有关文化建设的一系列方针政策和几代领导人对文化问题的看法一脉相承，与时俱进，体现了党的政策的连续性和时代先进性。

第三，我党先进的文化观对我国文化的繁荣和发展，具有积极的指导意义和巨大的推动作用。虽然也有“左”的错误的干扰和影响，但总是能够修正错误，不断前进。

第四，文化是时代变革的先声，是社会发展的动力。从五四运动一直到今天，中国社会变革的各个历史关口，莫不以文化为先导。因此作为执政党的中国共产党必须坚持先进文化的前进方向，建设先进文化，繁荣先进文化，用先进文化引领、推动社会向前发展。

---

① 参见 2004 年 2 月，温家宝在中央党校举办省部级主要领导“树立和落实科学发展观”专题研究班结业式上的讲话《提高认识，统一思想，牢固树立和认真落实科学发展观》，《人民日报》2004 年 3 月 1 日。

② 参见《人民日报》2003 年 8 月 13 日 1 版。

第五，文化与经济和政治是一个统一的不可分割的整体。党的十六大确立的全面建设小康社会的目标，就是中国特色社会主义经济、政治、文化全面发展的目标。在新世纪新阶段，必须牢固树立和落实科学发展观，坚持以人为本，坚持全面、协调、可持续发展，促进人的全面发展和社会的全面进步。

文化建设与社会发展

——2005 年 7 月 26 日，在江西省萍乡市
领导干部学习报告会的演讲

今天面对我们萍乡市党委、政府、人大、政协等部门的领导，各区、县的领导，各部、委、局的领导，我感到诚惶诚恐。这么大热天，大家冒着高温酷暑来听我的报告，而我讲的是关于文化方面的问题，既不能帮助大家致富，也不能帮助你们提高 GDP 的数量，因此非常担心浪费了大家的时间。但我昨天晚上到了萍乡，舒部长（即主持报告会的萍乡市委宣传部长舒仁庆同志）等陪着我去看了秋收起义纪念碑广场和世纪广场，我感到萍乡确实是一个有文化的地方，广场建得那么好，老百姓在那里纳凉娱乐的人很多，很热闹。舒部长还告诉我，市委市政府提出打文化牌，就是弘扬发展萍乡的五大文化优势，即红色文化、绿色文化、以傩文化为特色的传统文化、以杨岐宗为代表的佛教文化和近代工业文化。这些都说明市领导是关心群众的文化生活的，是重视文化建设的。因此我心里也多少有了点底，也许大家对文化问题还有点兴趣。

我刚刚说萍乡是一个有文化的地方，这是我来之前对萍乡的印象，来了之后得到了印证。我以为，作为一个萍乡人，在文化上值得骄傲的至少有三件事：第一，萍乡在清末出了一位爱国志士、大文豪文廷式。光绪年间考中进士第一甲第二名，也就是榜眼，后来与康有为、梁启超等极力辅佐光绪皇帝变法图强。戊戌变法失败后流亡日本，从事革命宣传活动，后来回家乡兴办工厂，实业救国，可惜英年早逝，只活了 49 岁。可是他留下了大量的爱国诗文，前些年中华书局整理出版了他的文集，文廷式可以说是中国近代史上一位杰出的人物。第二，萍乡是中国工人运动的发源地之一。当年，毛泽东、李立三、刘少奇等在这里领导了安源路矿工人大罢工，这是中国现代史上的一件大事。还有秋收起义也是在这一带展开的，这里是毛泽东等依靠工农进行革命斗争的起点。第三，萍乡还出了一台好

戏《榨油坊风情》。这个戏获得了国家最高奖“文华大奖”，作为一个地级市能够摘取文化部政府奖的桂冠，这是很不简单的事情，是萍乡当代文化建设的重要成果。这些是我根据自己对萍乡的初步了解，提出这几件事来认为这是萍乡人的骄傲，可以说明萍乡是一个有文化的地方。当然，萍乡的文化很丰富，很深厚，我这里只不过是举例而已。譬如，萍乡的文化名人就很多，我来萍乡之前正好读到一本香港的杂志，里面有一篇文章介绍一位现年96岁高龄的音乐家喻宜萱，就是萍乡人。她的祖父喻兆藩是前清翰林，父亲喻相平留学日本早稻田大学，她自己从上海的音乐学院毕业后，又到美国康奈尔大学深造，回国后从事音乐教育工作，解放后曾担任湖北音乐学院院长，培养了一大批著名的音乐家，如郭淑珍、刘秉义、吴雁泽、李双江、金铁霖等等。萍乡的文化名人还有我党的早期领导人张国焘等等。可见萍乡确实是一个有文化的地方，文风很盛，人才辈出。

今天举办这样一个报告会，这么多领导同志出席，这本身就说明市委对文化的重视。我的报告以《文化建设与社会发展》为题，就文化对经济社会发展的作用和意义，谈谈自己的认识和体会，供大家参考，不妥之处，请批评指正。报告分三部分：第一部分是“十六大以来党中央对文化建设高度重视”；第二部分是“党中央高度重视文化建设的深层原因和战略意义”；第三部分是“如何建设有中国特色社会主义先进文化”。

一、十六大以来党中央对文化建设高度重视

2002年11月，召开了党的十六大，提出了全面建设小康社会的目标，强调这一目标是中国特色社会主义经济、政治、文化全面发展的目标，强调全党同志要深刻认识文化建设的战略意义，推动社会主义文化的发展繁荣。历次党代会报告对文化问题的论述，都没有十六大报告这么长的篇幅，这样的高度，这样的深刻。

有一位日本学者写了一篇文章，题为《从改革开放以来的党代会政治报告的词语变化来看中共十六大的特点》①。这位学者从语汇学的角度研究

① 参见《中国社会科学文摘》2003年第2期。

中国当代社会的发展变化，文中列举了十二大以来历次党代会报告中常用的一些词汇，如“改革”“发展”“建设”“创新”“文化”“制度”等，通过统计其使用的频率和变化，透露出某种有趣的信息。其中“文化”一词的统计数据如下：十二大使用40次，十三大19次，十四大22次，十五大51次，十六大84次，由此可以看出文化受到重视的程度不断增强。

2003年10月，十六届三中全会《关于完善社会主义市场经济体制若干问题的决定》提出了坚持以人为本，全面、协调、可持续发展的科学发展观。这是以胡锦涛为总书记的党中央和中央领导集体的执政纲领，因为它是统领一切的，是今后相当长一段时间的总的指导思想。

科学发展观强调“以人为本”，我认为这是科学发展观的灵魂。“以人为本”出自《管子》：“夫霸王之所始也，以人为本，本理则国固，本乱则国危。”齐桓公任用管仲成就了春秋霸业，尊管仲为“仲父”，而管仲教给他的治国之策，首要的一条就是“以人为本”。可见中国的政治理想一贯重视人的因素，重视人自身的发展，认为人是社会治乱的根本。在今天如何做到以人为本，温家宝总理在中央党校省部级主要领导干部“树立和落实科学发展观”专题研究班的讲话有专门阐述，涉及到人的生存、权益、平等发展等等，其中最重要的是如何实现人的全面发展。

科学发展提出“五个统筹”，我认为最重要的是经济与社会协调发展。2003年一场突如其来的“非典”，使我们深刻认识到社会发展不能只是追求单一的经济指标，教育、科技、文化、卫生等社会发展领域必须同步推进，协调发展。否则，就如同温总理所讲的，一个国家、一个社会就像一个人一样，不能一条腿长一条腿短，这样就会摔跤，就要栽跟头，出问题。这与小平同志讲的不能一手硬、一手软，是一个道理。

2004年9月，十六届四中全会《关于加强党的执政能力建设的决定》提出“五大执政能力”，其中就包括“建设社会主义先进文化的能力”。这五大执政能力包括：一、驾驭社会主义市场经济的能力；二、发展社会主义民主政治的能力；三、建设社会主义先进文化的能力；四、构建社会主义和谐社会的能力；五、应对国际局势和处理国际事务的能力。这是我党执政50多年来经验和智慧的结晶，浓缩成这五条，就有一条讲文化，可见党中央对文化的认识的高度和重视的程度。

2005年2月，中央主办省部级主要领导干部“提高构建社会主义和谐社会能力”专题研究班，胡锦涛总书记指出：“随着我国经济社会的不断发展，中国特色社会主义事业的总体布局，更加明确地由社会主义经济建设、政治建设、文化建设三位一体发展为社会主义经济建设、政治建设、文化建设、社会建设四位一体。”大家已经注意到，这是一个新的提法。胡总书记在讲话中列举了构建和谐社会十个方面的工作，其中第四项便是“切实加强社会主义先进文化建设”，突出强调文化建设在构建社会主义和谐社会中的地位和作用。曾庆红同志在讲话中提到和谐社区建设“五个以”：以服务群众为重点，以居民自治为方向，以维护稳定为基础，以文化活动为载体，以党的领导和党的建设为关键。也强调文化活动是和谐社区、和谐社会建设的重要内容和手段。

和谐社会为什么提得这么高？我国处在社会主义初级阶段，许多社会问题和矛盾日益突出。譬如分配不公的问题，有人担心中国有可能成为下一个阿根廷和巴西，即所谓“拉美化”。据统计，2003 年我国的基尼系数是0.461，早就超过了国际公认的0.4 的警戒线，直逼拉美国家的平均基尼系数0.521。俗话说“不当家不知柴米贵”，所以有人说社会稳定是最贵的“柴米”。在座的各位都是领导，都是“当家人”，你们对构建和谐社会的理解和体会可能会更深切，绝不是一句简单的口号。

以上我对十六大以来党中央在文化方面的方针政策作了一个简要的回顾，我认为这体现了党中央一种先进的文化观，一种自觉的文化追求和崇高的文化目标。

二、党中央高度重视文化建设的深层原因和战略意义

这部分就是讲党中央为什么如此重视文化建设？下面从四个方面来讲。

（一）文化是一个民族的灵魂

为什么说文化是一个民族的灵魂呢？毛泽东说过：“没有文化的军队是愚蠢的军队，而愚蠢的军队是不能战胜敌人的。”著名画家关山月先生曾经在“两会”上有一个发言，引起大家的强烈共鸣。当时有一个提法，

叫作“省长抓米袋子，市长抓菜篮子”，关山月先生说：既要抓“米袋子”，尤其要抓“脑袋子”。还有一位作家叫冯骥才，他形象地讲，没有文化的民族是“植物人”。当年我在文化部，我们一帮搞材料的人在一起讨论什么是文化，大家觉得其他部门都有很响亮的口号和提法，如科教有“科教兴国”，“教育是立国之本”，“科技是第一生产力”，这些作为基本国策早已深入人心；卫生部门提出“健康高于一切”，“人人享有初级医疗保健”；体育有“发展体育运动，增强人民体质”等等。文化到底是什么？很多人觉得它是软的，不重要。但实际上，文化虽然看不见，摸不着，但无处不在，无所不包，大至国家前途、民族命运，小至个人修养、家庭幸福，无不与文化紧密相关。文化的重要性实在是怎么说都不过分的。我们从毛泽东、关山月等讲话中得到启示，提出了一个说法：文化是一个民族的灵魂。这个提法后来得到普遍的认可，一些中央领导同志也这么说。

为什么说文化是一个民族的灵魂呢？可以从下面几点来分析：

1. 文化是一个民族区别于另一个民族、一个国家区别于另一个国家、一个地区区别于另一个地区、一个城市区别于另一个城市的本质特征

世界上文化的最大的区分是东、西方文化。东方文化包括：中华文化，往大一点说就是汉字文化圈的文化，还有印度文化、伊斯兰文化等等。西方文化包括：古埃及文化、希伯来文化、古希腊文化、古罗马文化、大不列颠文化、法兰西文化、日耳曼文化、印第安文化、吉普赛文化、新移民文化等等。最近，法国、荷兰等国全民公决否决了《欧盟宪法条约》，看来由于文化的差异，欧洲一体化的路程还十分漫长。

我们中国幅员辽阔，人口众多，是一个统一的多民族的国家。中华文化丰富多彩，包括：中原文化、燕赵文化、齐鲁文化、吴越文化、湖湘文化、荆楚文化、巴蜀文化、岭南文化、西北文化、东北文化、草原文化、雪域文化等等。有一副对联，是写陕西的：“八百里秦川尘土飞扬，三千万儿女齐吼秦腔”，一下子就把黄土高原的粗犷雄奇的文化风貌描摹得淋漓尽致。再如有一首歌，描写内蒙古草原的风貌：“蓝蓝的天上白云飘，白云下面马儿跑”，辽阔的大草原风光就活灵活现地展示在我们面前。这就是地域文化的不同。

我们看任何一座城市，包括国外的城市，不外是高楼大厦、商场、街道、车流、人流……所不同者在于文化，如京味文化、海派文化。京味文化体现了北京作为一个千年古都其文化的古老与深厚，海派文化则体现了上海这座新兴城市其文化的现代与新锐。萍乡属于湖湘文化的边缘，近代以来受湖南新派文风的影响，得风气之先，因而成了中国近代工业的先进地区，出了像文廷式这样的新派人物。一个城市的文化传统、文化风格、文化气息，虽然看不见，摸不着，但你可以实实在在地感受得到，体味得到，因为它是这个城市的魂，是这个城市所独有的，是这个城市与其他任何一个城市的不同之处。现在常有人说，文化是一个城市的名片。这个说法有点意思，但我总觉得有点看轻文化的味道，文化难道就是一张名片？当然也许恰恰相反，是对文化的看重，强调文化的独特作用。

2. 文化是一个民族的血脉和纽带，是一个民族的生存方式和精神动力

为什么世界上几大文明古国都先后衰亡或中断了，唯有中华文明延续至今，我认为这与我国文化中的“大一统”“和而不同”“自强不息”等传统观念不无关系。中华民族的优秀文化是凝聚全国各族人民和普天下炎黄子孙的精神纽带。最近，国民党主席连战和亲民党主席宋楚瑜的大陆之行，无论是“和平之旅”还是“搭桥之旅”，还包括新党主席郁慕明的“民族之旅”，都充分说明了一点：台湾与大陆的文化血脉是割不断的，“台独”不得人心，唯有两岸的和平统一才是人心所向，大势所趋。

记得三年前，十届人大即将闭幕之际，新当选的国务院总理温家宝举行记者招待会，当记者问到新一届政府对台湾问题有无政策调整时，温总理没有直接回答这个问题，而是随口背诵了于右任的《望大陆》：“葬我于高山之上兮，望我故乡；故乡不可见兮，永不能忘。葬我于高山之上兮，望我大陆；大陆不可见兮，只有痛哭。天苍苍，野茫茫；山之上，国有殇！”博得记者一片掌声。温总理借用国民党元老、著名书法家于右任思念大陆、思念家乡的诗句，深情地表达了两岸同胞的骨肉兄弟之情，比起任何解释都有力量，效果不知要好多少倍。

1995 年我去澳大利亚布里斯班的格里菲斯大学参加一个文化政策国际会议，我在大会发表演讲，演讲结束后一英国教授向我提问，他说：“两年后中国政府就要收回香港，请问中共在文化上如何对香港进行控制？”我说：“不存在文化上如何控制香港的问题，因为我们的文化传统本来就是一致的。”博得了在场 300 多人的掌声。

文化的这种“血缘”关系，它之于一个民族的凝聚力和向心力是别的任何力量所无法战胜的，也是别的任何东西所无法替代的，因为它是千百年来世代相传的基因，深深扎根在民族文化的土壤之中。这使我想起“文革”期间的一句名言，当时说学习毛主席语录，要“溶化在血液中，落实在行动上”，文化可真是“溶化在血液中”的东西，你要把它割断是不可能的。十六大报告说：“文化的力量，深深熔铸在民族的生命力、创造力和凝聚力之中。”“民族精神是一个民族赖以生存和发展的精神支撑。一个民族，没有振奋的精神和高尚的品格，不可能自立于世界民族之林。”讲的就是这个道理。

（二）文化是核心竞争力

现在人们经常提到核心竞争力这个词，我认为只有文化才是真正的核心竞争力。为什么这么说呢？可以从下面四个方面来阐述：

1. 文化孕育思想

人类是思想的动物，而文化影响人的思想，思想支配人的行为。有人说，哲学家认知世界，思想家主宰人类。这个说法有一定道理，西方就有人说，中国是孔子的中国。以孔孟为代表的儒家思想，不就是统治了中国几千年嘛。直到今天，孔夫子的思想学说，对人们的伦理道德、行为规范等方面仍然起着重要的影响，而且这种影响还会继续下去。

1997 年，我在德国考察，我驻德使馆文化参赞请我们吃饭。当时还没有迁都柏林，波恩还是德国的首都，我们在波恩莱茵河边的一条船上吃中国菜，喝茅台酒。席间，德国外交部的一位官员，也是一个博士，他和我辩论，说：毛泽东讲“枪杆子里面出政权”，这个说法不对。他一边讲一边用手指头指着自己的脑袋说，“应当是思想里面出政权”。我说，怎么不对呀？“枪杆子里面出政权”不就是一种思想吗？他迟疑了一下马上反应过来，连连点头说，对对对，你说得对。

一定的文化影响和产生一定的思想，而思想又影响人们的日常生活和行为，所以思想文化建设对于一个国家、一个社会、一个民族的发展是至关重要的。16 世纪德国宗教改革家和思想家马丁·路德说过：“一个国家的前途，不取决于它的国库之殷实，不取决于它的城堡之坚固，也不取决于它的公共设施之华丽，而在于它的公民的文明素养，即人们所受的教育，人们的学识、开明和品格的高下。这才是利害攸关的力量所在。”

2. 文化激发想象

中华民族不仅是一个勤劳勇敢的民族，也是一个富有想象力和创造力的民族。如“四大发明”，就对人类文明作出了重大贡献。

中国又是诗的国度，屈原、李白、杜甫、白居易乃至孔孟、老庄、关汉卿、汤显祖、曹雪芹等大诗人笔下的文学形象，激发起后人无穷的想象力，引导人们追求真善美，鞭挞假恶丑。有人认为，科学是解决“真”的问题，宗教解决“善”的问题，文艺解决“美”的问题，其实不必如此拘泥，真善美都属于文化的范畴，它们对于人的影响往往是综合渗透和交叉进行的。当然文学艺术更富于形象性，更能激发人的想象力和创造力。

历史上因为文学艺术受到熏陶和启发而有所发明创造的例子比比皆是，一些神奇优美的童话和寓言作品往往就是科学家发明创造的直接诱因。一位西方戏剧家说过：一个没有想象力的民族是没有希望的民族。

3. 文化造就人才

一个地方的文风、学风至为重要，文化传统、人文环境对人才的成长影响很大。据统计，新一届国家领导人和各部部长，江浙籍人士占一半以上。你说这是不是核心竞争力。

人才的产生，特别是大人物的出现，总是有原因的。古人有所谓“人杰地灵”“钟灵毓秀”的说法，认为优秀人物产生是钟山川之灵秀，就是与一定的山川风物和地理环境有关系。这也许有一些道理，但更主要的还是与一定的文化传统和文化环境相关。前面提到，我们萍乡出了个文廷式，就是受湖湘文化特别是湖南乃至广东新派文风影响的结果。再譬如，宋代江西文人云集，名家辈出，特别是吉安、抚州等地，有的地方甚至“隔河两宰相，十里五状元”，人才之盛，在当时全国首屈一指。这是什么原因呢？我认为与江右文风之盛，文化积淀之深，特别是欧阳修、王安石、黄庭坚等文坛领袖的引领大有关系。有人还对这一现象进行了专门研究，我认为值得好好研究，总结出一些规律性的东西来，有利于我们今天的文化建设。

4. 文化具有持久性和永恒性

文化的影响力是持久甚至是永恒的，特别是那些人类文化的经典，只要人类生存的这个星球还存在，它就会永远与人类同在。正如李白的诗所言：“屈平诗赋悬日月，楚王台榭空山丘。”从历史的角度看，人类文明的演进，就是各民族文化发展、进步的历史。当一个时代成为了历史，它留给后人的就只有两个字：文化。

世界上任何一个国家和民族都把自己的文化引以为荣，引以自豪。2003年，俄罗斯圣彼得堡举行建城400周年庆典活动，邀请了40多位国家元首出席，我国是胡锦涛以国家主席身份参加，美国总统布什、英国首相布莱尔、法国总统希拉克、德国总理施罗德等都参加了这一盛典。普京总统在简短的致辞中，向客人介绍这座城市，主要强调这是一座文化的城市。他讲这里是产生了普希金这样一位伟大诗人的城市，这里是拥有众多博物馆、图书馆和剧院的城市。

我曾经在一篇文章中写过这样一段话："一切物质的东西都会随着时间的推移化为尘土，唯有精神文化的创造在历史长河的淘洗中显示出永恒的光辉。一个国家，一个民族，对人类文明演进的贡献大小，最突出的坐标，不是财富，更不是武力，而是文化，是伟大的思想家、科学家、文学家、艺术家及其不朽的精神文化创造成果。"正因为文化的持久性与永恒性，文化可以孕育思想、造就人才，可以激发想象力和创造力，所以我们说文化是核心竞争力。

（三）文化是经济社会发展的根本动力

早在20年前，党的十二届六中全会作出的《中共中央关于社会主义精神文明建设指导方针的决议》就明确指出了两个文明建设的关系："物质文明为精神文明的发展提供物质条件和实践经验，精神文明又为物质文明的发展提供精神动力和智力支持，为它的正确发展方向提供有力的思想保证。"这里说的精神文明建设与文化建设实际上是同义语，也就是说文化是经济社会发展的根本动力，是社会主义现代化建设的思想保障。

1. 人的全面发展是社会全面进步的前提

党的十六大报告强调：全面建设小康社会的目标，是中国特色社会主义经济、政治、文化全面发展的目标。更进一步说，文化既是全面建设小康社会的内容和目标，同时又是全面建设小康社会的条件和保障。

科学发展观要求坚持以人为本，就是要高度重视人自身的发展。因此我们要努力搞好各项文化建设，形成全民学习、终身学习的学习型社会，促进人的全面发展。因为，没有人的全面发展，就不可能有社会的全面发展；没有人的现代化，就不可能实现国家的现代化。马克思说过，人是生产力诸要素中最活跃的因素。只有具备了较高文化素养的人，才能推动社会生产力的发展。所以，人是经济社会发展的根本前提和动力。

2. 我国处在社会主义初级阶段，文化建设的任务十分艰巨，矛盾十分突出

目前，至少有这样几个不相适应：

一是文化建设与经济发展不相适应，“一手硬”“一手软”的问题长期以来并没有真正解决好。至少在一些地方是这样，没有处理好文化建设与经济发展的关系，文化建设没有得到应有的重视。1998 年，文化部在西宁召开西部文化工作座谈会，会前我去青海、甘肃两省做调查研究。在青海，我们从西宁出发，经湟源，过日月山，围着青海湖转了一圈，走了四五个县，发现这些县的图书馆近十年几乎都没有买一本新书。湟源县距离西宁不过 30 公里，县图书馆在一栋毁弃的工会大楼里，玻璃窗户没有一块是好的，没有水，没有暖气，一年也就能开馆几个月。可是我们在那里看到，读者还很踊跃，借书证写得密密麻麻，但他们反映没有新书看。我们到书库一看，都是农业学大寨、《金光大道》《艳阳天》之类的书。你说没钱可能是事实，那么为什么那个年代反倒买了这些书呢？难道那时候比现在更有钱？90 年代我们国家各行各业是什么发展态势，而这里的图书馆事业却几乎成了空白。后来我看到一份新华社记者写的内参，说青海的玉树、果洛地区，近十年高楼大厦盖了不少，但文化设施破旧落后，形成鲜明的对比。可见不完全是钱的问题，还是一个发展的观念问题，对文化建设重视不重视的问题。当然，这种情况不只是青海存在，我在文化部几乎跑遍了全国所有的省市，很多地方包括一些经济发达地区，也存在类似的问题。

二是人们的精神文化需求与文化供给不相适应，满足不了广大群众的文化需求。特别是优秀作品太少，而文化垃圾泛滥成灾，例如地摊上粗制滥造的庸俗作品和网上黄色粗俗格调低下的文化垃圾等等，正在侵蚀、毒害我们的国民特别是青少年。当然，好作品也是有的，但真正的精品不多。我在文化部的时候，与财政部的同志一起讨论文化经济政策，我们说文化投入不足，经费太少，他们也承认经费确实太少，但他们反问我们，文化部直属的十几个院团，这些年出了什么好作品？我们无言以对。财政部的同志讲，像一“红”一“白”（指芭蕾舞剧《红色娘子军》和《白毛女》）这样的戏搞出一台来，我们给1个亿，10个亿也值。国家和人民养育了文艺工作者，我们应当有所回报啊。出优秀人才、优秀作品，是文化建设、文化发展的“硬道理”。

三是国民素质相对较低，与我国五千年优秀文化传统和深厚的文化积淀不相适应。中华民族自古号称礼义之邦，可是现在人们的文化素养、道德水平、精神境界与礼义之邦的称号相去甚远，甚至可以说反差很大。这一点无庸讳言。我每次出国回来，有两点感受特别强烈，就是觉得在环境与人的素质两方面，我们一下子难以赶上西方发达国家。汽车、住房、衣着、食品这些东西容易追赶，实际上差距并不是太大，但环境与人的差距还是很大。因为环境的改良非朝夕之功，大树不可能一夜之间长成。人的素质的提高，更是一个漫长的过程。但是，我们一定要有这个意识，一定要下大力气提高我们的国民素质。我经常以千岛湖事件来告诫国人，这是十几年前发生在美丽的浙江千岛湖上的一件骇人听闻的事件。几个小青年，在一条船上，为了谋取来大陆省亲和观光的几十位台胞随身携带的一点现钞、首饰和照相机之类，洗劫之后竟然将他们绑了起来，把船点着，几十条生命被活活烧死。这哪是人之所为，简直是中华民族的奇耻大辱！诸如此类令人痛心疾首的事情，常常见诸报端和其他媒体。不久前我在汽车上听到一则新闻，北京城区一年丢失4万个井盖，这是发生在首都北京的事情啊，真是不可思议！

3. 文化建设与经济建设要协调发展，相互促进，共同繁荣

邓小平曾经讲过：经济这一手我们搞得很成功，但是如果党风、社会风气坏了，又有什么意义。江泽民也多次强调：不能以牺牲精神文明为代价，赢得经济的一时发展。经济建设与文化建设，如车之两轮、鸟之双翼，缺一不可。“法轮功”事件的发生，固然有其国际国内复杂的背景和原因，但其中一个重要原因就是我们忽视了文化建设。正面的、积极的、健康的文化没有得到很好的发展，反面的、落后的、腐朽的文化必然乘虚而入。因此我常说，如果把“法轮功”事件产生之后，各级党委政府为此投入的巨大的人力物力，事前花在文化建设上，可能是另外一个局面。这个教训是极其深刻的，应当引起深思。

文化是社会发展的一个重要方面，与教育、科技、卫生等社会发展领域一样重要，一样忽视不得。必须认真贯彻落实科学发展观，切实做到经济与社会统筹发展，使文化建设与经济建设相互促进，共同发展。

（四）经济全球化的趋势迫使世界各国、各民族关注文化问题

经济全球化，或者说全球经济一体化，给世界文化的发展带来了一系列问题，主要涉及到以下几个方面：

1. 文化生态问题

美国凭借其强大的经济、科技实力，向全世界进行文化扩张或者叫文化侵略，使得美国的文化产品及其文化观念和生活方式席卷全球，带来了人类文化生态的失衡。譬如说，美国电影占世界电影产量的6%，而美国电影在世界电影市场的占有率却高达80%。包括欧洲、中国、日本，甚至包括封闭的穆斯林世界，像战后的伊拉克老百姓，特别是青少年都喜欢美国大片，都受到美国电影不同程度的影响。面对美国电影的大举“入侵”，法国明确提出要“抵抗美国的文化侵略”。前些年我在法国考察，法国文化部的官员告诉我们，法国的法律规定，电影院放映的影片，法国和欧盟国家的电影不得少于50%，超过70%政府给予奖励。

由于经济一体化的影响，出现文化趋同化的趋向，许多古老而独特的文化面临消失的危险，就像世界生物多样性面临挑战一样，世界文化多样性也面临严峻的挑战与考验。在经济一体化的潮流面前，如何维护世界文化的多样性，成为当今世界各国特别是发展中国家面临的一个紧迫而重大的问题。1998年，联合国教科文组织在瑞典斯德哥尔摩召开“文化促进发展”政府间会议，会议的主题就是维护文化多样性。最近，由联合国牵头，《保持文化多样性国际公约》正在协商、制定当中。

2. 文化安全问题

文化安全问题，主要牵涉到三方面的问题：一是文化引发争端；二是文化掠夺问题；三是知识产权保护，即盗版问题。关于文化掠夺问题，可以说是自古而然：一是掠夺文化成果，例如拿破仑当年抢走埃及等各国文物，斯坦因（英）、伯希和（法）等盗走我敦煌卷子；二是侵占文化资源，如一些发达国家打着“研究”甚至“援助”的旗号，侵占第三世界国家的文化资源。盗版问题在我国是很严重的，这里就不多讲了。下面主要讲讲第一个问题，即文化引发争端的问题。

大家知道，上个世纪亨廷顿提出了“文明冲突论”，认为世界上的许多冲突是由不同的文明所造成的。这种理论似乎颇有几分道理，世界上的许多争端和冲突往往有着深刻的文化因素，如波黑问题、阿富汗问题、伊拉克问题，包括恐怖主义等等，都有种族和文化传统等方面的原因。但透过现象看本质，不同文明冲突的背后是经济利益的争夺，如美国侵占伊拉克，有人说他是“拿鲜血换石油”，就一针见血地揭穿了他们的经济目的和强盗逻辑。因而所谓“文明冲突论”实质上是一种强权理论，是为美国的国家战略寻找理论依据。亨廷顿认为强势文化必然战胜弱势文化，为美国的文化扩张、文化侵略开脱，企图通过打击、扼制异类文明来达到维护美国和西方文明的霸权地位，实际上是一种文化霸权主义。

针对这种理论，不久前刚刚故去的费孝通先生曾经提出了“文化自觉”的理论，要求：一、正确认识自己的文化；二、正确处理与不同文化之间的关系。费老主张采用中国传统哲学中“和而不同”的态度对待不同的文化，达到文化的多样性，从而提出了著名的“美美四句”：“各美其美，美人之美，美美与共，天下大同。”“文化自觉”与“和而不同”是处理不同文化之间的关系所应持有的一种正确的态度和原则，也是对文化趋同化与“文明冲突论”的纠偏。在全球化的今天，不同民族、不同地域的文化应当互相尊重、互相交流，既保持自己的文化传统，又学习其他文化的长处，通过交流、融合，达到共同发展、共同繁荣。

3. 重视文化促进发展的作用

1995 年，联合国教科文组织发布了第一份《世界文化发展报告：我们的创造性的多样性》，这是由当时的前任联合国秘书长德奎利亚尔牵头，调集了十几个国家的二十多位学者，到世界各地作了大量的调查研究，花了三年的时间完成的。报告提出：“把文化置于发展的中心位置。”并提出召开与世界“环境与发展”同等规格的有各国领导人参加的“文化与发展”世界峰会。

1998 年，联合国教科文组织又在瑞典斯德哥尔摩召开“文化促进发展”政府间会议，会议形成的“斯德哥尔摩宣言”的征求意见稿甚至有这样的表述：“社会发展的终极目标便是文化的繁荣。”这些都表明，人们已经认识到，在今天这样一个全球化的时代，文化对于促进经济发展和社会进步，具有决定性的作用。因此，不仅联合国教科文组织积极推动，许多国家领导人和有识之士也充分认识到这一点，纷纷提出自己国家的文化主张和发展措施。正是在这样的世界大势面前，党中央号召我们要深刻认识文化建设的战略意义，大力繁荣社会主义先进文化。

三、如何繁荣发展中国特色社会主义先进文化

无论是我国社会主义现代化建设的现实需要，还是当今的国际形势所迫，我们都需要下大力气搞好文化建设。那么如何繁荣发展中国特色社会主义先进文化呢？下面从五个方面来谈：

1. 必须保障公民享有基本文化生活的权利

保障公民享有基本文化生活权利，这是宪法赋予公民的一项基本权利，也是强调“以人为本”的科学发展观的题中应有之义。由于城乡差别、东西部差别造成文化发展的不平衡性，许多群众的文化生活极其贫乏。前些年我到宁夏、陕西等地搞文化经济政策调研，在宁夏南部山区西海固一带，这是当年被左宗棠认为是“疾苦甲天下”的地方，经济十分落后，文化生活处在“三无”状态，即无报纸、无广播、无电视，就连过去计划经济年代无偿供给的每月一场电影，现在也没有了。这几年广播电视搞了“村村通”，文化部门也采取了一些措施，如送戏送书下乡，可能条件稍有改善，但比较而言还是相当落后。因此，前两年国务院召开基层文化工作会议，提出对西部和其他一些贫困地区农民文化生活贫乏的问题，要采取特殊政策，使他们能够享受到最基本的文化生活。

目前，各级政府正在制定“十一五”规划，趁这个机会，必须建立起公民文化生活的指标体系，涵盖公民在精神文化生活方面的主要内容，如读书及观赏戏剧、电影、电视节目等，应当有一个具有一定约束力的指标，作为考核社会事业发展的标准。必须明确，人人享有公共文化服务和基本的文化生活，应当如同人人享有义务教育和人人享有初级医疗保健一样，作为公民的一项基本权利得到切实的保障。

2. 必须保障公民具有文化创造的权利

我们切不可认为，文化创造或者说文化创新是知识分子和少数文化精英的事情。真正有价值的原创性的文化创造往往来自民间，来自大众。我

们萍乡的采茶戏《榨油坊风情》能够获得国家大奖，还有一个舞蹈节目叫《担鲜藕》，音乐和舞蹈形象都非常美，富有泥土气息和生活情趣，令人叫绝，也是出自江苏的一个基层文化馆。这不都是很能说明问题的吗！

必须认真贯彻“二为”方向和“双百”方针，努力营造一种宽松、自由、健康、和谐的有利于文化创造的环境和氛围，切实保护全民族的创造生机和活力。要反思我们的文艺政策，总结经验教训。北京现代文学馆有七位大师：鲁、郭、茅、巴、老、曹、冰心，为什么新中国五十多年来出不了这样的大家？邓小平在第四次文代会的《祝辞》中指出：“文艺这种复杂的精神劳动，非常需要发挥个人的创造精神。”他反复强调“不要横加干涉”，当然今天各种有形无形的“横加干涉”是少了，但不能说完全绝迹。

十六大报告提出“四个尊重”：尊重劳动，尊重知识，尊重人才，尊重创造。“放手让一切劳动、知识、技术、管理和资本的活力竞相迸发，让一切创造社会财富的源泉充分涌流。”——达到这种境界，才能真正发挥每一个公民的想象力和创造力，才能真正实现文化的繁荣（主要包括科学与文艺），保障国家创新能力和创新水平的不断提高。

3. 必须明确各级政府对文化建设特别是公共文化建设的责任

文化事业是社会事业的一个极其重要的领域，提供公共文化产品和服务是各级政府的责任。制定“十一五”规划，要把公共文化服务体系建设作为一项重要内容，较大幅度调整公共文化支出在公共财政框架中的份额，尽快扭转文化投入太少的状况。10 年前，党的十四届六中全会《决议》提到宣传文化事业投入“总量偏少、比例偏低”的状况，至今不仅没有得到改变，反而进一步加剧，连续多年负增长，这样下去是不利于文化事业的发展的，党中央关于文化建设的战略方针和科学发展观的要求也难以落实。

文化部外联局一位文化参赞曾经对我讲过，荷兰的文化部长说：没有政府就没有文化。我认为他讲得很对，因为文化具有“非商化特质”，必须依靠财政支持。这位文化部长正是从这个意义上，强调政府在文化发展中的重要角色和作用。文化的“非商化特质”，这个说法是钱钟书先生提出来的。1992 年，钱钟书先生有感于当时文化领域的商业化倾向，他在接受《人民政协报》记者采访时说过：“崇高的理想、凝重的节操和博大精深的科学、超凡脱俗的艺术，均具有非商化的特质。强求人类的文化精粹，去符合某种市场价值价格的规则，那只会使科学和文艺都‘市侩化’，丧失其真正进步的可能和希望。历史上和现代的这种事例还少吗？我们必须提高觉悟，纠正‘市侩化’的短视和浅见。”很显然，钱先生这段话是针对文化事业而言的。以原创性和公共性为特征的文化事业，过度的商业化、市场化或者市侩化，无疑是不利的。

4. 必须遵循分类指导的原则，促进文化事业和文化产业的共同发展

十六大要求“积极发展文化事业和文化产业”。最早区分“文化事业”与“文化产业”的不同，是十五届五中全会《中共中央关于制定国民经济和社会发展第十个五年计划的建议》。这一划分根据文化事业与文化产业不同的功能、特点、职责，确定不同的发展目标、思路和政策措施，对于促进我国文化事业和文化产业的繁荣发展具有十分重大而深远的意义。这一划分并不是说文化事业与文化产业有截然和绝对的界限，在实践中它们之间往往你中有我、我中有你，合而为一、分而为二，相互依存、相互促进。但是，有这一区分和没有这一区分是根本不同的，也是至关重要的。

如何发展这两类不同性质的文化？必须采取分类指导的原则。十四届六中全会《决议》和十六大报告都有具体的阐述和相应的政策措施。总体上说，繁荣文化事业靠政府，发展文化产业靠市场。这就是发展两类不同性质文化的不同路径。如果混淆这两类不同性质的文化，把所有文化都视为“产业”，都交给市场，政府不需要投入，那就大错特错了。反过来，什么都由政府包下来，回到计划经济的老路上去，那也行不通。

所以，十六大提出了深化文化体制改革的任务。通过深化文化体制改革，促进文化事业和文化产业的繁荣发展，这是一条根本的出路。中央这两年抓了文化体制改革的试点工作，提出了文化体制改革的原则：文化事业单位——增加投入，转换机制，增强活力，改善服务；文化经营单位——创新体制，转换机制，面向市场，增强活力。这一原则是符合我国文化的实际的，遵循这一原则，文化体制改革必将进一步深化，文化事业和文化产业必将得到更大的繁荣发展。

5. 必须保障中华文化的传承与创新

文化建设的根本任务有两条：一是使中华民族的优秀传统文化弘扬光大；二是创造属于我们这个时代的新文化，也就是继承与创新。

如何对待中华民族的文化遗产，上个世纪以来一直争论不休。历史证明，“孔家店”打不倒（如果说“五四”提出“打倒孔家店”具有进步意义的话，那么“文革”期间的批孔则完全是对传统文化的肆意践踏。)，“全盘西化”行不通，唯有毛泽东在《新民主主义论》中提出的批判地继承才是科学的态度。现在的问题是，长期以来传统文化不问黑白被当作封建的东西批倒批臭；打开国门之后西方文化蜂拥而入，而国人仅得其皮毛未得其精神，或者说得其糟粕未得其精华。中华民族优秀的文化传统在当今社会的严重缺失以及在相邻国家与地区的相对保存较好，已引起许多有识之士深刻的反思与忧虑。如何实现中华文化的传承、整合、重建与创新，是摆在每一个炎黄子孙面前的严肃而重大的课题。最近，中宣部、文化部等多个部门下发了《关于运用传统节日弘扬民族文化传统的意见》，就是一个切实有效的措施。利用春节、清明、端午、中秋、重阳等中华民族的传统节日，来弘扬光大传统文化和民间习俗，并且是通过政府来号召和推动，这是一个行之有效的办法。

一个国家、一个民族要自立于世界民族之林，必须具有强盛的经济、昌明的政治和繁荣的文化。中华民族要实现伟大复兴，应当是经济、政治、文化的全面复兴。极而言之，文化复兴是民族复兴的根本标志。因为从一定意义上说，文化上的成就较之于经济和政治，更具有持久的竞争力和永恒的生命力，因而其地位和作用显得尤为突出和重要。必须依靠全体中华儿女，依靠广大文学艺术工作者和各方面的专家学者共同努力，在社会主义现代化建设的伟大实践中，创造出无愧于先人和后人的属于我们这个时代的民族的、科学的、大众的新文化。正如十六届四中全会《关于加强党的执政能力建设的决定》所提出的宏大目标——“努力铸造中华文化的新辉煌”。

谢谢！

十七大的文化解读

——2008年6月24日，在上饶市委中心组学习会上的演讲

十七大提出“更加自觉、更加主动地推动文化大发展大繁荣”“兴起社会主义文化建设新高潮”，这是向全党全国人民发出的一个伟大号召，是一项重大战略任务。“文化大繁荣大发展”，决不仅仅是文化部门的事情，各级党委政府，各级领导同志，都要深刻领会党中央的战略决策，提高认识，增强自觉性和主动性。在科学发展观的指导下，把文化建设放在经济社会发展的大局中，切实予以重视和加强，大力促进文化的繁荣和发展，真正实现全面建设小康社会的战略目标，达到人的全面发展和社会的全面进步。

那么，党中央为什么在这个时候提出“文化大发展大繁荣”？如何实现“文化大发展大繁荣”？“文化大发展大繁荣”与国家前途和民族命运有什么关系？“文化大发展大繁荣”与一个地方的经济社会发展和老百姓的日常生活有什么关系？今天我想就这些问题谈谈自己对十七大的理解和认识，主要讲三个关系：一、文化建设与科学发展观的关系；二、民族复兴与传统文化的关系；三、文化软实力与国际竞争的关系。讲得不对的，请大家批评指正。

一、文化建设与科学发展观的关系——加强文化建设是全面贯彻落实科学发展观的必然要求

科学发展观是怎样提出来的？直接契因是“非典”，这是温家宝总理在中央党校省部班的讲话中提到的。此前，温总理在香港参加回归六周年庆典活动（2003），在一次关于抗击非典的讲话中提到“三个协调发展”，

他说："我们深刻认识到，在整个现代化建设中，必须更加注重经济与社会协调发展，更加注重城市与农村协调发展，更加注重人与自然和谐相处。"他还说："一个国家与一个人一样，一条腿长一条腿短是站不住的，所以统筹兼顾、协调发展是一个非常重要的思想。"到十六届三中全会，发展为"五个统筹"，增加了东部和西部、国内和国外统筹协调。

胡锦涛总书记在十七大报告的第三部分"深入贯彻落实科学发展观"，对科学发展观有全面而深入的阐述。特别是对科学发展观内涵的概括十分精辟，即（四句话）："第一要义是发展，核心是以人为本，基本要求是全面协调可持续，根本方法是统筹兼顾。"这几句话揭示了科学发展观的深刻涵义，阐明了科学发展观是具有总领全局意义的管总的指导思想。所以报告指出：科学发展观"是我国经济社会发展的重要指导方针，是发展中国特色社会主义必须坚持和贯彻的重大战略思想。"

同时，这个概括也表明，科学发展观与文化有着十分紧密的关联。

"第一要义是发展"，不仅经济要发展，文化也要发展（甚至要"大发展"），各个方面全面发展，这样才是科学发展。

"核心是以人为本"，人除了有物质的需求，还有精神的需求，"以人为本"，就是不仅要满足人的衣食住行等基本的物质需求，还要满足人的从事文化活动等基本的精神需求，实现人的全面发展。

"基本要求是全面协调可持续"，胡锦涛总书记在报告中指出："要按照中国特色社会主义事业总体布局，全面推进经济建设、政治建设、文化建设、社会建设，促进现代化建设各个环节、各个方面相协调，促进生产力与生产关系、上层建筑与经济基础相协调。"我们常说，文化如水，润物无声，因而文化是最具协调性的，一个社会离开了文化，就不可能和谐协调。当今世界的竞争，文化是最深层、最持久的竞争力。离开了文化，也就谈不上"全面协调可持续发展"。

"根本方法是统筹兼顾"，五个统筹相互联系，相互制约，其中最具决定性因素的是经济与社会统筹发展，而文化是社会事业当中一个十分重要的方面（教育、文化、卫生、体育、就业、社保等），并且"五个统筹"也都会涉及到文化问题。

因此，党的十六大以来，以胡锦涛同志为总书记的党中央，始终把文化建设放在党和国家发展战略和工作全局中予以高度重视，文化的地位和作用越来越突出，越来越重要。这里不妨作一个简要的回顾：

2003 年 8 月，中央政治局第七次集体学习，主要就世界文化产业发展状况和我国文化产业发展战略问题进行了学习探讨，这是第一次把文化问题纳入政治局学习的内容。

2003 年 10 月，十六届三中全会《关于完善社会主义市场经济体制若干问题的决定》提出了以人为本，全面、协调、可持续发展的科学发展观。科学发展观强调“以人为本”，以人的全面发展和社会的协调发展为旨归，突出了文化在经济社会发展中的重要地位和作用。

2004 年 9 月，十六届四中全会《关于加强党的执政能力建设的决定》总结我党执政 50 多年的经验和智慧，提出“五大执政能力”，其中就包括“建设社会主义先进文化的能力”。

2005 年 2 月，胡锦涛总书记在中央党校省部级主要领导干部“提高构建社会主义和谐社会能力”专题研究班上提出，社会主义经济建设、政治建设、文化建设、社会建设四位一体，强调文化建设在构建社会主义和谐社会中的突出作用。

2005 年 12 月，党中央、国务院印发了《关于深化文化体制改革的若干意见》（中发［2005］14 号），全面阐述了文化体制改革的重大意义、指导思想、原则要求、目标任务和政策措施。

2006 年 9 月，发布《国家“十一五”时期文化发展规划纲要》，这是我国政府第一次发布文化方面的专项规划。

2006 年 10 月，十六届六中全会《关于构建社会主义和谐社会若干重大问题的决定》，提出建设和谐文化和社会主义核心价值体系。

2006 年 11 月，胡锦涛总书记在中国文联和中国作协全国代表大会上发表重要讲话，对我国社会主义文化事业的大繁荣、大发展进行了全面而深刻的阐述；温家宝总理也在会上与文学艺术家们推心置腹地谈心，希望多出精品，多出人才。

2007 年 1 月，中央政治第三十八次集体学习，就加强网络文化建设和管理问题进行了学习和研究，再一次触及到文化问题。

2007 年 6 月，中央政治局专门召开会议，研究加强公共文化服务体系建设，要求以政府为主导，加大投入力度，形成覆盖全社会的公共文化服务体系。

党中央、国务院如此高密度研究部署文化建设是前所未有的，这充分说明我们党和国家在文化问题上已有了高度的自觉，对文化建设达到了高度的重视，对文化理想和文化目标的追求形成了更加积极、更加主动的态势。

党的十五大提出“综合国力”，强调“社会主义现代化应该有繁荣的经济，也应该有繁荣的文化。”“只有经济、政治、文化协调发展，只有两个文明都搞好，才是有中国特色社会主义。”十六大提出全面建设小康社会，认为“当今世界，文化与经济和政治相互交融，在综合国力竞争中的地位和作用越来越突出。”“全党同志要深刻认识文化建设的战略意义，推动社会主义文化的发展繁荣。”十七大提出“兴起社会主义文化新高潮”，“更加自觉、更加主动地推动文化大发展大繁荣”，指出“当今时代，文化越来越成为民族凝聚力和创造力的重要源泉，越来越成为综合国力竞争的重要因素，丰富精神文化生活越来越成为我国人民的殷切愿望。”我们要建设富强、民主、文明、和谐的社会主义现代化国家，没有文化的充分发展和繁荣是不可想象的，因此，必须深入贯彻落实科学发展观，“更加自觉、更加主动地推动文化大发展大繁荣。”

当然，十七大提出“兴起社会主义文化新高潮”，“更加自觉、更加主动地推动文化大发展大繁荣”，也是针对改革开放以来两个文明建设出现“一手硬”“一手软”的问题，文化建设相对滞后的情况提出来的（例如“法轮功”问题的教训是极为深刻的）。胡锦涛总书记在十六届七中全会的讲话中指出：“与我国经济快速发展相比，我国文化发展相对滞后，同全面建设小康社会的要求不相适应，同人民日益增长的精神文化需求不相适应，同我国的国际地位不相适应。”这三个“不相适应”，充分说明了加强文化建设的必要性和紧迫性，与深入贯彻落实科学发展观的要求是完全一致的。

二、民族复兴与传统文化的关系——弘扬优秀传统文化是实现中华民族伟大复兴的力量源泉

前面提到，胡锦涛总书记在报告中特别强调继承弘扬中华民族优秀传

统文化，从来没有这样重视。这是因为，无论是实现有中国特色社会主义现代化也好，实现中华民族的伟大复兴也好，还是推动文化大发展大繁荣也好，都必须做好继承弘扬中华民族优秀传统文化这篇大文章。可以说，继承弘扬中华民族优秀传统文化，不仅是推动文化大发展大繁荣的需要，更是关系到国家发展和民族未来的重大战略问题。

去年，文化部和中国艺术研究院召开了“中国文化发展战略研讨会”，孙家正部长谈到，中华民族的传统文化在港澳和台湾地区要比大陆保存得好。我深有同感，举几个例子：

“文革”后刚恢复高考时，《参考消息》刊载了台湾高考语文试卷，文言文试题约占70%，而我们当时只有5%，后来逐渐增加，至今也只有30%左右。旧中国大学普遍开设的“大一国文”（非文科专业），台湾延续了，而大陆的“大学语文”课则很不正规。前年我去云南出差，特意去参观了西南联大旧址。在那样一个兵荒马乱的年代，却培养了杨振宁、李政道等一大批英才，这是什么原因？我记得杨振宁教授多次谈到，幼年的时候，他的父亲、著名数学家、曾执教于清华和复旦的杨武之教授，却要他读《论语》《孟子》。杨振宁说这些传统文化对其产生了受益终身的影响。这里说明一个问题，在正规的学校教育中，传统文化的内容极其重要，我们中小学乃至大学课本中有关传统文化的内容是不是太少了？其比重究竟多少为宜？

还在我们的小学生天天背诵“老三篇”的时候，台湾的小学生则是背诵《论语》和“三民主义”。连战、宋楚瑜来大陆访问，大家知道他们都是喝洋墨水长大的，都是在美国拿的博士学位，但是他们的传统文化修养之深厚，从其演讲、题辞便可见一斑。而我们那位清华大学校长，竟然连张仃先生用篆字书写的一首旧体诗都念不下来，实在不应该。

其实，何止台湾和港澳，在汉字文化圈国家，在我们的邻国韩国、日本、越南、新加坡等国，中华文化都相对保存得比较好。也举几个例子，都是我亲身经历过的事情。

在韩国，前几年我带领国内十几个省市的文化厅局长去考察文化产业，几天下来我们和导游很熟悉了，在旅游车上，她让我们猜韩国哪一天最堵车，我们猜来猜去都没猜着，最后她告诉我们是清明节。她说，无论你做多大的官，无论你从事什么职业，到了清明节这一天都要从城里回到自己的老家祭扫先祖的坟墓，因此造成返程的路上堵车特别严重，以至于有时候只能在车上过夜。为什么韩国的电视连续剧和电影风靡大陆，形成了所谓的“韩流”，不是没有道理的，就是体现在其中的中华传统文化、传统美德打动了我们。

在越南，我去参观河内的文庙，也令我感到十分震撼。连续300年科举考试的进士题名碑，保存得十分完好。而我们北京国子监的进士碑，有的在“文革”中遭到了破坏，有的被风雨剥蚀得十分厉害（因为不在室内），令人惋惜。河内文庙的孔子雕像也是我在国内各地文庙所看到的孔子像当中最高大、最漂亮的，孔子像上方的匾额“至圣先师”，与曲阜孔庙一样，也是康熙的御笔。还有顺化的故宫，完全是模仿北京故宫建造的，只是规模小一些，也保护得很好。在这些地方，都能感受到中华传统文化的巨大影响力。

在日本，随时随地也都能感受到中华传统文化的影响。譬如书法，日本称之为“书道”，举国上下几乎人人都练习毛笔字，到处都是书道培训班。我有一位日本朋友，是早稻田大学的教授，他的夫人也是早稻田大学毕业的，有了孩子之后就不工作了，在家相夫教子。我在北大读博士的时候与他相识，当时他在北大做访问学者，他夫人孩子也跟着一起来陪读。这位老兄研读之余，他在北京拜师学二胡，他夫人则学书法。几年后我到日本访问，这位朋友请我到他家做客，他拿出夫人的书法作品给我看，令我大吃一惊，已经达到相当高的水平了，并且成了一家书道学校的教师。我还有几位日本朋友，都是从事中国传统文化研究的，我们出了书发了文章也都互相交换。我感到，日本的汉学研究是相当厉害的，在某些方面甚至走在了我们的前面。

不仅在我们的邻国是如此，甚至在西方国家，一些学者对中国传统文化的热爱及其钻研的精深程度，也让我们感到汗颜。例如前任法国总统希拉克，他对中国文化的热爱和痴迷达到了令人不可思议的程度。1997年我到法国访问，在我驻法使馆，临时代办给我讲了这么一件事。1995年希拉克总统访华，最后一个项目是访问上海博物馆。当时上海博物馆的馆长是马承源先生，这位著名的青铜器专家，希拉克自称与他神交已久，因为马先生的所有青铜器著作希拉克都读过。在马馆长的陪同下，希拉克总统流连忘返，两人聊得十分投机，早已超过了预定的时间，以至专机推迟了两个小时起飞。后来我在文化部接待法国文化部的同行，会后在北京饭店宴请他们，请了当时的法国驻华大使毛磊先生作陪。我正好与毛磊大使邻座，便趁机问他是否属实。毛磊大使说确有其事，他说：我们看到总统如此兴味盎然，而平时又忙得不可开交，我们实在不忍心去打搅和催促他，所以专机不得不推迟起飞。2000 年，希拉克总统再次访华，在江泽民主席的家乡扬州，希拉克对江泽民说，他退休后要写李白的电影剧本。现在他已经卸任，我想他一定会写的。

面对这样的形势，每一个炎黄子孙难道不应该反躬自问：传统的血脉在我们身上究竟延续了多少？中华民族的传统美德在我们的手中究竟丢失了多少？

十六大报告提出培育民族精神，什么是民族精神呢？我以为离开了传统文化，也就谈不上民族精神。传统文化是一个民族的根基，也是一个民族的标识。世界上许许多多不同的民族，就是由不同的传统、不同的语言、不同的文字等内在的文化基因所构成的。一个民族与另一个民族的区别，除了肤色、地域等外在的不同，最本质的在于文化和传统的不同。

中国美院老院长潘天寿先生讲过，一个国家没有传统就等于没有文化。我们中华民族拥有五千年绵延至今、不曾中断的辉煌灿烂的传统文化，这是我们作为一个中国人的光荣和自豪。每一个中华儿女难道不应该懂得珍惜它，热爱它，而是反过来糟践它，抛弃它？

20 世纪是中华民族历史上一个急遽变革的时代。中国人民打败了帝国主义列强的侵略，结束了几千年的封建帝制，推翻了三座大山，建立了新中国。古老的中华民族由积贫积弱走向自立自强，由闭关锁国走向对外开放，由战争与动荡走向和平与发展……但与此同时，在这一历史进程中，古老的中华民族传统文化也经历了一场前所未有的震荡，经历了一场血与火的洗礼和考验。

回首 20 世纪的历程，我们充分肯定西方文化特别是以马克思主义为代表的进步文化的输入，在中国百年历史进程中的重要作用和意义；但同时我们不能不看到，我们的传统文化却遭受了从来没有过的冲击和戕害。上个世纪的三大文化运动（社会变革）值得认真总结和反思：如果说“五四运动”提出打倒“孔家店”和“全盘西化”具有一定进步意义的话，那么“文化大革命”则是文化特别是传统文化的一场大灾难、大破坏、大损害；而改革开放带来的思想解放和观念更新特别是经济建设的巨大成就当然是举世瞩目、不可否认的，但同时也应该看到当外来文化大潮涌入的时候，泥沙俱下，鱼龙混杂，一些西方腐朽落后的文化也不免裹挟而来，对我们的传统文化和传统美德构成了严重的冲击，对我们的国民特别是青少年产生了不利的影响。

例如，许多人特别是青少年盲目崇拜西方文化，崇奉西方价值观，热衷于西方的生活方式，过洋节，吃洋食，穿洋服等等；再如，由于国民教育长期以来对传统文化的重视程度不够，导致年轻一代对传统文化的陌生、隔膜甚至轻视；又如，社会伦理道德失范，荣辱观念淡漠，等等，屡见不鲜。

因此，回过头来看，我们的传统文化并不像当年批判的那么一钱不值，还有很多非常宝贵的东西，对于我们今天仍然很有价值，很有意义，很值得我们去学习和继承。今天社会发展中的许多问题，不是我们对传统文化批判得不够，否定得不够；恰恰相反，是我们对传统文化认识得不够，学习继承得不够，有些问题正是由于传统文化的缺席或缺失所导致的。

近年兴起的国学热，出现了传统文化复兴的迹象。一批专门从事国学研究与教学的机构相继成立；借助现代传媒推出了一批讲解传统文化的“国学明星”，如讲《三国》的易中天，讲《论语》的于丹，讲《红楼》的刘心武，讲清史的阎崇年，等等；有关传统文化的书籍特别是国学经典著作十分畅销，如《论语》《周易》《老子道德经》《孙子兵法》《红楼梦》等等。我以为，国学热的兴起，至少可以说明两点：第一，广大群众中蕴藏着了解、学习传统文化的巨大热情和迫切需求；第二，传统文化特别是经典著作具有超越时空的巨大价值和永恒生命力。当然，我们也注意到，在国学热的过程中，出现了一些不良倾向，如庸俗化的倾向、复古主义的倾向，等等。有的借复兴国学的名义，有的以弘扬传统做幌子，有的还打着保护非物质文化遗产的旗号，实质上搞的是复古主义、封建主义、迷信主义的东西，如风水算命、求巫问卜、装神弄鬼、江湖义气、黑白两道等等，大有沉渣泛起、死灰复燃之势。

因此，如何正确地对待传统文化，才能达到继承弘扬优秀传统文化、培育民族精神、实现中华文化乃至中华民族的伟大复兴呢？胡锦涛总书记在报告中有十分精辟的论述："要全面认识祖国传统文化，取其精华，去其糟粕，使之与当代社会相适应，与现代文明相协调，保持民族性，体现时代性。"这些应当成为我们对待传统文化的基本态度和原则。

三、文化软实力与国际竞争的关系——增强国家文化软实力是赢得未来国际竞争的战略抉择

"软实力"或者叫"软力量"，约瑟夫·奈（曾担任美国国防部助理部长，现任哈佛大学政府管理学院院长，著名的国际关系专家。）认为，一个国家的文化和外交等"软实力"，如同经济和军事等"硬实力"一样重要。

和平、发展、合作，是当今世界发展的时代主潮。世界文化的发展，也顺应并推动着这一时代主潮向前发展。我们发展经济离不开世界经济的大环境，我们搞文化建设也同样离不开世界文化的大环境。只有洞悉世界文化发展的趋势和潮流，才能赢得主动，才能更加自觉地推动文化大发展大繁荣。

综观当今世界文化发展的大势，以下几方面不可不为我们所注意和重视：

其一，由于"二战"以来半个多世纪没有爆发大规模战争，全球经济持续增长，文化发展得到空前重视

"二战"结束后，虽然局部战争不断，但从总体上说当今世界的主题是和平与发展，各国经济持续、稳定、快速发展。其结果，一方面刺激了文化的消费和繁荣，促进了文化产业在世界范围内的迅速发展；另一方面引起了思想家和政治家对文化问题的关注，即对文化的价值、作用及其战略意义的深刻认识和高度重视。从亨廷顿的"文明冲突"到约瑟夫·奈的"软力量"，从堺屋太一的"文化比经济更重要"到费孝通的"文化自觉"，从普京组建"总统文化艺术委员会"到希拉克提出"文化例外"原则……这些都是世界重视文化发展这一潮流的反映。特别是联合国教科文组织从上世纪 80 年代开始，组织实施了一项"世界文化发展十年"（1988—1997）活动，提出了一些新的文化与社会发展理念，对世界的发

展产生了重要影响。“世界文化发展十年”活动是根据1982年在墨西哥城举行的世界文化政策会议的建议，由联合国大会在1986年批准的。在“世界文化发展十年”的文件中提出了“将文化置于发展的中心位置”的重要命题，认为“任何不考虑某个特定人群的自然和文化环境的项目就有失败的危险。这个提法包含了出席墨西哥城会议的代表在世界文化发展十年方面所建议的战略的根本之点。这个战略包含了一系列的协作行动，其目的是在经济和技术发展中将文化和人的价值恢复到中心的位置上。”因而倡导形成一种新的思想方法，“这种方法应对发展的质量和人的因素予以更多的重视，而且能在社会和经济发展各种措施中建立起对文化方面的重要性的认识。”十六大报告指出：“当今世界文化与经济政治相互交融，在综合国力竞争中的地位越来越突出。”这是对当今世界发展趋势的准确判断。

其二，世界强国加紧实施文化占领（渗透）战略

相对于战争年代武力和军备是竞争的决定性因素，而和平时期的竞争则转向文化和人才，即一个国家或地区国民的文化素质和国家文化创新能力的竞争。美国等西方强国凭借其强大的经济科技实力，向全世界推销自己的文化产品。尤其是美国大肆推行文化扩张主义，已引起世界许多国家的警惕与不安。他们出口的文化产品，不仅赚取了大量外汇，而且把美国的思想观念、生活方式和价值观散布到世界的每一个角落。人们把这种文化侵略称之为“一场没有硝烟的战争”，其影响力和渗透力绝不亚于任何枪炮。例如，美国电影是世界电影产量的6%，而在世界电影市场的占有率却高达80%。再如，美国控制了全球75%的电视节目和生产制作，节目源主要掌握在美国人手中，而设备主要掌握在日本人手中。还有互联网，据统计，国际互联网访问量最大的100个网站中，94个属于美国。英国、加拿大、澳大利亚等国也都把文化产业作为国家战略予以推进，文化产业已经成为国民经济的支柱产业。日本、韩国还提出了“文化立国”的口号，他们的动漫、动画和影视产品占据了世界特别是东南亚市场的大量份额。总之，世界范围内，包括文化产品、科学技术和意识形态等文化竞争日益加剧。面对世界激烈的文化竞争和文化贸易的严重“逆差”，我们只有加快发展文化事业和文化产业，不断增强文化的整体实力和竞争力，才能争取主动，赢得竞争。

其三，联合国教科文组织推动世界范围内的文化保护和文化创新，发挥了积极作用

联合国教科文组织不仅大力倡导文化发展的新理念（已如前述），而且还在实践层面组织实施世界规范内的文化保护和文化创新。60多年来，联合国及其教科文组织制定了一系列与文化相关的国际条约和文件，如经济、社会及文化权利公约，知识产权和文化遗产保护方面的公约，维护世界文化多样性公约，以及最近通过的国际互联网知识产权保护公约，等等。这些国际条约和文件对于规范国际间的文化交往和文化权利，维护世界文化生态和公平竞争，促进世界各国的文化遗产保护和文化创新，都发挥了积极而有效的作用。特别是这些年来在人类历史文化和自然遗产保护及非物质文化遗产保护方面，进行了卓有成效的工作，有力地促进了各国对文化遗产的保护。改革开放以来，随着我国国际地位的提高，我们积极参与联合国及其教科文组织的相关活动和事务，参与或主导有关国际规则的制定，增强我国在国际文化交往中的话语权，在世界上树立我国作为负责任大国的形象，为维护本国和世界的文化权利、促进世界文化发展作出了应有的贡献。

如何看待“国学热”

——2007 年 11 月 24 日，在浙江人文大讲堂的演讲

一、国学已经热起来

（一）关于国学的概念

“国学”是相对于“西学”而言的，是近代西方文化大量进入中国以来，对中国自己固有文化、学术的指称。“国学”亦称“中学”或“中国学”，张之洞就有过“中学为体，西学为用”（《劝学篇》）的说法。用今天的话说，国学就是研究中国传统文化的一门学问。甚至也可以说，国学就是中国的传统文化。

刘梦溪先生对“国学”一词提出疑义①，他认为“国学”这一概念太笼统，现代学科分类越来越细致，如文学、史学、哲学、经济学、社会学、心理学等等，这些全世界都是通用的。你提出一个“国学”来，人家外国人就糊涂了，不知道是什么学科，也无法对应。他的说法虽有一定道理，但“国学”名称早已约定俗成，继续延用亦无妨。譬如，我们也常说“日本学”（东洋学）“印度学”“埃及学”，等等。

（二）国学热的主要标志

1. 专门从事国学研究与教学的机构相继成立

以北京而言，北京大学和中国人民大学都有国学院，北大早在 15 年前就成立了传统文化研究中心，后改称国学研究院，招收研究生，定期出版

① 参见《21 世纪经济报道》2006 年 10 月 23 日至 11 月 6 日，共分 4 期连载，文章题为《论国学应该缓行》。

大型期刊《国学研究》。人大国学院还招本科生，已招了 3 届（前两届从校内各院系选拔，今年开始从高中生中录取。），每届 30 人。最近，首都师范大学又成立了国学传播中心。报道称，这三家机构均以弘扬国学为宗旨，北大国学院以学术研究著称，人大国学院以人才培养为重，而首师大国学传播中心则以传播和交流为主（他们有古籍数字化研究所，开发研制了《国学宝典》大型古籍电子文献数据库等，还办有“国学网”。）。还有不少民间国学研究机构，如北大有“乾元国学”等。各地也有很多类似的研究和教育机构。

2. 借助现代传媒推出了一批讲解传统文化的“国学明星”（或“学术明星”）

如讲《三国》的易中天，讲《论语》的于丹，讲《红楼》的刘心武，讲清史的阎崇年……

3. 有关传统文化的书籍特别是国学经典著作热卖畅销

在电视的推波助澜下，一大批老祖宗的经典大为畅销，如《论语》《周易》《老子道德经》《孙子兵法》《红楼梦》等等。

4. “国学”已成为新闻媒体关注的热点

《光明日报》近年创办了“国学版”，每周一期，发表有关国学方面的专题讲座和文章，介绍国学经典和相关知识，影响颇大。他们还编辑《年度国学》，相当于国学“年鉴”。另据不完全统计，以“国学”为名或相关内容的网站已达 600 多家。

二、国学热的积极意义

国学热的兴起，至少可以说明两点：第一，广大群众中蕴藏着学习了解传统文化的巨大热情和迫切需求；第二，传统文化特别是经典著作具有超越时空的巨大价值和永恒生命力。因此，我以为国学热是值得叫好的事情，可以因势利导，引导、鼓励我们的国民学习热爱自己的传统文化，从而提高民族自信心和自豪感。

冷静地透视国学热，从中华民族伟大复兴的历史高度，从中国先进文化建设乃至整个社会主义现代化建设的实际出发，促使我们深入思考一些关系到中华民族未来发展的大问题。我认为国学热具有以下几方面的积极意义。

第一，对20世纪的文化反思

20世纪是中华民族历史上一个急遽变革的时代。中国人民打败了帝国主义列强的侵略，结束了几千年的封建帝制，推翻了三座大山，建立了新中国。古老的中华民族由积贫积弱走向自立自强，由闭关锁国走向对外开放，由战争与动荡走向和平与发展……与此同时，古老的中华民族传统文化也经历了一场前所未有的震荡。

回首20世纪的历程，我们充分肯定西方文化特别是以马克思主义为代表的进步文化在中国百年历史进程中的重要作用和意义，但我们不能不看到我们的传统文化，在与外来文化的冲撞和急遽变革的社会进程中，遭受了前所未有的冲击和戕害。上个世纪的三大文化运动（社会变革）值得认真总结：如果说“五四运动”提出打倒“孔家店”和“全盘西化”具有一定进步意义的话①，那么“文化大革命”则是文化特别是传统文化的一场大灾难、大破坏、大损害；而改革开放带来的思想解放和观念更新特别是经济建设的巨大成就当然是举世瞩目、不可否认的，但同时也应该看到当外来文化大潮涌入的时候，泥沙俱下，鱼龙混杂，一些西方腐朽落后的文化也不免裹挟而来，对我们的传统文化和传统美德构成了严重的冲击，对我们的国民特别是青少年产生了不利的影响。

例如，许多人特别是青少年盲目崇拜西方文化，崇奉西方价值观，热衷于西方的生活方式，过洋节，吃洋食，穿洋服等等；再如，由于国民教育长期以来对传统文化的重视程度不够，导致年轻一代对传统文化的陌生、隔膜甚至轻视；又如，社会伦理道德失范，荣辱观念淡漠，等等，成为突出的社会问题。

因此，回过头来看，我们的传统文化并不像当年批判的那么一钱不值，还有很多非常宝贵的东西，对于我们今天乃至于未来仍然很有价值，很有意义，很值得我们去学习和继承。今天社会发展中的许多问题，不是我们对传统文化批判得不够，否定得不够；恰恰相反，是我们对传统文化

① “五四”提出打倒“孔家店”，那个孔家店并不是真正的孔子的思想，而是历代统治阶级的封建专制思想，所以“五四”是反封建。——封建专制不等于传统文化。

认识得不够，学习继承得不够，有些问题正是由于传统文化的缺席或缺失所导致的。所以，国学热的兴起，乃是时代发展的必然。

第二，传统文化的断裂需要尽快弥补

一百年来造成传统文化的严重断裂，我们不得不承认这个摆在我们每一个中国人面前的事实，我们应当采取有效的措施来尽快弥补这个裂痕。重视国学，普及国学，重振国学，是非常及时、非常必要、非常紧迫的事情。

前不久，文化部和中国艺术研究院召开了“中国文化发展战略研讨会”，孙家正部长谈到，中华民族的传统文化在港澳和台湾地区要比大陆保存得好。我深有同感，举几个例子：

“文革”后刚恢复高考时，《参考消息》刊载了台湾高考语文试卷，文言文试题约占70%，而我们当时只有5%，后来逐渐增加，至今也只有30%左右。旧中国大学普遍开设的“大一国文”（非文科专业），台湾延续了，而大陆的“大学语文”课则很不正规。前年我去云南出差，特意去参观了西南联大旧址。在那样一个兵荒马乱的年代，却培养了杨振宁、李政道等一大批英才，这是什么原因？我记得杨振宁教授多次谈到，幼年的时候，他的父亲、著名数学家、曾执教于清华和复旦的杨武之教授，却要他读《论语》《孟子》。杨振宁说这些传统文化对其产生了受益终身的影响。这里说明一个问题，在正规的学校教育中，传统文化的内容极其重要，我们中小学乃至大学课本中有关传统文化的内容是不是太少了？其比重究竟多少为宜？

还在我们的小学生天天背诵“老三篇”的时候，台湾的小学生则是背诵《论语》和“三民主义”。连战、宋楚瑜来大陆访问，他们都是喝洋墨水长大的，都是在美国拿的博士学位，但是他们的传统文化修养之深厚，从其演讲、题辞便可见一斑。而我们那位清华大学校长，竟连张仃先生用篆字书写的一首旧体诗都念不下来，实在不应该。

其实，何止台湾和港澳，在汉字文化圈国家，在我们的邻国韩国、日本、越南以及新加坡等国，中华文化都相对保存得比较好。也举几个例子，都是我亲身经历的事情。

在韩国，前几年我带领国内十几个省市的文化厅局长去考察文化产业，几天下来我们和导游很熟悉了，在旅游车上，她让我们猜韩国哪一天最堵车，我们猜来猜去都没猜着，最后她告诉我们是清明节。她说，无论你从事什么职业，无论你做多大的官，到了清明节这一天都要从城里回到自己的老家祭扫先祖的坟墓，因此造成返程的路上堵车特别严重，以至于有时候只能在车上过夜。为什么韩国的电视连续剧和电影风靡大陆，形成了所谓的“韩流”，不是没有道理的，就是体现在其中的中华传统文化、传统美德打动了我们。

在越南，我去参观河内的文庙，也令我感到十分震撼。连续300年科举考试的进士题名碑，保存得十分完好。而我们北京国子监的进士碑，有的在“文革”中遭到了破坏，有的被风雨剥蚀得十分厉害（因为不在室内），令人惋惜。河内文庙的孔子雕像也是我在国内各地文庙所看到的孔子像当中最漂亮的，孔子像上方的匾额“至圣先师”，与曲阜的孔庙一样，也是康熙的御笔。还有顺化的故宫，完全是模仿北京故宫建造的，只是规模小一些，也保护得很好。在这些地方，都能感受到中华传统文化的巨大影响力。

在日本，随时随地也都能感受到中华传统文化的影响。譬如书法，日本称之为“书道”，举国上下几乎人人都练习毛笔字，到处都是书道培训班。我有一位日本朋友，是早稻田大学的教授，他的夫人也是早稻田大学毕业的，有了孩子后就不工作了，在家相夫教子。我在北大读博士的时候与他相识，当时他在北大做研究，他夫人孩子也跟着一起来陪读。这位老兄研读之余，他在北京拜师学二胡，他夫人则学书法。几年后我到日本访问，这位朋友请我到他家中做客，他拿出夫人的书法作品给我看，令我大吃一惊，已经达到相当高的水平了，并且成了一家书道学校的教师。我还有几位日本朋友，都是从事中国传统文化研究的，我们出了书发了文章也都互相交换。我感到，日本的对中国传统文化的研究在某些方面走在了我们的前面。

不仅在我们的邻国是如此，甚至在西方国家，一些学者对中国传统文化的热爱及其钻研的精深程度，也让我们感到汗颜。例如前任法国总统希拉克，他对中国文化的热爱和痴迷达到了令人不可思议的程度。1997年我到法国访问，在我驻法使馆，临时代办给我讲了这么一件事。1995年希拉克总统访华，最后一个项目是访问上海博物馆。当时上海博物馆的馆长是马承源先生，这位著名的青铜器专家，希拉克自称与他神交已久，因为马先生的所有青铜器著作希拉克都读过。在马馆长的陪同下，希拉克总统流连忘返，两人聊得十分投机，早已超过了预定的时间，以至专机推迟了两个小时起飞。后来我在文化部接待法国文化部的同行，会后在北京饭店宴请他们，请了当时的法国驻华大使毛磊先生作陪。我正好与毛磊大使邻座，便趁机问他是否属实。毛磊大使说确有其事，他说：我们看到总统如此兴味盎然，而平时又忙得不可开交，我们实在不忍心去打搅和催促他，所以专机不得不推迟起飞。（此事我专门写了篇文章，发表在《光明日报》上。）2000 年，希拉克总统再次访华，在江泽民主席的家乡扬州，希拉克对江泽民说，他退休后要写李白的电影剧本。现在他已经卸任，我想他一定会写的。再如，我的法国朋友沙加尔在巴黎研究我家乡江西的方言。

面对这样的形势，我们应当深刻地自省！一个被誉为文明古国、礼义之邦的国度，在走向世界的今天，还需要政府发文告诫我们的国民到了国外不要大声喧哗、不要随地吐痰、不要插队加塞云云，岂不离我们的传统文化远矣！每一个炎黄子孙难道不应该反躬自问：传统的血脉在我们身上究竟延续了多少？中华民族的传统美德在我们的手中究竟丢失了多少？再继续这样下去，中华民族还算得上是中华民族吗？中国人还称得上是中国人吗？

在这样的形势下，国学热的兴起难道不是好事吗？兴国学，继传统，乃势之必然，理所当然。

第三，继承弘扬中华民族优秀传统文化是一个重大战略问题

如何实现中华文化的传承、整合、重建与创新，是摆在每一个炎黄子孙面前的严肃而重大的课题。党的十六大提出了弘扬和培育民族精神的问题，这是关系到中华民族未来的重大战略问题。十六大报告指出："民族精神是一个民族赖以生存和发展的精神支撑。一个民族没有振奋的精神和高尚的品格，不可能自立于世界民族之林。"明确要求"必须把弘扬和培育民族精神作为文化建设极为重要的任务"。胡锦涛总书记在十七大报告中专门用一个段落阐述传统文化的问题，这是从来没有过的事情。报告提出："弘扬中华文化，建设中华民族共有精神家园。"强调"要全面认识祖国传统文化，取其精华，去其糟粕，使之与当代社会相适应，与现代文明相协调，保持民族性，体现时代性。"要求"加强中华优秀文化传统教育，运用现代科技手段开发利用民族文化丰厚资源。加强对各民族文化的挖掘和保护，重视文物和非物质文化遗产保护，做好文化典籍整理工作。”这些都把继承弘扬传统文化、培育民族精神的问题提到了关乎中华民族未来发展的战略高度，是极其重要的战略思想。现在关键是要把这一战略思想落到实处，化为全党全民的自觉行动。

什么是民族精神呢？我以为，离开了传统文化就谈不上民族精神。传统文化是一个民族的根基，也是一个民族的标识。世界上许许多多不同的民族，就是由不同的传统、不同的语言、不同的文字等内在的文化基因所构成的。一个民族与另一个民族的区别，除了肤色、地域等外在的不同，最主要的或者说最本质的，在于文化与传统的不同。

潘天寿先生讲过：一个国家没有传统等于没有文化。中华民族拥有五千年绵延至今、不曾中断的辉煌灿烂的传统文化，这是我们作为一个中国人的光荣和自豪。每一个中华儿女难道不应该懂得珍惜它、热爱它，而是反过来糟践它、抛弃它？

很多学者提出，21 世纪将是属于东方文化的世纪。人们在世界进入了全球化时代的今天，反思人类进入工业文明以来的利弊得失，发现以中华文化为代表的古老的东方智慧与西方文化一样，对于人类的生存与进步，对于建设一个和平、发展、合作的和谐世界，具有积极意义和宝贵价值。

西方要借鉴东方，世界在关注中国。我们作为一个中国人，难道不应当更加自觉、更加主动、更加积极地认识和对待自己的传统文化？难道不应当增强紧迫感和使命感，以积极的态度和有效的措施，尽快来弥补这百年来造成的传统文化的深深裂痕？

三、国学热的过程中要防止不良倾向

一是通俗化倾向

通俗不是个贬义词，甚至是个好词。传统文化是历史遗留下来的，是古人的思想与文字，一般人接触起来有困难，需要做一点通俗的讲解、注释、翻译、图说之类普及性的工作，这是完全必要的。特别是要利用现代传媒，如电视能影响千家万户，通过电视和互联网等媒体来普及国学也是必要的，而且应当充分利用。你讲得通俗易懂，老百姓爱看，就能起到普及传统文化的作用。当然能做到雅俗共赏更好，像前些年北京大学传统文化研究中心，就是现在的国学院，他们与中央电视台合作搞的《中华文明之光》，邀请北大一批学养深厚的老教授，讲授各自擅长的传统文化方面的专题。播出后反响极好，中央电视台重播过多次，还把版权卖到了海外，在海外也很受欢迎。因为他们都是学养深厚的大家，特别是许多老先生年事已高，播出不久就过世了，而电视留下了他们的风采。像这样的抢救性的普及工作，真是功德无量的事情。

通俗不要紧，但通俗化就不好了。继承弘扬传统文化不能流于通俗化、简单化。如果电视屏幕总是充斥着“揭秘”“歪批”“戏说”之类节目，虽然一定程度上能够引起人们对传统文化的兴起，但这类东西搞多了，容易引起误会和误导，把真经给念歪了。特别要注意区分层次，譬如一些大学或研究机构，在做好普及传统文化工作的同时，主要应当注重提高，潜心学术。现在国家经济发展了，学术研究的条件和环境都好了，应当产生我们这个时代的“乾嘉学派”“章黄学派”，应当产生属于我们今天的章太炎、王国维、陈寅恪、钱宾四之类真正的国学大师。

二是庸俗化倾向

庸俗化的要害是浅、俗二字，就是肤浅和庸俗。一些地方借国学为名，搞的一些活动，不伦不类，俗不可耐，令人啼笑皆非。兴国学，讲传统，主要是精神方面的，形而上的，可偏偏有人热衷于搞一些形而下的东西。如前些时讨论所谓“国服”问题，无论是汉代服饰，还是唐朝装束，要拿来改造为我们今天的“国服”，要求我们的国民统统着这样的“国服”，这真是滑稽可笑得很，完全没有这个必要。因为一个时代有一个时代的服饰风尚和潮流，强求人们统一着某一种服装是绝不可能的了。再如有的地方设立私塾，完全按旧学方式教育孩子，这样培养出来的学生如何适应现代社会？不是说私塾不可以办，但如何与现代教育相融合是必须考虑的现实问题。还有的地方搞一些祭祀活动，互相攀比，劳民伤财，却搞得庸俗不堪，乌烟瘴气。今后应当规定，除了国家主办的重要祭祀活动，地方一般不得擅自搞此类活动。

三是复古主义的倾向

上面列举的一些问题，实际上也是复古主义的倾向。这种倾向在有些方面还相当严重，应当引起重视，并加以防止和警惕。有的借复兴国学的名义，有的以弘扬传统做幌子，有的还打着保护非物质文化遗产的旗号，实质上搞的是复古主义、封建主义、迷信主义的东西，如风水算命、求巫问卜、装神弄鬼、江湖义气、黑白两道等等。

四、如何正确地继承弘扬中华民族的传统文化

因此，如何正确地对待传统文化，才能达到继承弘扬优秀传统文化、培育民族精神、实现中华文化乃至中华民族的伟大复兴呢？我这里根据胡锦涛总书记十七大报告精神，提出以下六点原则与措施，以就教于各位。

第一，取其精华，去其糟粕

毛泽东曾经在《新民主主义论》中辩证地、科学地阐述了对待传统文化的正确态度。一方面，“我们必须尊重自己的历史，决不能割断历史。”“从孔夫子到孙中山”，这一份珍贵的遗产，都应当加以总结和继承。另一方面，“清理古代文化的发展过程，剔除其封建性糟粕，吸收其民主性精华”，“决不能无批判地兼收并蓄”。这是我们对待传统文化必须首先坚持的正确态度和基本原则。①

第二，古为今用，推陈出新

继承的目的在于发展和创新。继承传统，不是复古主义，更不是抱残守缺，而是要让传统得到弘扬光大，在传统的基础上不断创新。我们要根据时代发展的要求，使传统文化与时代精神相契合。正如胡锦涛总书记在十七大报告中讲到的，“使之与当代社会相适应，与现代文明相协调，保持民族性，体现时代性。”

第三，大胆吸收一切外来进步文化

继承本民族的优秀传统文化，并不意味着拒绝学习、借鉴其他民族的优秀文化。培育民族精神，也决不搞民族主义，决不盲目排外，夜郎自大。中华民族历来就有海纳百川的博大胸怀，注重吸收和融合各种外来文

① 毛泽东：《中国共产党在民族战争中的地位》（1938 年 10 月 14 日），“今天的中国是历史的中国的一个发展。我们是马克思主义的历史主义者，我们不应当割断历史。从孔夫子到孙中山，我们应当给以总结，承继这一份珍贵的文化遗产。这对于指导当前的伟大的运动，是有重要的帮助的。”见《毛泽东选集》第 2 卷，人民出版社 1991 年版，第 534 页。

化。在今天这样一个全球化、信息化的时代，我们在继承弘扬自身传统文化的同时，更要大胆借鉴和吸收世界各国的优秀文化，不断丰富和壮大有中国特色的社会主义先进文化。不仅如此，我们还要实施中华文化“走出去”战略，不断扩大中华文化的国际影响力。

第四，加大教科书中传统文化内容的比重

在国民教育中，特别是中小学课本当中，传统文化的内容尽管近年来不断增加，但还是远远不够。大学文科教育，起码要达到本科毕业能够读懂文言文。大学非文科教育，必须开设“大学语文”或“大一国文”之类的课程（现在是可开可不开，且多数不开。），加大传统文化方面的教育力度。

第五，通过传统节日弘扬传统文化

两三年前中央曾专门就此发过一个文件，但效果不大，因为几个主要的传统节日除了春节都没有列入国家法定节假日。最近，国家发改委已正式就清明、端午、中秋等传统节日列入国家法定节假日和取消五一黄金周，在网上征求意见。据说，意见不尽一致，主要是对取消五一黄金周有意见，而对这几个传统节日列入法定节假日似乎没有异议。这是社会各界和“两会”代表多年提案呼吁努力的结果，一旦确定下来，对于弘扬传统文化的积极意义是不言而喻的。

第六，重视国学人才培养，特别要注意培养中外兼通的人才

关于这个问题，我想多讲一点。

国学人才培养和队伍建设问题，这是一个涉及长远发展的大问题，也是一个非常重要非常紧迫的问题。现在，文科博士毕业读不通文言文的比比皆是。对此，国家和有关部门应当正视，应该有一个全面的规划。有的大学进行了这方面的探索，取得了一定的经验。这里我不想全面谈这个问题，只想提一个建议，就是要培养中外兼（会）通的国学人才。

培养中外兼通的国学人才，要从娃娃抓起，采取一些特殊政策和特殊手段。可以采取两条腿走路的方针，既依靠国内培养，也送到国外培养；既可以自费出国留学，尤其需要政府组织选送到国外长期修学。上个世纪初，在“西学东渐”风气的影响下，出现了一批学贯中西的国学大师，如王国维、鲁迅、陈寅恪、钱钟书、季羡林等，他们大都有国外留学的经历，都是中西兼通的大家。季羡林留学德国十年，就是官费选派的。如果没有官费公派，也就没有今天的季羡林。以我们现在的国力，以及与世界各国互派留学生的便利条件，政府组织考试，选拔三五百个优秀青少年，全部送到世界一流大学去学习，学个十年八载，必能造就一批中外兼通的大学者（当然也包括培养造就“国学”之外的其他方面的专家学者）。

国家应当有这样的长远考虑，也应当有这样的气魄。因为现在的情形是，中外兼通的人才十分难得，国学功底好的外文不行，外文好的国学修养又不行，二者往往难以得兼。只有达到了中外兼通，才能用世界眼光来研究国学；也只有达到了中外兼通，才能推动中华文化真正走向世界。

怎样理解“以人为本”

——2008年9月20日，在宁波天一大讲堂的演讲

宁波是我十分向往的地方。上午我去参观了天一阁，范钦为家族立下“代不分书、书不出阁”的遗训，几百年来传承文明，名扬天下，赢得了多少文人学士的敬佩。在我们浙江省，我认为最有文化的地方有两个，一个是绍兴，另外一个就是宁波。这不是我到了宁波就为宁波说好话，这是事实。我来之前做了一点功课，在网上搜了一下，宁波的文化传统很悠久，文化积淀很深厚，出了很多人物。在历史上，东汉有大隐士严子陵，就是那位与光武帝同榻而卧的高人。唐初有虞世南，他临摹《兰亭序》，被誉为“三大家”之一。宋代有著名学者王应麟，著有《困学纪闻》，特别是他编的《三字经》，中国人没有哪一个不知道的。明代有方孝孺，有王明阳，明清之际有黄宗羲，这些都是了不起的人物。清代有历史学家全祖望，还有万斯同，参与过《四库全书》的编撰，也是主要的负责人之一。还有朱舜水，明亡后到日本讲学传道，被尊为“国师”，在日本是家喻户晓的人物。这些都是我们宁波人的骄傲。

当代宁波出的名人也非常多。商界巨子，像包玉刚先生，世界船王，赚了钱以后不忘回报家乡父老，给家乡的图书馆，还有宁波大学都捐了款。邵逸夫先生也是宁波人，国内几乎所有的大学都有邵逸夫先生的捐款。还有董浩云先生，是董建华特首的父亲，也是船王。在政界，有蒋家父子。在教育界，北京大学校长蒋梦麟先生，复旦大学的谈家桢教授，刚刚为他庆祝了百岁寿诞，还有童第周教授，复旦大学的杨福家校长，还有北京大学的厉以宁教授，还有路甬祥，现在是全国人大的副委员长，中国科学院的院长，原浙江大学校长。文艺界也有很多名人，著名作家三毛、冯骥才、余秋雨，著名画家沙孟海、潘天寿，还有刚刚去世的陈逸飞先生，还有著名的音乐家马友友。这都是我们宁波人，这些名字念出来在中

国乃至世界上都是响当当的人物。所以我说宁波和绍兴两个地方是浙江最有文化的地方，绍兴出的人物恐怕比宁波还要多。这跟一个地方的文化、传统都是有关系的。绍兴出“师爷”，宁波有“天一阁”，名气都很大。另外，宁波和绍兴都是浙江很富庶的地方，当然现在行政级别宁波比绍兴要高一点，经济状况怎么样我没有了解，我说的是文化，这两个地方是浙江最有文化的地方。因此，宁波文化局、图书馆邀请我到“天一讲堂”做这个讲座，我特别高兴，很愿意来讲。我在绍兴文理学院也讲过一次，在杭州“浙江人文大讲堂”也讲过。

我今天要讲的题目是《如何理解“以人为本”》，我为什么要讲这样一个题目呢？我觉得科学发展观提出以人为本，这是非常重大的一件事情，对中国社会的发展将会起到很深远的作用和意义。今年年初的雪灾，5·12汶川大地震，充分体现了以人为本的理念，大家都有很深的感受。特别是这次地震在国际上树立了中国党和政府、中国人民一个崭新的形象。最近发生的两件事，大家也很关心，一个是山西，我倾向于把它称作“矿难”，它不是自然灾害造成的泥石流，是因为人为的挖矿，到现在为止死了260多人。还有石家庄的三鹿奶粉事件，引发了很多奶制品，不仅是奶粉，也包括液体奶都有添加剂三聚氰胺，甚至包括蒙牛、伊利这样谁都喝过、谁都吃过的产品，这样的企业都有这个问题。这件事情也体现了以人为本的精神，但是又反映出非常严重的问题，说明我们距离以人为本还有很大的差距，还有很远的路程。所以我觉得，以人为本是党和政府重要的执政理念，是我们的治国方略，但同时与普通老百姓的生活息息相关。所以我选了这样一个题目跟大家交流。

从今天现场来看，来了这么多人，可见大家对这个问题还是很关心的。

科学发展观提出以人为本，是继承了中华民族传统文化中的“民本”思想，也吸收了西方“人文主义”的精神，但是它是在改革开放的今天提出来的，因此又有了新的内涵，有了新的发展。今天我主要讲三个问题：

一、传统文化当中的“民本”思想；

二、西方的“人文主义”精神；

三、作为科学发展观核心的“以人为本”。

在讲这三个内容之前，我想简要地跟大家回顾一下“以人为本”是怎样提出来的。我最早接触到“以人为本”这个概念大约是十几年之前，当时我在文化部做研究室主任，负责制定全国文化事业发展“九五”规划的工作。现在“十一五”都快过了。当时牵头制定“九五”规划的是国家计委，现在叫国家发改委。我们各部委的同志在一起交流、讨论，国家计委的同志跟我们介绍相关情况，说“以人为本”要作为一个重要的理念写进“九五”规划。当时我们就感到很高兴，因为以人为本与文化有密切的联系，有利于我们做好文化工作。可是后来又听说，有中央领导认为提“以人为本”不妥当，为什么呢？说西方国家，尤其是对我国怀有敌意的国家，老是指责我们中国、中国政府不尊重人权，你现在提“以人为本”不是正好成了他们的口实吗？就因为某一位领导同志提出了这个疑问，所以在“九五”规划中，“以人为本”的理念就没有能提出来。在今天看来，这种担忧实际上是没有道理的，是站不住脚的，也是不够解放思想的表现。这就导致了“以人为本”推迟了十多年才提出来。

2003 年广东发生了孙志刚事件，我不知道各位还有没有印象？2003 年 3 月 17 日武汉科技学院艺术设计专业的毕业生孙志刚，在广州被公安机关当作“三无”人员错误地收容，他在收容所大声呼救求助，引起工作人员的不满，被轮番殴打，最后被活活打死了。他的父亲得到儿子的死讯之后，从湖北赶到广州，要为儿子讨回公道。3 月 17 日发生的事情，4 月 25 日孙志刚事件被媒体披露，引起了强烈的反响，舆论呼吁要严惩凶手，要求立法保护公民的权益。6 月 9 日孙志刚案一审判决，主犯乔燕琴被判死刑，其他 11 名案犯分别被判了死缓、无期或有期徒刑。8 月 1 日，一部从 1982 年开始，执行了 20 多年的《城市流浪乞讨人员收容遣送办法》被废止，新法《城市生活无着落流浪乞讨人员求助管理办法》开始执行。孙志刚以 27 岁的年轻生命为代价，唤醒了国人对人的生命和人的尊严的尊重，也推动了政府管理制度的改革。这是 2003 年的孙志刚事件，导致了一部缺少人性关怀的法令的废止和一部新法的诞生。

同样也是在 2003 年，一场突如其来的非典又催生了科学发展观的诞生。科学发展观是党的十六届三中全会，也就是这一年的 10 月通过的《中共中央关于进一步完善社会主义市场经济若干重大问题的决议》中正式提出来的。2004 年年初，中央党校举办省部级主要领导干部“学习和树立科学发展观”的专题研讨班，温总理有一个讲话，他说提出科学发展观的直接起因就是2003年的非典。2003年6月底，温总理到香港参加香港回归6周年庆典活动，温总理特意到淘大花园看望小区的居民，因为这里是香港非典重灾区，一个小区就死了100多人。温总理即兴讲话，他说："一个国家就跟一个人一样，不能一条腿长一条腿短，这样是站不稳的，是要摔跟头的。"他说话的意思就是告诉我们，不能片面地强调发展经济，同时公共卫生建设、文化建设各方面要跟上来。当时他在香港就提出了经济和社会发展要协调，东西部发展要协调，城乡发展要协调，人与自然的发展要协调，到十六届三中全会，又提出了国内和国外发展要统筹协调，这就是"五个统筹"。

科学发展观提出"以人为本"，就是在这样的背景下提出来的。我认为"以人为本"有很丰富的内涵，既继承了中华民族优秀的传统文化当中"以人为本""天人合一"的思想，也吸收了西方"人文主义"以来平等、自由、博爱的思想，体现了中国共产党全心全意为人民服务的根本宗旨，以及执政为民、造福于民、关注民生这样一些崇高的执政理念。

一、传统文化当中的"民本"思想

（一）中国传统文化中的以人为本

在中华民族悠久的历史和灿烂的文化当中，对人的认识，包括人的特性、人的价值、人的作用、人生的意义、人与自然的关系、人与社会的关系等等，这些问题，我们的祖先很早就认识和探讨过，并且达到了很高的水准。

首先我觉得有两对概念要弄清楚。"人"跟"天"（地）是相对应的，它反映的是人的自然属性；"民"和"官"（君），这是相对应的，反映的是人的社会属性。现在"人民"成了一个词汇，实际上大体和过去"民"的概念是一致的，指的是以劳动群众为主体的社会基本成员，具有阶级的属性和社会的属性。下面我就从人的自然属性和社会属性这两方面来看看我们的古人是怎么认识人和怎么对待人的。

我们的祖先很早就认识到人与其赖以生存的环境——天地，也就是大自然的关系：一方面强调人是天地之间最重要、最珍贵的，人为万物之灵；另一方面又主张要尊重自然规律，保护自然环境，人与自然要友好相处，和谐共生。

天人关系，这是一个很大的命题。古人对这方面的研究极其充分，也极其精彩，不同的理解和不同的学派，可以说是纷繁复杂。有的还带有一点迷信色彩，比如阴阳家的占卜、占卦，比如汉朝的谶纬学说。但是科学地、理性地认识天人关系，在中国传统文化当中仍然是占有主流地位。这种主流的意识形态概括地说，就是人文与自然的对立统一。有人工加入的，通过人的劳动产生的，这些属于人文的范畴；反之，没有人为加工的，与人对应的是自然物，人文和自然的对立、统一关系，也就是“天人合一”。

《周易》是最早阐述天人关系的经典之一，他认为天地是万物的本源，“有天地然后万物生焉”，有了大自然，万物才能在天地之间出生和繁衍。《尚书》说，“惟天地万物父母，惟人万物之灵”，说天地是万物之母，人是万物之灵。《周易》还提出了天、地、人所谓“三才”之说，说“立天之道，曰阴与阳；立地之道，曰柔与刚；立人之道，曰仁与义。”《老子》在“三才”的基础上提出了“四大”，《老子》说“故道大，天大，地大，人亦大。域中有四大，而人居其一也。人法地，地法天，天法道，道法自然。”老子在天、地、人之外又提出了一个“道”，这是一个非常重要的概念范畴。“道”是观念形态的东西，无声无形，却又无处不在，它是人类社会和自然宇宙的根本规律。《周易》还认为，天地与人事有相通之处，这两句话大家也很熟悉，叫作“天行健，君子以自强不息”，“地势坤，君子以厚德载物”，强调人类应该学习效仿天地的德性，做自强不息、厚德载物的君子。“自强不息、厚德载物”现在成为了清华大学的校训，是因为当年梁启超在清华做了一个题为《君子》的演讲，引用了这两句话，后来就成为了清华的校训。

同时，我们的祖先又认识到人与自然的差别和不同，认识到人具有与自然界其他物类所不同的智慧和尊严。《荀子・王制》说，“水火有气而无生，草木有生而无知，禽兽有知而无义，人则有气、有生、有知、有义，故最为万物之贵。”说水火，你看它有气而无生，我们早晨在甬江、姚江边上散步，看到江上雾气腾腾的，它有气而无生命力。草木呢？有生而无智。“离离原上草，一岁一枯荣”，草木是有生命的，但没有智慧。禽兽呢？有智而无义。禽兽是有智慧的，有些专家研究，很多动物都有智慧，甚至有语言，我们看到一群乌鸦在一起集会，肯定会有语言的，没有语言怎么沟通？燕子，春天来了，夏天走了，第二年还会到这家来，可见具有相当的智慧。可是很多动物，儿子从母亲肚子里生下来之后接着就跟母亲交配，这就是禽兽！它没有义，它不懂义。义者，宜也，就是处理问题做事情恰到好处，那就是义。人有气、有生、有知、有义，所以“最为万物之贵”。

（二）民本思想的积极意义

民本思想是历代统治阶级统治国家的重要思想和策略，就是站在统治阶级的立场，以政权的长治久安为出发点，主张爱民，施行仁政，采取休养生息、发展生产、轻徭薄赋这些政策，力图改善人民生活，缓和阶级矛盾。当然也不排除在统治阶级当中有一些善良的官吏同情人民，关心百姓。比如说郑板桥，他曾经做过一个小知县，他在衙门里听到风声吹着庭院里的竹子呼呼响，他突然来了灵感写了一首诗，说“衙斋卧听萧萧竹，疑是民间疾苦声。些小吾曹州县吏，一枝一叶总关情”，可见他非常关心民间疾苦。杜甫的两句诗“朱门酒肉臭，路有冻死骨”，也是心里想念社会的不平等和民间的疾苦。所以我国历史上关于民本、爱民、利民、富民、安民、便民这样一些思想主张和故事传说十分丰富，我在这里只列举一些常见的经典的文献。

《尚书》说：“民唯邦本，本固邦宁。”这是我国最早的一部史书，由《夏书》《商书》《周书》构成。《夏书》里提到“民唯邦本，本固邦宁”，这是文献当中出现最早、对后世影响最大的民本主张，阐明了民众与国家政权的关系，老百姓是国家的根本，这个根本稳固了，国家才能稳固，社会才能安宁。对《尚书》“民唯邦本，本固邦宁”这个思想阐述最为充分、最透彻的是明代中叶著名的思想家邱浚，他说：“盖君之所以为君者，以其有民也，君而无民，则君何所依以为君哉?”他又说：“国之所以为国者，民而已，无民则无以为国矣。”所以他认为：“‘民唯邦本，本固邦宁’之言，万世人君当书于座隅，以铭心刻骨者也。”他说，无论什么时代的统治者、当权的人，都应该把这两句话作为自己的座右铭，挂在自己的办公室里。

《管子·霸言》说："夫霸王之所始也，以人为本，本理则国固，本乱则国危。"大家知道，管仲是春秋时期著名的政治家、思想家，曾经辅佐春秋五霸之首的齐桓公成就霸业，被齐桓公称为"仲父"，就是再生父母的意思，可见对他的尊重。管仲对齐桓公讲：你要想成就霸业，就要做到以人为本。"本理则国固，本乱则国危"，这和前面《尚书》上的两句话是一个意思。"以人为本"的最早出处就在这里，原是管仲教导齐桓公的话。

《孟子·尽心》说："民为贵，社稷次之，君为轻。"孟子提出"民贵君轻"的思想是十分了不起的。接下来还有几句话，他说："是故得乎丘民而为天子，得乎天子为诸侯，得乎诸侯为大夫。"这是紧接着"民为贵，社稷次之，君为轻"说的，为什么"民贵君轻"呢？因为只有赢得了民心才能赢得天下，才能守住江山社稷。这就是人们通常所说的"得民心者得天下"。怎样才能得民心呢？《孟子·离娄》说："得天下有道，得其民，斯得天下矣。得其民有道，得其心，斯得民矣。得其心有道，所欲予之聚之，所恶勿施尔也。"这里一层一层地阐述如何才能得民心。怎样才能"得天下"呢？"得天下有道，得其民，斯得天下矣"，得到老百姓的支持你就得到天下了。那么怎么"得其民"呢？"得其民有道，得其心，斯得其民"，要想得到老百姓的支持，关键是要赢得民心。那么怎么"得其心"呢？"得其心有道，所欲予之聚之，所恶勿施尔也"，老百姓想要的，你就给他，帮助他，就是你要帮助老百姓发家致富；老百姓不满意的、反感的事情，你就别做了。这充分体现了孟子一贯的"保民而王"的"王道"和"仁政"思想。所谓得民心，其实很简单，用现在的话说就是看老百姓高兴不高兴，满意不满意，答应不答应。凡是老百姓高兴的事你就多做，凡是老百姓不高兴的事你就别做，这样就可以得民心，这样就可以巩固政权。

《贞观政要》记载了唐太宗很多治国的理念，其中有一段这么讲："凡事皆须务本。国以人为本，人以衣食为本。凡营衣食，以不失时为本。"强调国家以百姓为本，百姓以衣食为本，那么农业生产就不能耽误农时。这是从不误农时方面谈"以人为本"。唐太宗还有著名的"水能载舟，亦能覆舟"（典出《荀子》）的资政名言。他跟宰相魏征讨论治国之道，总结隋朝灭亡的教训，用载舟覆舟的比喻警醒自己，从而开创了辉煌的盛唐时代。

除了民本、爱民思想，还有“子民”思想，就是把老百姓当成自己的子女。当然，子民思想可能包含有官尊民卑、官高民下、官大民小这样一些封建等级观念。但是，我认为子民思想，实际上就是民本、爱民思想的另一种表述。邱濬说：“人君承上天之付托，为万民之父母，必当尽治、教、养三事。养之以至于繁庶，治之以至于富足，教之以至于仁厚，则尽乎父母斯民之责，而无负上天付托之重。”他说皇帝受上天之托来管理民众，应该做好三件事情，一个治，一个教，一个养。他说“养之以至于繁庶”，繁庶就是传宗接代；“治之以至于富足”，就是治理、管理，让老百姓富起来；“教之以至于仁厚”，就是搞文化建设，让老百姓懂得礼义廉耻。做官的人能够以父母之心对待百姓，或者说视百姓为儿女，你一定就会体恤民情，关注民生。所以邱濬就接着说：“治国者不能不取于民，亦不可过取于民。不取于民则难乎其为国，过取于民则难乎其为民。”我觉得他讲得是很辩证的：不可不取于民，否则国家的国防、外交、教育，怎么办呢？要向企业和个人征税，要取之于民，这是必须的。但是又不可过取于民，横征暴敛，让老百姓自己都活不下去了，你的政权也没法巩固。

过去称地方官叫“父母官”，这是有典故的，典故出自河南南阳。根据《汉书·循吏传》记载，西汉南阳郡太守召信臣，“其治视民如子”，“好为民兴利”，他亲自指导农耕，经常出入于田间，住宿在老百姓家里，百姓安居乐业，人口增多，连打官司的人都少了，所以老百姓非常爱戴他，非常尊敬他，称他为“召父”。过了100多年之后，东汉建武年间，南阳又来了一位新任太守叫杜诗，他同样是爱民如子，带领百姓兴修水利，丰衣足食。他在任7年，清正廉洁，最后病故于任上，没有余财，连丧礼都没法办理。南阳百姓为失去这样一位好官而悲痛，如丧父母，当时有人就把杜诗与百年前的召信臣相比，称他为“杜母”，说“前有召父，后有杜母”。这是历史上确有记载的，从此以后老百姓就把爱民如子、造福一方百姓的地方官称为父母官。现在有一些地方长官真是“父母官”，倒过来说，我是你的父母官，你供养我是天经地义的事情。

在中华民族博大精深的传统文化中，有关“以人为本”即“民本”的思想极为丰富，我这里只不过是简单地跟大家列举了一些比较常见的和经典的。我认为这些思想在我们今天仍然具有借鉴的价值和意义，仍然值得我们学习、继承和弘扬光大。当然我们也不能忽视，在漫长的封建社会，统治阶级对人民的压迫和奴役，对人和人的尊严的漠视和践踏，也是极其严重的，甚至是骇人听闻的。

比如等级观念。奴隶社会、封建社会对人的奴役极其残酷无情，奴隶可以买卖，就像牲口一样拿到集市去买卖，甚至可以任意杀害。举个例子，《世说新语》写一个大富豪请客，让家里的美女跟客人劝酒，客人不喝，他就把这个美女杀了。杀了一个，第二个美女又来敬酒，客人仍然不喝，又把这个美女也杀了。再来第三个美女，与客人一同去的人说，你就喝了吧，他都杀了两个人了，客人怎么说：他杀他家里的人，关你什么事？皇帝后宫三千佳丽，很多人一辈子都见不到皇帝的面，所谓守活寡，这是很残酷的。

再比如愚民政策。孔老夫子说过“民可使由之，不可使知之”，这与他“有教无类”的教育思想是相矛盾的。老百姓只能听使唤，不能让他们明白道理，这太不讲道理了。还有人说“人尽愚也，天下治矣”，所有的老百姓都是笨蛋，这个国家就好治理了。这是封建统治者的愚民政策。

再比如阶级压迫。刑法是统治阶级的工具，中国历史上的各种酷刑，是令人毛骨悚然的。鲁迅在一篇文章当中写道，单说剥皮法中国就有种种，就是剥人的皮。他说，明初，永乐皇帝就剥了忠于建文帝的一位重臣的皮，明末还有张献忠式的剥皮，还有孙可望式的剥皮，而且具体描绘了剥皮的情形，剥的时候不能让人死掉，必须让人活着剥。鲁迅说，有明一代，从剥皮始，到剥皮终。过去对男子的行刑叫去势，就是把男子的生殖器切掉。司马迁就是受了宫刑的。对女的刑罚叫幽闭，都是惨无人道的。著名作家莫言写过一部《檀香刑》，写清代一个屠夫就是专门杀人的，写他杀人如何高超的技艺。

再比如穷兵黩武。战争就是大规模的屠杀。有两句诗，我觉得最典型的也是最震撼人心的，一句诗叫“一将功成万骨枯”，你当了元帅，当了将军，可是千百万士兵成了累累白骨。还有另外一句诗：“可怜无定河边骨，犹是春闺梦里人”，丈夫出征去打仗，已经战死了，已经成了无定河边的白骨了，可他的妻子还在家里思念丈夫，还在做着夫妻团圆的春梦。这样强烈的对比，更能激起人们对战争的深恶痛绝。

再比如一些陈规陋习。如活人陪葬，我们去西安看秦始皇的兵马俑，据史学家研究，修兵马俑很多工匠就一同被埋葬在坟墓里了。不仅是中国，印度修泰姬陵，最后把所有工匠的手都剁掉，不允许再造第二个泰姬陵。我们小时候读到的《西门豹治邺》，为了不让洪水泛滥，要把最漂亮的女孩儿送给河伯做媳妇。这样一些陈规陋习在封建时代是堂而皇之、大行其道的。

我举这些例子，是要说明我国古代，一方面有“以人为本”和“民本”思想的优良传统，另一方面又有草菅人命、灭绝人性的恶劣影响，这是应当注意到的。

二、西方的“人本主义”

（一）西方早期的人本主义思想和民主制度

早在古希腊雅典城邦制度的时候，大概在公元前 6 世纪，希腊就形成了民主共和的政体，提出主权在民和公民平等，或者叫人人平等。最高权力机关——公民大会由全体公民组成，公民通过公民大会和议会参与国家的管理。

到了古罗马时代，国家政权由执政官、公民大会和元老院组成，另外还专门设立了保护民众利益的保民官。公元前 450 年，罗马颁布了适用于罗马公民的《公民法》，主张法律面前人人平等，但是外邦的公民不受这一法律的保护。罗马颁布的《公民法》，也叫《十二铜表法》，因为法律条文刻在十二铜表之上，立于罗马广场，老百姓知道什么是允许的，什么是不允许的；什么是能做的，什么是不能做的。

这就是说，在西方平等和民主的思想起源也是很早的。但是在雅典城邦制度和罗马提出《公民法》之后大约 1000 年的时间，就是从公元 5 世纪到 15 世纪，也就是从西罗马帝国灭亡到文艺复兴运动的开始，这 1000 年的时间被称之为是欧洲的黑暗时代，也叫漫长的中世纪。

（二）人文主义与文艺复兴运动

人文主义，也有把它翻译成人道主义，是文艺复兴运动的一面旗帜，是一种以人为本的理性思想，提倡关怀人、尊重人、以人为中心，它关注的主要是人和人性，包括人的尊严、人的价值、人的才能的发挥，而不是中世纪压抑人性的神和对神的崇拜。文艺复兴就是从中世纪长期以来对人和人性的束缚，即宗教和神对人的束缚中，把人解放出来。

人文主义首先是在反对中世纪神的权威和对人及人性重新定义的过程中发展起来的。在长达千年的中世纪，教会把上帝视为一切思想的核心，神一直是人们颂扬的唯一对象，神的权威是至高无上的，神的权威再加上基督教的思想，使人和人性受到了极大的压抑，人的价值和创造作用受到了蔑视。因此人文主义的目标就是要通过宣扬人的作用，鼓吹人性的价值，宣扬人天生平等，肯定现实生活，肯定人有追求财富和个人幸福的权利，要求多方面发展人的才智，把人从宗教的束缚中解放出来。莎士比亚曾经这样讴歌人和人性的伟大："人是多么了不起的一件作品！理智是多么高贵！力量是多么无穷！行动多么像天使，洞察多么像天神！宇宙的精华，万物的灵长。"这是在《哈姆雷特》里面的一段有名的台词。

文艺复兴运动还提倡个人主义，这跟我们讲的带有贬义的个人主义不是同一个概念。他们强调的人和人性，不只是指人的群体，更多的是指人的个体。他们提出"人本位"的思想，是要抵抗和推翻中世纪确立的"神本位"的思想，唤起人们对人的价值和尊严的认识。这种个人主义作为一种政治和社会哲学，强调的不是一般意义上的自私自利，而是高度重视个人自由和个人意志，强调个人自我支配和不受外来约束。他们认为每一个人都是平等的。薄伽丘在《十日谈》里说："我们人类的骨肉都是用同样的物质造成的，我们的灵魂都是天主赐给的，具备着同样的机能、同样的效用、同样的德行。我们人类向来是天生一律平等的。"但这种平等和自由长期以来被传统、宗教和世俗所束缚，卢梭在《社会契约论》里说："人生而自由，却无处不在枷锁中。"因此，人文主义主张要从这种束缚和枷锁中解放出来。

（三）启蒙运动

从文艺复兴到 18 世纪法国大革命提出人权宣言，中间有一个启蒙运动。他们高扬民主自由平等的旗帜，反对封建专制，主张主权在民。英国启蒙思想家洛克在《政府论》当中指出：国家是由公民组成的，政府只是一种公民的信托，其目的是保护公民人身和财产的安全，因此国家的主权属于人民。那么，人民在订立社会契约，把国家治理权交给政府的时候，只是出让了自己的一部分权利，并没有将自己的所有权利交给政府，相反，一些极为重要的权利，如生命权、财产权、对政府的监督权、反对权等，仍然保留在自己的手中，任何人不得侵犯。公民要求政府必须按照人民的意愿对国家进行治理，如果违背了人民的意愿，人民有权撤消对他的信任，没有必要再服从这样的政府，并订立新的契约，建立新的政府，以便更好地保护人民的权利和促进社会福利的发展。后来，法国思想家孟德斯鸠提出了“三权分立”的理论，把国家的权力科学地划分为立法、司法、行政三种权力，以求权力之间的相互制约，并能够有效地保障人民的自由和权利。这种政治体制在西方国家，经过资产主义革命逐步确立下来，并沿用至今。

（四）法国大革命与《人权宣言》

在启蒙思想家的影响之下，18 世纪爆发了法国大革命。当时的法国，三个等级的社会矛盾日益激烈，高级僧侣是社会第一等级，封建贵族是第二等级，资产阶级和城市平民以及农民这些共同构成第三等级。18 世纪资本主义在法国部分地区已经十分发达，金融资本十分雄厚，资产阶级成为经济上最富有的阶级，但是政治上却处于无权的地位。农村绝大多数地区还保留着封建土地所有制，并且实行严格的封建等级制度。因此，在 1789 年就爆发了以资产阶级领导的，由城市平民和广大农民参加的法国大革命。1789 年的 5 月 5 日，路易十六国王在凡尔赛宫召开会议，企图对第三等级征税，以解救政府财政危机。第三等级的代表则要求立法，限制王权，实行有利于资本主义的改革。6 月 17 日，第三等级的代表宣布成立国民议会，后来改称制宪议会。路易十六调集军队企图要解散议会，激起了巴黎市民的武装起义。7 月 14 日，巴黎市民攻克了象征封建统治的巴士底狱。资产阶级代表在起义中夺取了巴黎市政府的政权，建立了国民自卫军。制宪议会当时实际上成为了革命领导机关和国家立法机关，宣布废除封建制度，取消教会和贵族特权。这是法国大革命简要的经过。到 8 月 26 日，就通过了人权宣言，确立了人权、法制、公民自由和私有财产权等的基本原则。

人权宣言全称叫《人权和公民宣言》。这个宣言是法国大革命的纲领性的文件，对后来的资产阶级和资本主义社会的发展产生了极其深远的影响。人权宣言的文字不长，不到1000字，一共17条，主要包括了下面这样一些内容：

人们生来而且始终是平等的；
人的自然的和不可动摇的权利包括自由、财产、安全和反抗压迫；
自由就是有权从事一切无害于他人的行为；
法律仅有权禁止有害于社会的行为；
一切对社会没有害处的事情都是法律所允许的；
在法律面前所有公民都是平等的；
每个公民都有言论、著述和出版的自由；
社会有权要求机关公务人员报告其工作；
…………

（五）联合国颁布《世界人权宣言》

1948年12月10日，联合国大会通过并颁布了《世界人权宣言》，这是在法国大革命《人权宣言》颁布了160年之后，由联合国大会制定向全世界、全人类颁布的，到今天已经整整60年了。法国大革命人权宣言虽然对资本主义社会的发展起了很重要的作用，但是它只是法国的，而这是世界的。由于人类历史的发展和进步，《世界人权宣言》较之法国的《人权宣言》，对人权问题又有了更丰富、更具体、更深入的阐述，对全人类提出了共同遵守的标准和规范。《世界人权宣言》全文大概4000字，共分为30条，文字和条文也增加了不少。在"序言"当中指出："发布这一世界人权宣言，作为所有人民和所有国家努力实现的共同标准"，强调"这些权利自由在各会员国本身人民及在其管辖下的人民当中得到普遍的承认和遵行"。就是说，凡是加入了联合国的国家都要按照这个标准执行。

《世界人权宣言》有这样一些内容：

人人生而自由，在尊严和权利上一律平等；

人人有权享有生命、自由和人身安全；

任何人的私生活、家庭、住宅和通信不得任意干涉；

人人在各国境内有权自由迁徙和居住；

任何人的财产不得任意剥夺；

人人有思想、良心和宗教自由的权利；

人人享有主张和发表意见的自由；

人民的意志是政府权力的基础；

人人有受教育的权利，教育应当免费，至少在初级和基本阶段应如此，初级教育应属义务性质，技术和职业教育应普遍设立，高等教育应根据成绩而对一切人平等开放；

人人有权自由参加社会的文化生活，享受艺术，并充分享受科学进步及其产生的福利；

…………

通过上面这样一个简要的、粗线条的介绍，我们可以看出来，人本、人文、人权，这些问题始终与人的自由、平等、民主是联系在一起的，人们的自由、平等、尊严又始终和政治、经济以及社会制度紧密联系在一起，争取和追求人的自由、平等、民主、尊严，是西方社会历史和思想学说不断发展、不断进步的大趋势。

三、作为科学发展观核心的“以人为本”

科学发展观强调以人为本，我认为这既继承了中华民族传统文化中的民本思想，也吸收了西方文化当中的人文主义精神，同时又结合我们国家改革开放的实践和进程，赋予了新的含义和新的发展，具有鲜明的中国特色和时代特征。

胡锦涛总书记在十七大报告中十分精辟地概括了科学发展观的深刻内涵，指出：“科学发展观，第一要义是发展，核心是以人为本，基本要求是全面协调可持续，根本方法是统筹兼顾。”这段话大家都很熟悉，总书记在这里揭示了科学发展观的深刻内涵。

核心是以人为本，怎么理解？什么叫核心呢？核心就是事物的中心和主体，是最重要、最根本的，占主导地位的。所以，“以人为本”是什么？是科学发展观的核心，这非常重要！

2004 年我在深圳做了一个演讲，演讲的题目就是《以人为本是科学发展观的灵魂》，当时我就提出来：“科学发展观以人的全面发展和社会的协调发展为旨归，以人为本是其核心和灵魂。”当然不是说我有什么先见之明，这是我当时的理解，我站在一个文化工作者的角度，对科学发展观有这样的理解。

为什么说科学发展观的核心是以人为本？我的理解就是强调了人的地位、人的价值、人的重要性。今天一开始的时候我就说，“以人为本”是一种执政理念，也是一种治国方略。怎么执政？怎么治国？要强调人的地位、人的价值、人的重要性，人高于一切，人民的利益高于一切。国家的发展，社会的发展，一切要从人出发，一切要从人的全面发展出发，一切要从人民的根本利益出发。如果社会的发展只是片面强调经济指标，而忽视了人民的权益，破坏环境，浪费资源，人民不能享受到发展的成果和利益，甚至以牺牲人民的利益、牺牲子孙后代的利益为代价，这还叫科学发展观吗？这就不是科学发展观了。

我们来看看胡锦涛总书记在十七大报告当中是怎么阐述以人为本的，他说：“必须坚持以人为本。全心全意为人民服务，是党的根本宗旨。党的一切奋斗和工作都是为了造福人民。要始终把实现好、维护好、发展好最广大人民的根本利益作为党和国家一切工作的出发点和落脚点，尊重人民主体地位，发挥人民首创精神，保障人民各项权益，走共同富裕道路，促进人的全面发展，做到发展为人民、发展依靠人民、发展成果由人民共享。”

还有温总理也曾经专门阐述过“以人为本”。2004 年 2 月，在中央党校举办的省部级主要领导干部“学习和树立科学发展观”专题研讨班上，温总理有一个讲话，他说：“以人为本，就是要把人民的利益作为一切工作的出发点和落脚点，不断满足人们的多方面需求和促进人的全面发展，具体地说，就是在经济发展的基础上不断提高人民群众物质文化生活水平和健康水平，就是要尊重和保障人权，包括公民的政治、经济、文化权利，就是要不断提高人民的思想道德素质、科学文化素质和健康素质，就是要创造人们平等发展、充分发挥聪明才智的社会环境。”

从以上两位领导人对“以人为本”的阐述，可以看出科学发展观提出以人为本，具有十分丰富和深刻的内涵，既继承了我们中华民族传统文化中的民本思想，也吸收了西方文化中的人文主义精神，同时又结合我国改革开放的实践和进程，赋予了新的含义和新的发展，具有鲜明的中国特色，符合时代发展的要求。

那么，在今天的历史条件下提出“以人为本”，并且是作为科学发展观的核心和中国共产党的重要执政理念的“以人为本”，又有哪些新的含义和新的发展呢？我归纳了五个方面：

第一，体现了党和政府执政为民的理念

中央提出“三个为民”，大家也比较熟了，叫作“权为民所用，情为民所系，利为民所谋”。我认为中国共产党全心全意为人民服务的根本宗旨，通过提出科学发展观，通过提出以人为本，这一宗旨得到了充分的体现。我们中央领导身体力行，用自己的行动体现了科学发展观的理念，体现了以人为本的理念，做出了表率，树立了榜样。

像汶川大地震，温总理两个小时就赶到了灾区，前不久总理是第四次到灾区，去规划灾后的重建工作。我们可以回想一下，我们在电视里面看到的总书记和总理的形象，确实体现了对人、对人的生命的关怀和尊重，体现了执政为民的理念。总书记说：“时间就是生命”，“救人是重中之重。”温总理说：“只要有一线希望，我们就要尽百倍的努力。”不仅救人，安排好治疗，后来还有心理疏导，过去听都没有听说过，这是非常重要的，非常人性化的。人在面对这样巨大的灾难，他的心理是会造成严重的伤害的，是会留下后遗症的，是需要有关的专家进行心理疏导的。我们经常在很多报道中注意到，现在中国公民走向世界，很多人在国外创业、做生意，每当这些在外的中国公民利益受到侵害，甚至出现生命安全的时候，我们使领馆、我们的政府都是全力地维护中国公民的权益。

第二，尊重人的基本权利

人的基本权利有哪些呢？我归纳了这么几条，第一个就是生存权。这是首要的，或者叫生命权。我刚刚讲过汶川地震，救人是第一位的，这就是尊重人的生命权。我们强调要改善农村医疗卫生条件，甚至包括对艾滋病人的免费治疗，这些都是对人的生命的尊重。前面提到的三鹿奶粉事件，昨天我看电视，国务院做出了六条规定来解决这个问题，这都是非常好的，贯彻了以人为本的精神。我们过去在这个问题上有一些误区，大家还记得14岁的英雄少年赖宁吗？发了山火，组织一群小学生去灭火，14岁的赖宁在救火当中就牺牲了，这是对人生命的不尊重啊。过去对待劫机犯，我们宣扬怎么样跟他们搏斗，现在不提倡了，搏斗的结果有可能就是机毁人亡，所以在国际上凡是有劫持飞机的，第一位的就是保证大家的生命安全，他要到哪里飞机就飞到哪里，然后再谈判。第二个就是发展权。你看我们重视就业，重视农民工的权益保护，重视弱势群体的生活保障等等，这些都是尊重人的发展权。中央对就业特别重视，也是建设和谐社会必须做到的，他不就业怎么生存？怎么发展？政府在替老百姓想办法。第三是受教育的权利。这也是人的基本权利，所以基础教育实行义务教育，高等教育公平竞争，分数面前人人平等。九年义务教育我们这些年来政府在逐步到位，过去所谓的义务教育实际上没有达到义务教育，后来西部地区中央财政补助100%，中部地区补助60%，东部经济发达地区，或者由当地财政支付，或者少量的中央解决，这是前两三年的事情，到现在已经是城市农村全部不收学费了，基本上达到了义务教育。但是距离西方发达国家的义务教育水准我们还有差距，比如日本中小学生的午餐、校服，甚至连书包都是国家解决的，德国连高等教育都是政府解决的，读大学不要钱。当然刚刚提到的联合国的人权宣言，还没有讲到高等教育是由政府来支付，也许再过五六十年，联合国的规定将会修改，高等教育也要政府支付了。第四个就是知情权。前面讲了西方的公民交给政府的只是一部分权力，而且这一部分权力交给政府了，政府管理得好，老百姓让你干，你没有管理好，我就选新政府让别人干。老百姓要有知情权，要了解你管理得怎么样。所以现在提出了政务公开、财务公开、村务公开，这都是党和政府文件里面要求的。最近这两件大事，山西的所谓泥石流和石家庄三鹿奶粉事件，每天中央电视台新闻频道都及时地召开新闻发布会，要跟老百姓交代这件事情的进展情况，各地是怎么处理的。第五是参政权。比如现在在基层进行海选，进行民选，这就是老百姓的参政权，是老百姓的权利，不是谁给你的，是你自己拥有的。第六是监督权，就是对政府和其他权力机关的监督权。现在政府要定期向人民代表大会报告工作，总理、副总理、各部部长要定期向全国人大常委会报告工作，各省、县也都是这样。

第三，重视人的全面发展

我认为以人为本的根本目的，就是达到人的全面发展。我这样理解可能不一定准确，但是我是这么看的。为什么提以人为本呢？当然有多种因素，有多方面要求和任务，但是当人的基本生存条件即温饱问题解决之后，最重要的任务就是要提高人的素质，所以说根本目的就是达到人的全面发展。没有人的全面发展，就不可能有社会的全面进步。没有人的现代化，就不可能有国家的现代化。没有全民族素质的提高，就不可能实现中华民族的伟大复兴。因此中央和各级领导都把文化建设和老百姓的文化权益提到了很高的位置，要丰富人的精神生活，提高人的精神境界，要让每一位群众都能享受文化生活。十五大提出了综合国力的问题，这次十七大提出了文化软实力的问题。人的素质的提高，包括人的教养、文明程度、健康水平的提高，这些与我们国家、民族的发展和振兴关系是非常密切的。我经常出国回来，两点感受非常深刻，很多同志也许会有同感。第一点，国外的环境优美，很干净，植被森林保护得很好。这点我们一下子赶不上人家，因为大树不可能一夜之间长成，环境保护我们短时间内赶不上人家。第二点，就是人的素质，这方面差距更大。最近政府发文件，希望我们的公民出国旅游，在公共场合不要大声喧哗，不要随地吐痰，不要随意加塞，这与我们文明古国、礼义之邦的形象反差太大了。因此我们要重视国民素质的提高，重视人的全面发展。

这里我引一段话，是16世纪德国宗教改革家、著名思想家马丁·路德讲的，他说："一个国家的前途，不取决于它的国库之殷实，不取决于它的城堡之坚固，也不取决于它的公共设施之华丽，而在于它的公民的文明素养，即人们所受的教育，人们的学识、开明和品格的高下，这才是利益攸关的力量所在。"什么是软实力？这就是软实力。什么叫综合国力？这就是综合国力。人的全面发展太重要了。

第四，强调人的主体地位

胡锦涛总书记在十七大报告中讲到，发展的主体是人民，发展依靠人民，发展的成果由人民共享。温总理也强调，要有一个平等发展、充分发挥聪明才智的社会环境。这些都是很重要的。发展，靠谁发展？主体是人民。老人家有一句话，"人民，只有人民才是创造世界历史的真正动力。"

这是真理。

第五，注重环境和资源的保护，达到人与自然的和谐相处

现在我们强调要建立生态经济、循环经济，建设生态社会，强调要承担世界责任，节能减排。日本人、韩国人都到中国来给我们义务种树，说我们的沙尘暴刮到他们那里去了。我们再不重视环保，今后会是什么样的景象？现在大气污染，气候变暖，有人预测说 50 年以后，广州就是海底了，没有广州了，当然这个预测不一定科学。有专家说，沙漠已经逼近，离北京只有 100 多公里了，再过多少年北京就被黄沙盖住了。所以现在很多领导同志说，既要金山银山，也要绿水青山，或者说，更要绿水青山。

我们不能断子孙路，吃子孙饭，把很多资源都用尽了，要坚持可持续发展。我上次看了一篇文章，说十年治淮，回到原点。国家投了几百个亿来治理淮河，可是边治理边污染，有什么用？十年治淮结果还是回到原先的起点。所以那些污染企业你造成的后果怎么计算？不仅是你这个地方的老百姓遭殃，还祸及周边地区，甚至祸及邻国，祸及世界。所以我们提出以人为本，要注重环境与自然的保护，达到人与自然的和谐共处。

最后，我想了几句话作为讲座的结束，就是概括一下以人为本的价值和意义：

治国理政的重大方略——有利于改善人民生活；
民族复兴的根本大计——有利于提高国民素质；
天人和谐的永久规则——有利于保护生态环境；
世界对话的共同基础——有利于促进人类和平。

我就讲到这里，谢谢大家。

问：以人为本，强调尊重人的权利，强调促进人的全面发展，但是在执行的过程当中会不会出现另一个问题，以人为本会不会让人理解为以我为本，变成一个过度维权的借口？

答：以人为本和以我为本这是两个概念，前面实际上已经涉及到了。

我讲文艺复兴时期提出个人主义的时候，与我们所说的与集体主义相反的、带有贬义的个人主义是两个概念，必须加以区分。以人为本不等于以我为本。另外，担心成为过度维权的借口，我认为不会，因为科学发展观是党的决议中提出来的，以人为本是科学发展观的核心，提到这样的高度，老百姓都看得到的，不会成为一个临时性的措施。

问：“民可使由之，不可使知之”，断句被误读了几千年，成了愚民的教条，如果一开始就断句成“民可使，由之；不可使，知之”，这就是一种慧民的政策，您对这个观点怎么看？

答：古书的断句确实是可以探讨的问题。比如老子的《道德经》里面的“道可道，非常道；名可名，非常名”，有人认为也是断错了句的。作为学术争鸣，我想提问的这位听众可以写文章，发表你的发现，发表你的见解。但是说被误读了几千年，当然也可能是误读了；但是孔子的《论语》作为传统文化的经典，两千多年来，历代研究、阐述孔子《论语》思想的著作，可以说是汗牛充栋，你能够找到古人也是这么理解的，作为你的依据，能够充分地证明你的观点，我想这是一件很有意义的事情。但是一般的理解还是“民可使由之，不可使知之”。

问：以人为本，能否对人做阶级分析？这里所指的“本”主要包括哪些内容呢？

答：阶级分析，这些年来在有些学者的文章里面，或者言论里面有点嘲弄，或者说颠覆经典。对阶级分析的历史唯物主义的观点进行嘲讽和否认，我觉得这是不对的。人的阶级性，实际上在马克思之前，在中国很多古人的著作里面也有这种思想存在。以人为本和阶级分析我想这并不矛盾，当然以人为本，尤其是西方的人文主义者，强调人与人的平等，但是现实社会当中，人与人不平等又比比皆是，这就是社会现实。很多仁人志士要消灭阶级，消灭剥削，但实际上做不到，这是一个悖论，是一个难以解决的问题。以人为本的“本”，前面讲到了，就是强调人的主体地位，人的平等和权利，做人的尊严，等等，其内涵是非常丰富的。

问：我们现在提的以人为本和我们过去提了几十年的为人民服务有什么相同点和不同点？

答：我刚才引的胡锦涛总书记讲话内容，已经回答了这个问题。强调党的根本宗旨，强调为人民服务，这与以人为本是完全统一的。至于在现实生活当中，公仆倒过来成了老爷，这种事情也是社会现实，我们对他好像也无可奈何。不过，我刚刚引了古代的一些人讲的话和例子，对于那些骑在人民头上的老爷们，我觉得至少起了一个敲警钟的作用。他可能还要继续当官做老爷，还要继续欺压百姓，但是在今天党中央强调以人为本、执政为民这样一个政治环境、社会环境之下，这样一种重视人文关怀的社会氛围之中，我想他也得考虑一下，对他也能起到了一定的警示和震慑作用。

问：现在很多企业把以人为本作为重要一条，写进了企业文化当中，您是怎么看待这种现象的？你觉得应该怎么理解？

答：现在企业对员工的人文关怀不断加强，福利条件不断改善。但是，也有一些企业做得不够好，特别是一些私营企业。我们经常从媒体上看到广东、福建某些个人企业把职工车间都封闭起来，一旦出了问题连逃生的路都没有。政府对这方面也非常重视。很多案例也披露出来，让社会和公众加强监督。我想作为企业的员工，也有权要求老板，包括国营企业的厂长、经理注重维护员工权益。以人为本提出来，对于职工维护正当权益，我觉得这是一个尚方宝剑。

近期中国文化艺术政策趋势

——2010年12月3日，在韩国文化院（北京）
“2010中韩文化艺术论坛”的演讲

要讲近期中国文化艺术政策趋势，应当了解中国文化发展的背景，因此，今天主要讲两个问题：一、中国文化政策制定的国际国内背景；二、近期中国文化艺术政策趋势。

一、中国文化政策制定的国际国内背景

（一）国际背景

A、二战以来半个多世纪世界范围内没有爆发大规模军事冲突，各国经济持续发展，文化空前繁荣

1. 和平、发展与合作是当代世界的主潮，尽管局部战争不断，如朝鲜战争、越南战争、两伊战争、科索沃战争……

2. 经济的增长，刺激了文化消费，带动了全球文化产业的大发展。

B、文化软实力的竞争在世界范围内越来越激烈

1. 美国文化对世界的巨大影响，以电影为例。

2. 法国提出“抵抗美国的文化侵略”，并通过立法保护法国自身的文化（包括欧盟在内）。

3. 亚洲文化产业发展的最成功的国家是韩国和日本。

C、联合国教科文组织对世界文化的发展发挥了积极作用

1. 新的文化发展理念：《世界文化发展报告》（1995）提出“把文化置于发展的中心位置”，斯德哥尔摩“文化促进发展政府间会议”（1998）

《宣言》草案提出“社会发展的终极目标便是文化的繁荣”。

2. 维护世界文化多样性和文化遗产保护方面的做法和影响。

（二）国内背景

A、改革开放三十年来经济持续发展，为文化的繁荣发展奠定了物质基础

1. 经济发展带来了文化消费和文化需求的增长。

2. 国家经济实力增强，对文化的投入加大，文化建设特别是文化设施建设，近年来发展迅速，如国家大剧院和国家博物馆两大文化设施写进党代会报告，带动各地文化场馆建设如雨后春笋般兴起。

B、对文化的认识不断加深，提出了中国文化发展的战略和目标

1. 从“两个文明”到“三个代表”，再到“四位一体”，即“科学发展观”的提出：强调“以人为本”，注重人的全面发展，提高了文化的作用和地位。

2. 十七大提出“两大一新”的文化发展目标。

3. 十七届五中全会中央对制定“十二五”规划的《建议》提出：“文化是一个民族的精神和灵魂，是国家发展和民族振兴的强大力量。”“充分发挥文化引导社会、教育人民、推动发展的功能。”

C、实现中华民族的伟大复兴，必将是经济和文化的全面复兴

1. 有人预言，21 世纪将是中国的世纪（从季羡林到西方学者的说法）。

2. 21 世纪是否属于中国，这不仅要看中国在经济上的成就，更要看中国在文化上的成就。要看中国在文学艺术、科学技术和理论创新等方面对人类作出的贡献，能否像 19 世纪的英国、20 世纪的美国那样，对人类的进步和历史的演进有那么大的成就和贡献。如果真有那一天，中国在经济上和文化上都成了世界强国，中华民族的伟大复兴也就实现了。

二、近期中国文化艺术政策趋势

（一）加强公共文化服务体系建设，财政投入力度不断加大

1. 文化是公共产品，必须依靠国家财政，加强惠及全民的公共文化服

务体系建设。

2. 近年来，中央和地方各级财政投入不断加大。

3. 实施了一系列文化惠民工程，如“三下乡”“农村书屋”“文化信息共享”“村村通”等。

4. 人人享有基本文化生活是公民的文化权益。

5. 国家提供公共文化服务，发展文化事业和文化产业，目的是满足人民群众日益增长的精神文化需求，从而提高全民族的文化素养。

（二）大力发展文化产业，政府和民间热情高涨

1. 十六大提出，完善文化产业政策，支持文化产业发展，增强我国文化产业的整体实力和竞争力。

2. 国家专门制定了《文化产业规划》（2009），强调重视发展公益性文化的同时，加快振兴文化产业，对于满足人民群众多样化、多层次、多方面精神文化需求，扩大内需特别是居民消费，推动经济结构调整，扩大对外文化贸易，具有重要意义。加快发展文化创意、影视制作、出版发行、印刷复制、广告、演艺娱乐、文化会展、数字内容和动漫等重点文化产业。

3. 国家有关文化产业的规划和政策颁布后，各地政府和民间力量对文化产业的积极性十分高涨，吸引了大量民营资本进入文化产业，近年来，由政府主导的跨区域的文化产业博览会就有此呼彼应、应接不暇之势。

4. 深入开展文化体制改革，经营性文化单位实行转企改制（如出版社和大部分演出团体），培育市场主体和骨干文化企业。

5. 学习韩国发展文化产业的成功经验，如对一些中、小文化产业在初期创业阶段，政府予以适当的扶持和资助。

（三）鼓励文化创新，努力创作出能够反映时代流传后世的精品力作

1. 一个国家和民族在文化创新上达到的高度，决定了这个国家和民族在世界民族之林中的高度（见2010年11月4日《光明日报》对本人的专访）。

2. 一位前领导人多年前就提出过，精神文明建设要达到三个高峰：思想理论高峰，科学技术高峰，文学艺术高峰。

3. 鼓励创新，多出精品，必须切实贯彻“双百”方针，营造宽松和谐的环境和条件，实行创作自由、学术自由、批评和反批评自由——这是

1986 年早已写入党关于加强精神文明建设的《决议》中的内容。

（四）保护文化遗产，继承弘扬中华民族优秀传统文化

1. 新中国成立以来十分重视对文物的保护，1982 年就出台了《文物保护法》，设立从国家到省、县各级文物保护单位，使各类有形的文化遗产得到了很好的保护。

2. 近年来，兴起了非物质文化遗产保护的热潮，取得十分明显的成效。

3. 上个世纪的 100 年，随着中国社会的剧烈变革，中华民族的传统文化出现了严重断裂，如何继承弘扬中华民族优秀传统文化是关系到我们国家发展和民族未来的重大战略问题，近年来出现的“国学热”，表明了传统文化的回归。

（五）扩大对外文化交流，学习借鉴世界各国的优秀文化

1. 学习西方乃至世界各国的优秀文化，是我们毫不动摇的基本国策，中国历来有海纳百川的胸怀，在今天这样一个信息化的时代，我们要有更宽广的胸怀，更开阔的视野。

2. 改革开放以来，我们的对外文化交流越来越活跃、越来越丰富，对中国的和平外交起到了重要的推动作用。

3. 通过对外文化交流，我们把世界各国的优秀文化艺术“请进来”，丰富了群众的文化生活，领略了不同文化的精彩；同时，我们的文化“走出去”，中华文化在世界的影响日益扩大，我国在世界各国设立的文化中心已有十几个，孔子学院三百余所。

（六）加快文化立法，保障文化艺术事业健康发展

1. 依法治国是我国的基本方略，在文化艺术领域也要贯彻这一基本方略，做到依法治文，以法兴文，保障我国的文化艺术事业健康发展。

2. 文化法制建设滞后于我国民主法制建设的进程，目前只有两部法律，即《中华人民共和国文物保护法》和《中华人民共和国著作权法》，不仅落后于经济领域的立法，也落后于其他社会领域的立法。

3. 文化立法的进程正在加快，《非物质文化遗产法》《图书馆法》《博物馆法》等一批法律正在酝酿和审议之中。

我们需要什么样的“文化自觉”

——2011年6月14日，在中国艺术研究院艺术人类学研究中心第13期读书会的演讲

“文化自觉”是费孝通先生晚年一个重要的思想贡献。在我的印象中，费老提出文化自觉的时间较早，第一次正式提出是1997年初在北京大学举办的第二届社会学人类学高级研讨班上，此后有不断的阐述和深化。这是学者的文化自觉。中央高层的文化自觉，以胡锦涛总书记在十七大提出“两大一新”为标志。（“两大一新”，即“更加自觉、更加主动地推动社会主义文化大发展大繁荣”，“兴起社会主义文化建设新高潮”。）我认为这里提到的“自觉”应该是引用了费老的思想。

更准确地说，“更加自觉、更加主动地推动社会主义文化大发展大繁荣”并不是首先在十七大提出的，而是十七大之前胡锦涛总书记在中央党校的讲话中提出来的。总书记讲话没两天，《求是》杂志就跟我约稿，希望我以总书记原话“更加自觉、更加主动地推动社会主义文化大发展大繁荣”为题写一篇稿子。我当时还在广州出差，写完以后，他们说要送审。后来说，中宣部好几位领导都审阅了，非常重视，要作为重点文章推出，这样就不好以个人名义发表了。最后经过协商，以“文化部党组”的名义发表在2007年《求是》杂志第20期上①，正好是十七大召开期间。

去年，中宣部部长刘云山同志在《红旗文稿》发表了一篇长文，题为《文化自觉、文化自信、文化自强》（署名“云杉”，2010年第15、16、17期连载）。这篇文章深刻而透辟地阐述了文化自觉的丰富内涵，表明了中央高层对文化建设的高度关注和重视。

从学者的文化自觉到高层领导的文化自觉，我们可以看到费老“文化

① 此文即《更加自觉、更加主动地推动文化大发展大繁荣》，已收入本书“下编”。

自觉”的思想不断深入人心。那么，我们需要什么样的文化自觉呢？今天想就这个问题谈谈自己的看法。

费老的“文化自觉”，核心有两点：一是正确认识自己的文化，二是正确对待别人的文化。如何正确认识自己的文化？对当下中国的文化建设而言，就是要很好地继承弘扬中华民族优秀的传统文化。如何对待别人的文化？费老的意思是在文化上应该互相学习、借鉴、交流和融合，尤其是在这个全球化、信息化的时代，要放眼世界，关注世界大潮流的发展变化。我们要尊重文化的多样性，“各美其美，美人之美”，各个国家、各个民族、各个文化群体之间，既要充分认识和坚守自己的文化，又要善于学习借鉴他人的文化，彼此尊重，相互学习，“美美与共，天下大同”，这样才会有一个和谐美好的世界。这就是费孝通先生的思想遗产。

下面，我想在费老的两点之上再谈两点，一共讲四个方面的问题，谈谈我对文化自觉的理解。

一、如何对待传统文化

已经过去的 20 世纪这一百年，有人说是中国“三千年未见之大变局”，这话一点也不夸张。一百年来，发生了一系列翻天覆地的大事件。主要有三件大事：第一件大事，辛亥革命结束了封建帝制；第二件大事，中国共产党领导全国人民推翻了三座大山，成立了新中国；第三件大事，实行了改革开放。在这三件大事的历史进程中，中华民族的传统文化不可避免地遭受了前所未有的冲击。“五四”提出打倒孔家店，在当时的历史条件下有其进步意义，这是毫无疑义的。但同时，由于社会的急剧变革，当时的学者和思想家是有偏颇之处的。我们回过头来看，新文化运动当中的某些口号如“将线装书和方块字统统扔进茅坑”就过分激进，这是不现实的，也办不到，因为人不可能割断传统。再后来，“文革”就达到了反传统文化的顶峰，使我们的传统文化遭受了灭顶之灾。毛主席在《新民主主义论》中提出对传统文化和外国文化进行批判性地继承，“剔除其封建性糟粕，吸收其民主性精华”，然而文革时期，只有一味地批判，完全谈不上什么继承。改革开放后，我们实行了对外开放政策，西方文化随着引进外资、引进技术、引进管理等一系列举措涌入了国门，泥沙俱下。西方的拜金主义、极端个人主义及其他一些腐朽没落思想对我们青年一代产生了不良的影响，他们以为外国的都是时尚的、值得追崇的，传统的都是落后的、应当抛弃的。综上所述，这一百年来我们的传统文化和传统美德遭受了极大的冲击和损害。

在这种时代潮流的冲击和影响之下，长期以来我们的中小学教科书及大学教材中传统文化的比重太少。记得恢复高考以后，《参考消息》全文转载了台湾的高考语文试卷，文言文的试题差不多占了70%，而同一时期，大陆高考语文试卷仅有一点文言文的标点翻译之类，比重仅占3—5%的样子，后来逐步增加，现在也不过占到20—30%，依然远远少于台湾。“文革”的时候，我们的中小学生天天读“老三篇”，而台湾的学生则是每天一小时读“四书”和三民主义，因为当时蒋介石在台湾推行中华传统文化复兴运动。前年（2009），我带团到台湾举行两岸首届非物质文化遗产大展，在台湾待了整整一个月时间，与台湾文化界人士有广泛的接触，他们说，老蒋在台湾做了不少坏事，但推行中华传统文化复兴运动，历史证明是正确的。前任文化部部长孙家正同志曾在中国艺术研究院的一次研讨会上说过：过去很多人认为台湾、香港是文化沙漠，现在看来这种看法不一定对，起码在传统文化的保存方面，台湾要比大陆好。

前几年，连战、宋楚瑜来大陆，我们给予了很高的礼遇，电视台几乎全程进行了现场直播。连战和宋楚瑜虽然都是在美国获的博士学位，但是从他们的演讲、题辞乃至即席讲话都可以看出来，他们的中国传统文化修养都很深厚，而我们那位清华大学校长，与宋楚瑜互赠礼品的时候就出了问题。礼品是张仃先生用篆字写的条幅，这位校长读着读着就读不下去了，他本人是从事物理学研究的，不认识篆书，某种程度上情有可原，但是另一方面确实反映出我们的一些学者在传统文化修养方面底子比较薄。记得杨振宁先生多次讲过，他小时候，父亲杨武之先生要他读《论语》《孟子》，他觉得终身受益。而杨振宁先生也是研究物理学的，不仅有传统文化的功底，还有艺术等多方面的修养。他父亲杨武之先生是搞数学的，当过清华大学和复旦大学的教授，却让孩子从小接受传统教育。

20世纪，造成了传统文化的严重断裂，如何去弥补这个裂痕，是当前乃至今后相当长时期内一项重大而紧迫的任务。怎样去继承弘扬传统文化呢？原则上当然是批判地继承。然而，目前的情况下，我认为首要的是学习和继承的问题，矛盾的主要方面不是批判。首先要认识到自己文化的长处，自己都不了解，怎么去爱国、爱家乡？怎么去热爱传统文化？这些年我写了很多文章，也多次演讲，一直在呼吁继承弘扬传统文化。我在浙江人文大讲堂演讲，谈怎么看待国学热；在东北师大、上海师大、温州大学的演讲都强调，继承弘扬中华民族优秀传统文化是关系到国家和民族未来的重大战略问题。

关于传统文化的问题，由于时间关系，就不展开讲了。大家有兴趣，我的那些文章和演讲网上都能找到，可供参考。

二、如何对待外来文化

从明代开始，西方传教士带来了西方文化，直到清末民初向欧美派遣留学生，这个过程叫“西学东渐”。五四时期提出“全盘西化”，虽然有些偏颇，但也并非完全是非理性的，因为当时的中国积贫积弱，落后挨打，促使人们反思自己，也促使人们睁眼看世界。西方文明确实有值得我们学习借鉴的地方。与我们东方文明相比，西方文明也是非常伟大的文明。我曾经带领学者和官员到土耳其和埃及考察他们的文化遗产保护。土耳其的伊斯坦布尔位于欧亚大陆的交汇点，是东西文化大融合的地方。我们去参观索菲亚大教堂，这是公元 360 年建成的君士坦丁堡时代的天主教教堂。后来拜占庭王朝覆灭，奥斯曼帝国兴起，教堂被改造为伊斯兰教的清真寺，现在成了博物馆。在这里，我们可以看到不同时代、不同文化留下的痕迹。尤其是古埃及的文化，我们参观后感慨不已，真是天外有天啊！我们的长城是两千多年前修筑起来的防御工事，绵延万里，固然雄伟，而古埃及的金字塔，也就是法老的陵墓，还有卢克索的国王谷和王后谷的陵墓，里面都有精美的文字、图画和雕塑，那可是距今五千年的文明啊！我们在埃及的国家博物馆里，看到图坦卡蒙墓出土的文物，受到了极大的震撼。这位年仅 18 岁就突然死去的国王，他的墓被后来的法老墓的沙土盖住而没有被盗，直到上世纪 20 年代被法国考古学家发现，当时在全世界引起轰动。图坦卡蒙墓出土的随葬品极为丰富，全部运抵开罗埃及国家博物馆保存。博物馆辟出专门展馆展示这些珍贵的文物，巨大的金棺镶嵌着宝石，金光闪闪，光亮如新，不可想象四五千年前竟有如此精美绝伦的工艺品。有一尊与真人大小相仿的图坦卡蒙的塑像，无论是从美术的角度还是从解剖学的角度都堪称完美无缺。在卢克索的神庙遗址，那宏伟的建筑，精美的雕刻，可以想见昔日的辉煌。

还有两河流域的文明，古印度文明，古希腊、古罗马文明，尽管这些文明都先后中断了，只有我们中华文明是延续至今的，但她们都是人类共享的文明，都有值得我们学习借鉴的地方。特别是经历了漫长的、黑暗的中世纪之后的西方，从文艺复兴到启蒙运动再到工业革命，在人文主义精神的引导下，高举自由、民主、平等、博爱的旗帜，不仅人得到充分的解放，现代科学技术也不断进步，日新月异，大大推进了人类社会的发展。西方文明中值得我们学习的东西很多很多。当然，西方文化也有其自身的问题和弊端，那是另外一个问题，这里就不涉及了。

中华民族历来就有海纳百川的胸怀。两汉时期我们接受了印度的佛教，盛唐时代接受了西域的乐舞等，明代以来出现了西学东渐，开始接触西方思想文化，翻译他们的著作，这些都极大地丰富和壮大了我们中华民族的文化。我们一直注重学习别人的东西，包括我们兄弟民族的智慧，形成了以汉族为主导、各民族包容的大中华文化。当今世界，处在一个全球化、信息化时代，我们更应该学习包括西方在内的世界各国的优秀文化。“各美其美，美人之美”，只有通过学习才能不断丰富自己，如果固步自封，拒绝学习别人，文化就停止不前了。《老子》讲：“江海所以为百谷王者，以其善下之。”《史记》上说：“泰山不让土壤，故能成其大；河海不择细流，故能就其深。”讲的都是这个道理。

三、如何进行文化创新

文化创新或者文化创造，是个极其重要的问题。物质产品，可以批量生产，无限重复；精神产品，如果重复别人就毫无意义。因此，文化与创新之间几乎可以划等号，没有创新，文化就不可能发展和进步。一个国家、一个社会，如果文化创新的能力不强，或者创造力低下，这个国家和社会也就不可能有很好的发展和进步。

即使是学习借鉴西方的东西，也要在学习借鉴的同时注重自主创新。中央有个提法，叫作“引进、消化、吸收、再创新”，这是很有道理的，也是十分必要的。日本在经济起飞时期，有过这方面的经验，他们有一个说法，叫作“综合便是创新”。日本的电子工业和汽车工业之所以领先于世界，并且长期处于不败之地，他们采用的就是这一招。他们引进和购买世界各国最好的汽车和电子产品及其技术资料，然后进行综合研究，吸取各国产品的优点，“集天下之优为最优”，因此他们造出了世界上最好的汽车、最好的电视机。

如果不注重自主创新，只是单纯地引进或者合作生产，那就只能是人们所说的成为“世界工厂”。譬如，现在马路上跑的汽车有很多名牌，但都是外国的品牌，当然很多是在中国合作生产的。前几年我去苏州出差，当地的同志告诉我，昆山生产的笔记本电脑占到全世界的四分之一，非常了不起，然而这些笔记本电脑都是外国的牌子，核心技术是人家的，绝大部分利润都被他们拿走了。我们生产的耐克鞋及许多小商品，也都是由西方人出设计理念，我们进行材料加工，所得不及他们的零头，可怜得很。作为一段时期的权宜之计也许是可行的，但长此以往是绝对不行的。

我曾经在《新华文摘》上读到马大猷院士的一篇文章，说全世界引用率最高的4000 名科学家，中国只有 13 人，其中香港 11 人，内地只有 2 人。钱学森临终时提出“钱学森之问”：为什么我们的大学培养不出世界一流的科学家？这是很尖锐也是很重要的问题！

自然科学方面的人才以及他们带来的创造力，对经济社会发展、对国家民族的前途命运至关重要。人文社会科学的创造力也同样重要。我们研究院旁边有一座现代文学馆，馆内主要陈列、介绍了现代文学史上的七位大家：鲁迅、郭沫若、茅盾、巴金、老舍、曹禺、冰心。除了鲁迅，其他六位都进入了新中国，而且多位还做了文化界的领导，比如文化部的部长，文联作协的主席，郭沫若同志还担任了国务院副总理。据有人研究，这些大家解放后的作品没有一部能够超越自己解放前的作品。这是什么原因？难道他们都集体“江郎才尽”了？陈毅副总理有个讲话（即 1962 年的广州讲话）涉及到这个问题，就是长期以来知识分子精神上的压抑以及长官意志对艺术创作的影响。陈毅副总理批评我们的一些领导同志喜欢对艺术家发号施令，要按照领导的意图进行创作。尤其是极“左”的时候，对作家、艺术家动辄进行批斗，搞得人人自危，噤若寒蝉，有的甚至被折磨致死。没有心灵的自由发挥，怎么能写出好作品来呢？

“文革”结束后，邓小平同志针对极“左”路线和“四人帮”对文艺工作的破坏，强调尊重作家和艺术家，尊重艺术规律，认为“文艺这种复杂的精神劳动，非常需要文艺家发挥个人的创造精神。写什么和怎样写，只能由文艺家在实践中去探索和逐步求得解决。在这方面，不要横加干涉。”现在，这种干涉文学艺术创作的情况是否已经完全绝迹了呢？有人调侃说：没有横加干涉，有竖加干涉。去年，我写了两篇文章，在中央党校的《学习时报》上发表，一篇是《自由创造是文学艺术的本质要求——论创作自由》，另一篇是《文化繁荣与文化立法——再论创作自由》，大家如有兴趣，可以参考。

还有我们的教育体制，虽然一直在提倡从应试教育到素质教育的转变，但是收效甚微。我记得自己小时候读书很自由，哪有什么课外作业。现在，繁重的功课和各种辅导班把孩子们的天性都扼杀了。我们的体制要求什么都要听领导的，唯唯诺诺地做人才好。李娜就是这种体制和观念的反例，她这次为啥拿到法网的冠军？以前国家体委批评她，她就脱离了体制，她自己请教练，所谓“单飞”。我看了法网直播，西方很多名流都在看比赛，颁奖的时候，全体起立升中国国旗，这才是真正提升中国的国际地位，比多少次出访或者论坛的效果还好。我觉得李娜这种做法是值得肯定的。全民的创造精神怎样发挥，体制上还有诸多的弊端和局限，需要进一步解放思想，切实加以研究和解决。这是文化自觉一个很重要的问题，这个问题不解决好，文化创新、文化繁荣的目标就难以达到。

四、如何提升国民素质

我认为，文化自觉一个带有根本性的任务，就是努力提高国民素质。

现在我们的国民素质怎么样呢？昨天我孩子在公共汽车上目睹了这样一幕：一个男子因为下车要和前面人交换位置，言语失和，就动手打人，非常野蛮。我导师曾在日本东京大学讲学，他说在日本两年从没有看见一起在公共场合争吵和动拳头的事情。我还听广播报道：北京一年丢失四万个井盖，这可是“首善之区”啊。也许很多城里人就急于出来为自己辩护，说一定是进城的农民干的，我觉得未必如此。

大家可能还记得浙江千岛湖惨案。当时两岸刚刚解冻，一些国民党老兵和家属来家乡祭祖访友，顺便游览一下祖国的大好河山。在千岛湖的一只游船上，有几十位台胞被突然上船的几个小青年绑了起来，他们把台胞们随身携带的一点美钞、首饰和照相机之类洗劫一空之后，就把船点着了，自己逃之夭夭，而几十位台胞全被活活烧死。这简直是畜生所为！中华民族怎能有这样的不肖儿孙！

当然，这是极端的例子。但是，我们的国民素质确实亟待提升。每一个热爱中华民族的炎黄子孙，到了国外都不能不强烈地感受到这一点。现在人们富裕了，出国观光购物的人越来越多，国人的形象如何呢？以致不得不由政府来发文件，要求我们的国民到了国外，在公众场合不要大声喧哗，不要随地吐痰，排队的时候不要加塞。起码的文明礼貌都做不到。

如何提升国民素质，这当然是一个很复杂的问题，需要多方面着手。我这里只强调一点，就是要搞好公共文化建设，保障公民的基本文化权益，也就是中央一贯提倡的满足人民群众日益增长的精神文化需求。

我在文化部十年，曾到很多地方调研，由于国家投入不足，我们的公共文化建设令人忧心。我只举一个例子。我从北大获得博士学位后刚进文化部，就到我的老家江西庐山参加文化发展战略研讨会，庐山图书馆的馆长徐效刚知道文化部来了人，非要请我们去看看。这位馆长是一位残退军人，《人民日报》曾有长篇通讯介绍他的先进事迹。他工作非常努力，搞了一个庐山图书馆扩建工程，可是因为资金不够，扩建的楼封不了顶。我们去看的时候，一楼二楼已经有人在上课，上面漏水用脸盆接着，滴答滴答地响；三楼四楼的一些珍贵图书在潮湿的空气中霉变，没有相应的保存设施。服务人员随便给了我一本书，上面有宋庆龄的大量英文批注，是十分珍贵的文献资料。庐山图书馆收藏了很多有价值的书。缘于其“政治山”的背景，毛泽东那个时代中央经常去庐山开会，他们这一代领导人，除了开会还要读书，因此从全国各地调集了很多珍善本古籍。更早的时候，许多西方资本家在庐山盖了别墅，因战乱主人走了，但书籍和房子留下来了。所以庐山图书馆有其特别的价值。他们要我们去看看，目的是希望我们能帮助想想办法，但殊不知文化部也没有这方面的经费，我们也爱莫能助。于是，图书馆的同志就给我们展示了一件东西，竟然是当年蒋介石建庐山图书馆的手谕，令我们感慨不已。

当然，这是二十年前的事情，现在，情况有了很大的改善。我们总结改革开放的历史经验，经济建设与文化建设不能“一手硬”“一手软”，以人为本不仅仅是衣食住行，还要建设好人们的精神家园。因此，这些年来国家财政对文化的投入不断加大，公共文化服务体系建设得到重视和加强，广大群众的精神文化生活日益丰富。这样持之以恒地抓好文化建设，人民群众的思想道德素质和科学文化素质就会逐步得到提高。

最后，我想借用刘兆玄的一席话来结束我的演讲。去年，我们中国艺术研究院与台湾文化总会合作举办了首届两岸汉字艺术节，刘兆玄作为台湾文化总会的会长来北京参加活动，我陪同他去清华大学做了一个演讲。刘兆玄做过台湾清华大学校长、东吴大学校长，还做过“交通部长”“行政院长”。刘兆玄在清华演讲的题目是《21 世纪究竟是谁的世纪》，他讲，他在做“行政院长”的时候，一位美国记者采访他，说中国正在迅速崛起，有人认为 21 世纪是中国的世纪，您对此有何看法？刘兆玄说：中国的崛起是客观事实，而且还会继续发展，这没有问题。但 21 世纪究竟是不是中国的世纪，不仅要看中国经济的成就，更要看中国在文化方面取得的成就。如果中国仅仅是经济上去了，仅仅是一个巨大的世界工厂和市场的话，那么 21 世纪就是不能说是中国的世纪。如果 21 世纪的中国，能够像 19 世纪的英国、20 世纪美国那样，在科技、文化、思想各方面为人类作出那么大的贡献，21 世纪就是属于中国的世纪。我认为，他讲得有道理。我这里再发挥一下，21 世纪是否是属于中国的世纪，就看我们有什么样的文化自觉。

方李莉（艺术人类学研究中心主任，研究员）：谢谢王院长的讲演，王院长没拿稿子，但讲得很有条理，十分精彩。我有很多体会，也交流一下。

王院长对费老文化自觉的认识非常深刻，“文化自觉”的核心就是如何认识自己的文化，讲清楚自己文化的来龙去脉；另一个是如何认识别的国家的文化，包括世界不同文明的形成过程，如古巴比伦文化、古埃及文化、古希腊文化、古印度文化等，而这些不同的古老文化又如何地影响了当今的不同国家文明的形成，同时在这些不同文明的相互依存中，又如何产生了不同的矛盾与冲突？在全球化不断发展的今天，我们将如何勾画未来的世界图景等，这些都是值得我们去学习、去思考的。学习和思考的目的，就是帮助我们进行文化的自主转型。我记得费老曾谈到文化自主转型问题，什么是“自主”？近两百年来，整个人类世界的发展，基本是以西方为主导的。包括中国的社会发展都一直是跟随着西方，跟随西方的科学技术、西方的政治制度，包括社会主义也是西方人提出来的，并不是中国人的思想与创建。

而文化的自主转型，就是在面临人类社会新的一轮转型中，中国人要做自己的主人，要提出自己的看法，包括创建新的社会制度，提出新的价值观念。现在许多人都在讲“中国崛起”“21 世纪是中国的世纪”，但我认为当今的中国无论经济如何发展，如果面对世界的发展提不出符合人类共同利益的普适性的价值观，成为当今社会发展的精神领袖，就不可能像 19 世纪的英国和 20 世纪的美国那样崛起为世界的一流强国。因为在人工化的世界里没有纯物质化的东西，也没有纯精神化的东西。西方世界的强大，不仅在于它的高科技和它的经济的发展，也在于它能提出世界性的普适价值观，并在精神上和政治制度上领先于世界。

当今世界的格局发生了巨大的变化，在全球化和信息化的背景下，世界又在面临新的一轮转型。在这新的一轮转型中，人类社会将要走向何处？中国的文化将给予世界什么样的贡献？这是值得当今中国知识分子思考的一个问题。

今天，王院长的讲演，很好地体现了他的许多思考。同时，他从如何对待传统文化、如何对待外来文化、如何对待文化创新、如何提升国民素质这四个方面把费老的观点很好地提炼出来了，并做了深刻阐释，听了以后很受启发。

费老曾说文化自觉就要补课，一个是补中国文化的课，重新阅读中国历史，认真研究中国的传统文化，将中国文化中的精华部分提炼出来贡献给世界。

费老还提出要补西学的课。费先生认为，目前的中国社会发展不够平衡，中国有些地方还处在农业社会，有的处在工业社会，有的已经处于后工业社会，所以不仅是当今的西方经验值得我们借鉴，即使是西方工业社会初期的经验也值得我们学习和借鉴。

王院长今天所讲内容，其实是把费老的思想进一步深化了。比如，他谈对于传统文化的态度，首要的是学习和继承的问题，矛盾的主要方面不是批判。首先要认识到自己文化的长处，自己都不了解，怎么去爱国、爱家乡？他的这一提法是符合费先生的“各美其美”的说法的。

谈到对于外来文化的态度，他认为中华民族历来就有海纳百川的胸怀。两汉时期我们接受了印度的佛教，盛唐时代接受了西域的乐舞，明代以来出现了西学东渐，开始接触西方思想文化，翻译他们的著作，这些都极大地丰富和壮大了我们中华民族的文化。我们一直注重学习别人的东西，包括我们兄弟民族的智慧。这一提法符合“美人之美”的说法。

王院长谈到文化创新，认为自由的思想是最重要的，没有自由的思想就没有科学民主，改革开放最大的优点就在于解放思想。我认为这也是非常正确的。费老曾说，西方人的思想开始也是被束缚的，受宗教的束缚，受贵族的束缚，文艺复兴运动之后才开始对“人”有了真正的认识。我们今天的“文化自觉”不仅要有对人的理性认识，还要有对人类社会的理性认识。而这种理性认识的过程，不仅需要我们去读书，还需要我们深入社会，多做社会调查。没有这样务实求真的研究，我们就不会有独立的思考，也就不会有独立的思想。

我们要知道 15 世纪、16 世纪直到 18 世纪和 19 世纪上半叶，中国都一直是世界上最有创造力的国家，我们当时向世界输出的丝绸、瓷器、家具等产品，曾引领世界的潮流。我们当时输出的不仅是产品，还是设计理念，是文化和价值观。当时的欧洲人崇拜中国的礼仪、中国的政治和文化，当时欧洲艺术家经常画的题材是“幸福的中国人”。也就是说，一个国家只有文化发达了，其所制造出的产品才会成为引领世界的时尚产品。今天的中国又一次成为世界的制造大国，但我们制作的产品，大都是来样加工，产品的设计和思想是别人的，我们得到的利润是微薄的。因此，中国经济的发展和文化的崛起，需要有新的思想、新的文化的建设，而这一切都建立在文化自觉的基础之上。这就是王院长今天所讲的主题。

以上是我的一点认识。下面大家如果有什么问题，可以向王院长提出来。

刘涛（中国艺术研究院办公室，博士）：王院长提到了费老的思想——文化自觉，但是您没讲文化自觉提出的背景，能否请您谈谈？

王能宪：费老提出文化自觉是在世纪之交。当时，人们开始对西方文化进行反思。西方的工业革命给人类带来了什么？西方文化中人类与自然二元对立的思想给人类带来了什么？西方工业文明固然推动了社会发展，现代科技改变了农业社会的生活形态，促进了社会财富的增加，同时也造成资源枯竭、环境污染、军备竞赛等后果，全人类都在反思。今年日本发生了罕见的地震和海啸，这纯粹是天灾吗？儒家讲天人感应，这不是迷信。大自然的宁静和咆哮与人类对大自然的保护和破坏大有关系。东方文化讲究天人合一，人要与自然和谐相处，这是我们较西方文化的高明之处。不光是费老，季羡林先生也提出“三十年河东、三十年河西”，21 世纪是东方文化的世纪。有些西方学者也认同这样的观点，认为包括西方在内的人类应该从中国文化中寻找智慧。费老是在这样一种文化背景中提出文化自觉的。还有，亨廷顿提出文明冲突论，这实质上是为美国的霸权主义寻找理论依据。美国打伊拉克，仅仅是文明的冲突吗？当时就有人说是“拿鲜血换石油”，这就一针见血地指出了战争背后的经济利益。费老提出“文化自觉”，“美美与共”，也是对亨廷顿及美国的大国沙文主义的批判。

到党的十七大，中央高层也有了文化自觉的思考。二战以来，世界相对和平，经济高速发展，文化问题逐渐受到各国政要和有识之士的重视。联合国也积极进行倡导，1995 年教科文组织发表了《世界文化发展报告》，提出“把文化置于发展的中心位置”。1998 年，联合国教科文组织在瑞典举行的“文化促进发展”政府间会议，发表了斯德哥尔摩宣言，征求意见稿上强调：“人类社会发展的终极目标是文化的繁荣。”我参加了这次会议，令人遗憾的是，由于各国意见不统一，这句话在正式文本中被删去了。更耐人寻味的是曾经担任美国国防部副部长的约瑟夫·奈（后任教于哈佛大学），他长期关注文化问题，认为文化、外交等软实力有时候比经济、军事等硬实力还重要。党的十七大提出文化软实力的问题，提出“两大一新”，表明了我们的高层领导是很有眼光和远见的，洞察了世界发展的潮流，看到了文化在未来竞争中的重要地位和作用，有了这样的文化自觉。

方李莉：高层对文化自觉的理解和学者对文化自觉的理解一样吗？

王能宪：既相通又有不同，政治家理解的文化更全面一些。但是，我认为领导人是学习和借鉴了费老的思想的。学者的前瞻性很重要，他影响了领导人的决策。学者必须想在领导之前，有真知灼见。

方李莉：文化的内涵您是怎么看的？

王能宪：这个问题太大了。前不久，《光明日报》“光明讲坛”有一篇文章《文明与文化》，谈文明与文化的区别与联系，写得很好，可以参考。文人陈师曾提出文人画的四要素，依次是：品德、学识、才华、思想，这是画家与画匠的不同之处，画家的品德、学识、才华、思想会在画中得到体现。高雅和庸俗之间存在区别，雅俗共赏实际上是很难达到的，雅与俗很难混为一谈。个别时候可能有雅与俗都共同认可一事物的情况，普遍而言雅俗不能共赏。钱钟书先生曾讲过文化的非商化特质，认为高深的思想和精粹的艺术往往与商业、直接经济效益是不能统一的，有时甚至是相背离的。钱钟书先生讲得很对，高端的东西不能老盯着钱，要注重文化的内涵和价值。《富春山居图》的合展就是很好的例子，你说黄公望这幅画值多少钱，无价！

侯百川（艺术人类学研究中心学术秘书）：关于文化创新，我想说无论是在文学领域还是其他艺术领域都有代沟的问题。老同志往往不接受新的文学艺术形式；年轻人的作品则追求市场化，只关注金钱。王院长您认为该如何解决这一问题。

王能宪：年轻人比较多地考虑金钱也是可以理解的，存在决定意识嘛。当然另一方面也有些年轻人潜心读书，并不追求虚荣和利益。世界是复杂的，也是多彩的。在市场经济条件下，有些人忽视作品的艺术性和思想性，只关注经济效益，一切向钱看，这种现象很普遍。甚至有些中年作家也受其影响，贾平凹的有些作品就被批评没有艺术水准，只为迎合读者。有句话：人之像于时代，甚于像其父母。时代的印记太重了，逃避不了。

安丽哲（艺术人类学研究中心副研究员）：您今天谈的问题是热点问题，我去台湾的时候听了“大师谈”，由白先勇、乔健等学术界、文化界名流主讲，他们的对话内容就是中国传统文化的现实状态，认为西方文化已经在中国泛滥，提出中华文化必须复兴。他们几个名家都讲中国传统文化，白先勇谈的就是文化创新，他退休了，搞《牡丹亭》，实施文化创新。乔建说：大陆就不可能引领文化复兴，这个工作全靠台湾。国内一些学者也有这样的认识。大陆的中华文化确有几十年的缺失。我们大陆的文化创新是不是要靠台湾？

王能宪：虽然我们被耽误了一段时间，但台湾人应该明白，中华文化的根在大陆。台湾确有一批优秀学者，大陆有更多的优秀学者。尽管我们这一代人受到前面说到的很多因素的影响，很多学者先天不足。改革开放三十年以来，大陆不光是经济发展了，学术文化也有长足进步。尽管我们的学术环境也不好，抄袭、剽窃屡见不鲜，这种事台湾也有啊。任何事情都有一个过程。中国历史有个规律，从两汉的经学到宋代的理学，再到清代的朴学，每个时代在它的经济政治发展到一定高度时都有个文化高潮到来。我们新的文化高潮随着经济的繁荣也会到来的。

方李莉：具有儒家思想的东方国家不只是中国，还有韩国、日本等，就是中国也还有“两岸三地”，中国大陆凭什么成为21世纪的主宰呢？

王能宪：凭文化自觉。学者有了文化自觉，高层有了文化自觉，全民有了文化自觉，问题就好办了。然而，现在很多人没文化，更没有文化自觉。

汪欣（艺术人类学研究中心副研究员）：近现代中国毁传统文化很彻底，要复兴传统文化，是不是该矫枉过正。我家那边一些老先生义务以暑期办班的方式教学生礼仪，教学生读“四书”。如果晚辈与长辈之间的礼仪没有了，语言也没有了，怎么维护传统？之前网上曾挂出来个帖子——一个民国小学生写的春游记，言简意赅，不是现代文，也不是纯粹的古文，却意蕴悠长。

王能宪：中华传统文化的复兴要通过一些实在的事情来做。台湾进行传统文化复兴的时候，我们在经历文革，天天读“老三篇”，早请示晚汇报，与此同时，台湾的中小学生在读“四书”和三民主义。他们也讲政治，但是他们不忘传统。现在大陆的中小学虽然在加大传统文化的教育，但还远远不够。有些学者觉得鲁迅的东西被拿走了，传统的东西增加了一点，就不干了，有这个必要吗？鲁迅伟大，中国古人也很伟大。西方人读懂了中国古人的思想也是五体投地的，西方人对我们的文化很崇拜。官方的教科书要增加传统文化的篇幅。民间可以普及《唐诗三百首》《弟子规》

《三百千》啊，用这些蒙学课本普及传统文化。台湾的净空法师在他的家乡安徽庐江县汤池小镇推行人人读《弟子规》、见面鞠躬的办法，据说很成功。同学们注意网上的一些博客，文言文写得很漂亮。所以，引领21世纪的不可能是日本，不可能是韩国。日本吸收了中国传统文化，也学习了西方的文化，国民精神很不错。韩国和越南经历了文字改革，去中国字，现在许多典籍读不懂了。但是，近年有回归的趋势。首尔开了好几次会，专门研究汉字优于拼音文字的问题，并且成立了“国际汉字振兴协议会”。韩国政府还规定中学生要认识1800个汉字，作为必修教育。越南庙宇里的对联改成拼音文字后没人去烧香了，老百姓说菩萨不灵了，于是只得重新改回来。越南河内的文庙保存得非常好，孔子像很高大，康熙御笔“至圣先师”的匾额和曲阜孔庙一模一样。日本、韩国、越南都是中华文化的附庸，所以不可能靠他们。中华文化复兴的使命，必定由全体中华儿女炎黄子孙来完成。

方李莉：我总结一下王院长的讲话。文化自信、自强是建立在文化自觉的基础上的，文化复兴是建立在文化自信的基础上的。以后只要国家领导人、国民都有了文化自觉，21世纪就必然是中国文化复兴的时期。

（此稿由中国艺术研究院艺术人类学研究中心学术秘书侯百川根据录音整理，曾发表于《艺术百家》2011年第6期）

为什么要建设文化强国

——2012年3月26日，在中国文联机关的演讲

中国文联是文艺家之家，在座的很多领导、同志和朋友们，本身就是造诣高深的艺术家和理论家。刚才赵实书记告诉我说，文联在家的领导都来听，这使我感到诚惶诚恐，可能有负大家的期望。

今天要讲的题目是《为什么要建设文化强国》，这是中央党校《学习时报》在党的十七届六中全会闭幕之后给我约的一篇稿子，篇幅不长，只有两千多字。[①] 今天就在这篇稿子的基础上展开一点，就文化强国建设这个问题谈一谈个人的理解和肤浅的认识，有不对的地方请同志们批评指正。

党的十七届六中全会是一个具有重大历史意义的会议。我记得当时蔡武部长跟我们作传达，说云山同志在闭幕的当天就召集各省的宣传部长来开会，他说，十七届六中全会是我们宣传文化部门的一个盛大节日。我觉得云山同志对十七届六中全会的理解一点都不过分。全会作出的《决定》对文化的认识这么高，力度这么大，前所未有。我们从事文化工作的，真是感到欢欣鼓舞。上个星期（3月22号），我在人民大会堂参加中华书局百年庆典活动，我也是深受教育和感动。胡锦涛总书记为中华书局百年纪念专门写来贺信，温家宝总理和瑞环同志题词，长春同志参加会议，发表重要讲话并与与会同志合影留念。云山同志、延东同志，宣传文化部门的几个部委，文化部、新闻出版署、广电总局、社科院和《人民日报》等等都是一把手出席大会。这说明什么？说明中央高层对文化的尊重和礼敬。这在以前恐怕是不可想象的。

十七届六中全会提出建设社会主义文化强国的战略目标，这是一个了

① 发表于《学习时报》2011年11月14日第1版。

不得的事情。大家想想，改革开放30多年来，我们的经济建设取得了巨大成就，举世公认，中国已经成为世界上第二大经济体，我们的外汇储备世界第一，我们提出了建设经济大国的目标没有？没有！非但没有，而且我们始终强调，中国是发展中国家，我们还要求一些西方国家承认我们的市场经济地位。因为我们这么大的国家，按照人均来计算，确实与西方发达国家存在不小的差距。

我们也没有提出建设军事大国。尽管我们早已拥有核武器，去年“天宫一号”与“神舟八号”顺利实现了交会对接，最近“神舟九号”将要发射，有望搭载女航天员。我们还要发展航空母舰，据“两会”报道今年的军费也增加了，这些都是向世界公开的，是我们加强国防建设所必需的。我国与世界军事强国相比，无论是军事实力还是军费开支都十分悬殊。中华民族是爱好和平的民族，我们向世界郑重承诺，中国永远不称霸，不侵略别人，所以我们不可能提出建设军事大国。

那么我们为什么要提出建设文化强国呢？我们拥有五千年历史悠久、辉煌灿烂的古代文化，这是世界上任何一个国家和民族所无法比拟的。当然古埃及和古巴比伦、古印度、古希腊罗马文明乃至于玛雅文明也是世界上伟大的文明，但他们都先后中断了，唯一延续至今的只有我们中国。我们有悠久的传统文化，可我们今天的文化建设怎么样呢？在座的都是搞文化工作的，我们心中有数。我们的公共文化服务还不够完善，文化产品还不够丰富，文化贸易逆差还相当突出。那我们为什么偏偏要提出建设文化强国呢？今天我想就这个问题从宏观上谈一点个人的看法与认识。

首先，从国内来看，我们建设社会主义文化强国，是坚持中国特色社会主义道路的必然要求

改革开放以来，我们走出了一条有中国特色社会主义道路。在这30多年的历程中，我们对文化和文化建设，有一个不断解放思想、不断探索发展、不断提高认识的过程。我们曾经有过注重经济发展而忽视文化建设的教训，用小平同志的话说就是“一手硬”“一手软”。这个大家都经历过，深有体会。我在这里举一个例子。我1991年从北京大学获得博士学位进入文化部政策法规司工作，刚上班不久，我的老家江西省文化厅在庐山召开文化发展战略研讨会，邀请文化部政策法规司参加，我陪同康式昭司长一同前往。庐山图书馆馆长听说文化部来了人，就来会上找我们，说无论如何要请我们去庐山图书馆看看，我们便利用会议间隙去了一趟。

庐山是一座特殊的山，庐山图书馆也是一座特殊的图书馆。新中国成立以来，中央很多重要会议都在庐山召开。那一代领导人除了开会还要读书，因此庐山图书馆从其他地方调集了一些领导人要读的书。加之解放前很多西方资本家在此建造别墅，由于战乱主人走了，但房子和书籍都留了下来。所以，庐山图书馆的馆藏有其特殊的价值。当时的馆长徐效钢是一位严重烧伤的退伍军人，《人民日报》曾几次长篇通讯介绍他的事迹，非常不简单的一位同志。他就任馆长之后，搞了一个图书馆扩建工程，想把这座具有特殊意义的图书馆的条件改善一下，因为资金缺口，工程没法完工。我们去的时候，一楼二楼已经有老师在讲课，顶上渗漏的水用脸盆接着，滴答滴答地响。三四层的书库，书都已经搬进去了，但因为楼封不了顶，这些珍贵图书在潮湿的空气中霉变。工作人员顺手拿了一本给我们看，里面有宋庆龄的签字，天头地脚还有她的英文批注，十分珍贵。书架上一些民国时期的报纸也都在霉变。馆长请我们去看看，目的是希望我们可以帮他们想想办法，但殊不知文化部也没有这方面的经费，我们也爱莫能助。最后图书馆的同志拿出一份东西，竟然是蒋介石当年盖庐山图书馆的手谕。在那样一个兵荒马乱的年代，老蒋在庐山尚且盖了这座图书馆，而我们新中国成立几十年了，这么重要的地方，这位馆长要改善一下这里的条件，就这么艰难！这样的事例我在文化部十年经历了太多太多，在座的有不少是从文化部过来的，包括我们文联的同志们，大家到地方、到基层，都有过类似的经历和感慨。

当然，改革开放以来中央对文化建设的思路是一脉相承而又与时俱进的。从小平同志在第四次文代会的祝辞中提出两个文明建设，到江泽民同志提出建设中国特色社会主义经济、政治、文化三位一体再到“三个代表”的提出，一直到胡锦涛总书记提出经济、政治、文化、社会建设四位一体，提出科学发展观（科学发展观的核心是以人为本，而以人为本与文化的关系就十分密切。）。十七大提出“两大一新”——社会主义文化大繁荣大发展，兴起社会主义文化建设新高潮。“两大”实际上更早是在文代会、作代会上就提出来了，“一新”是十七大正式提出来的。据说十七大的文件初稿拿到各省市、各部委征求意见，不少部委和省市就这句话提出了疑问。因为“新高潮”这类词语带有极左年代的色彩，建议是否删去。

锦涛同志与起草组同志讲，经过再三考虑，还是保留了。而文化大繁荣大发展与“文化自觉”联系在一起，则是十七大召开前夕，即 2007 年 6 月 25 日胡锦涛总书记在中央党校的讲话中提出来的。中央党校的讲话一般都认为是为党的代表大会定调子的。总书记讲话之后，《求是》杂志跟我约稿，要我以总书记的原话“更加自觉更加主动地推动文化大发展大繁荣”为题写篇稿子。当时我在广州出差，完稿后交给杂志社。稿子送中宣部的领导审阅后，以“文化部党组”的名义在 10 月份第 20 期发表，正好是十七大召开期间。所以十七届六中全会提出“建设社会主义文化强国”是在前面这样一个基础上提出来的，既水到渠成又有了提升和飞跃。当然，建设社会主义文化强国不可能一蹴而就，这是我们全党和全国人民要长期为之奋斗的远大目标和战略任务。但是，有没有这样一个目标和任务是大不一样的，这是我们坚持中国特色社会主义道路，贯彻落实科学发展观的必然要求。

改革开放 30 多年，中央全会对文化方面先后作出了三个“决定”（或者叫“决议”）。大家回顾一下，第一个是 1986 年十二届六中全会，第二个是 1996 年十四届六中全会，去年的十七届六中全会是第三个。第一个《决议》提出两个文明建设的互动关系：物质文明为精神文明提供物质条件和实践经验，精神文明又为物质文明的发展提供精神动力和智力支持。并且明确提出创作自由，学术自由，批评和反批评自由。温总理在作代会、文代会上与文艺家谈心就提到创作自由问题。2008 年“五四”前夕，胡锦涛总书记考察北京大学，也明确提出了“学术自由”。

第二个《决议》，最突出的一点是强调加大对精神文明建设的投入，进一步完善文化经济政策，而且明确提出国家博物馆和国家大剧院两项文化设施建设。两项具体的文化设施建设写进党的全会决议，这在党的历史上是前所未有的，对全国加大文化投入、加强文化设施建设起到了很好的示范和引导作用。因为在我们国家，高层的文化自觉和文化意识非常关键，高层没有这种意识很多事情就办不成。

第三个《决定》是就文化和文化体制改革专门作出部署，最突出的亮点，一是提出了建设社会主义文化强国的战略目标，二是把文化产业培养成为国民经济支柱产业。关于文化产业的问题今天不谈，还是来说说文化强国。我记得十几年前，当时担任全国政协常委的王蒙同志以《我们应当树立文化大国的形象》为题，在“两会”期间做了大会发言。到1996年，第二个精神文明的决议出台之后很多省就提出要建设文化大省、文化强省。王蒙同志跟我聊到这个情况时说“总算有了回应”，但是又不无遗憾地说，“文化大国”还是没有提出来。如今，十七届六中全会提出建设“文化强国”，王蒙同志应当感到欣慰。这里之所以要回顾这段历程，是要说明建设文化强国这个战略思想和目标来之不易！这是我们党对改革开放这几十年来经验的总结，思想的升华。

第二，从国际上看，建设社会主义文化强国，是对当今世界潮流的深刻洞察和准确把握

二战以来的半个多世纪，世界范围内没有爆发大规模的军事冲突和战争，虽然局部战争不断，但总体上说，当今世界的主题是和平与发展。各国经济持续、稳定、快速发展，这样一方面刺激了文化的消费和繁荣，促进了文化产业在世界范围内的迅速发展；另一方面也引起了思想家和政治家对文化问题的关注，也就是对文化的价值作用及其战略意义的深刻认识和高度重视。加之联合国也积极倡导，1995年联合国教科文组织邀请了10多个西方国家的20多位专家学者用了3年时间写成了第一部世界文化发展报告。在报告中提出了这样一个命题：“把文化置于发展的中心位置”。我们国家“文革”结束以后，十一届三中全会提出把经济建设作为工作重心，这无疑是正确的。但联合国在1995年就提出把文化放在中心位置，这是一个新的发展理念。1998年，联合国教科文组织在瑞典举行“文化促进发展”政府间会议，大概有40多个国家的代表参加。我当时在文化部，是中国政府代表团的一员，参加了这次会议。会议发表了《斯德哥尔摩宣言》，宣言的征求意见稿中有这样一句话：“人类社会发展的终极目标便是文化的繁荣”，后来因为各国代表有不同意见，正式文本中这句话被删去了。这也是一个非常重要的理念，遗憾的是没有得到通过，但同样对世界和世界文化发展产生了影响。更加耐人寻味的是，美国前国防部副部长约瑟夫·奈（后到哈佛大学当教授，担任政府管理学院院长。）长期关注文化问题，认为文化、外交等软实力有时候比经济、军事等硬实力更加重要。

前年（2010），我们中国艺术研究院与美国人文基金会合作，在加利福尼亚大学伯克利分校进行“中美文化对话”。美国人文基金会主席在开幕式上致辞说，几年前他到中国来，胡锦涛主席接见了他。接见结束后，他说“我还要去见一位在政府里面比你还重要的领导人”，当时胡主席有些不解，便问是谁，人文基金会主席说：“我要去见文化部部长。”当时文化部部长可能就是现任文联主席孙家正同志。他说：“政府只是文化的一部分，文化比政府和政治要大得多，而不是相反。”胡主席笑笑说，有可能如此吧。

去年（2011），我带团到卢森堡参加第四届中欧文化对话。他们的前首相出席了开幕式，文化部长和我代表双方致辞，财政部长来参加“艺术与金融”分会场的讨论，可见他们相当的重视。那位财政部长很幽默地说，正值欧债危机的当口，他来参加讨论文化艺术的会议，可能显得有些不务正业，但他认为参加这样的会议很有价值，很有必要。他说，中欧之间的交流与合作不仅仅是经济，还应当包括文化和艺术。他向中国的艺术家和金融家发出信号，欢迎他们到卢森堡创业。这位部长多次访问中国，对中国和中国文化充满敬意，说：“我每到中国一次，就觉得内心得到极大的丰富。”

我还记得，2003 年俄罗斯纪念圣彼得堡建城 300 周年，世界各国 40 多位政府首脑参加了这个盛典。胡锦涛主席，美国总统布什，法国总统希拉克，英国首相布莱尔，这样一些巨头集中在圣彼得堡。我看了中央电视台的现场直播，普京总统在简短的几分钟致辞中说，圣彼得堡是一座文化的城市，是产生了普希金这样一位伟大诗人的城市。圣彼得堡有多少个剧院多少个图书馆多少个博物馆，他引以为骄傲的是这些。

《决议》中有这样一段话：“当今世界正处在大发展大变革大调整时期，世界多极化、经济全球化深入发展，科学技术日新月异，各种思想文化交流交融交锋更加频繁。文化在综合国力竞争中的地位和作用更加凸显，维护国家文化安全的任务更加艰巨，增强国家文化软实力、中华文化国际影响力要求更加紧迫。”所以我觉得十七届六中全会提出建设文化强国是对当今世界潮流的深刻洞察和准确把握。

美国等西方强国凭借他们的经济实力和科技优势向全世界推销自己的文化产品，尤其是美国大肆推行文化扩张主义，已引起世界很多国家的警惕和不安。我在文化部的时候去欧洲考察，我们与法国文化部的官员座谈，法国明确提出要抵抗美国的文化侵略，而且通过立法来保护法国自己的文化。比如说电影，我们影协的同志肯定也很清楚，法国的电影院规定必须要放映法国和欧盟国家的电影，不得少于50%，超过70%的给予奖励。在欧洲也一样，美国大片也是很受欢迎的。甚至我还注意到战后的伊拉克，那些穆斯林蜂拥而入去看美国大片。美国通过好莱坞电影不仅赚取了大量外汇，而且将自己的文化和价值观推向世界的每一个角落。美国以世界6%的电影产量占据了世界80%的电影市场。另外，据说世界上点击率最高的100个网站，96个在北美。全世界的电视节目源主要在美国，设备则由日本控制。所以现在世界上很多国家都重视文化和文化产业，像日本和韩国就明确提出文化立国。我在中央文化管理干部学院的时候，曾举办各省市文化厅局长培训班，在国内讲课十天，出国考察十天。我带领十几位文化厅局长，到韩国和日本考察文化产业。我们参观考察了韩国的文化产业振兴院和日本经产省。他们的中小文化企业在起步阶段都是由国家大力扶植的，所以现在日本和韩国的动漫、动画及衍生产品对世界，尤其是东南亚影响很大，占据了大量的市场份额。

目前，世界范围内，包括文化产品、科学技术、意识形态的文化竞争日益加剧。面对激烈的文化竞争，我们提出建设文化强国的战略目标，不仅是我们自身文化改革与发展的需要，也能对西方大国的文化扩张起到积极的制衡作用。这对于世界文化发展乃至整个人类的和平与文明进步都具有积极意义。

第三，从文化自身看，建设社会主义文化强国，是文化的特性和发展规律所决定的

什么叫文化？教科书上有很多种解释，我想每一种解释都有道理，“横看成岭侧成峰”，每一种解释可能都只是文化的丰富内涵的一部分。我以为，“文化”就是人之所以为人的本质所在，也就是说文化是人的本质特征。荀子讲过这样的话：“水火有气而无生；草木有生而无知（智）；禽兽有知而无义；人有气、有生、有知，亦且有义，故最为天下贵也。”水火有气而无生——就是说水和火有气但没有生命，我们早上在江边河边散步，可以看到蒸发起来的水气雾气慢慢升腾的样子，火也同样是有气势的；草木有生而无智——草木有生命但是没有智慧，现在进入夏天了万木葱茏，到了秋天呢叶子就开始掉落了，“离离原上草，一岁一枯荣”；禽兽有智而无义——动物有智慧，有自己的语言，不然它们怎么交流啊。我们经常看到一群乌鸦聚集在树上哇哇叫，那不就是在集会和交流嘛。动物从娘肚子里生出来，长成以后接着就跟自己的母亲交配，这是禽兽，它不懂得礼义。荀子说，人与别的物类相比，不仅有气息，有生命，有智慧，而且还懂得礼义，所以说人为万物之灵，人是最高贵的。荀子接着又说：人啊，“力不若牛，走不若马，而牛马为用，何也?”就是说，人的力气不如牛大，跑的也不如马快，但是牛马却为人类所驱使，这是什么道理呀？他解释说：“人能群，彼不能群也。”意思是说，人有社会属性，有礼义廉耻；人有精神世界，有精神追求，这就是人高于万物的区别所在。因此，文化是人类所特有的，这个世界上如果没有人，也就没有文化，所以说文化是人之所以为人的本质所在。可见，人是文化的创造者，同时也是文化的创造物。文化是人创造的，但一定的文化反过来又会影响人的生存和发展。人类就是这样不断地创造新的文化、新的历史和新的文明，不断地向前发展。

我曾经在一次演讲中说过这样的话：“一切物质的东西都会随着时间的推移化为尘土，唯有精神文化的创造在历史长河的淘洗中显出永恒的光辉。”这就是文化的特性，也是人类发展的规律。可以说一部人类文明发展史就是各民族、各地域文化创造的历史。当一个时代一旦成为历史，它留给后人的是什么？两个字：文化。李白有这样两句诗：“屈平辞赋悬日月，楚王台榭空山丘。”屈平就是屈原，屈原的辞赋像日月一样万古不灭，经天纬地。而楚王呢，虽然显赫一时，如今却早已化为一抔黄土，他的宫殿和所拥有的一切早已灰飞烟灭不复存在。当年楚怀王听信谗言罢免了屈原的官职，使得这位满腔热情的爱国主义诗人其抱负不能实现，只能到泽畔做一个行吟诗人，但是“国家不幸诗家幸”，却成就了这样一位伟大的诗人。屈原的瑰丽诗篇，我看一万年以后，只要中华民族存在，只要中国人存在，就会有读者，就会有人喜爱它。因此我们可以说，一个民族、一个国家对人类文明演进的贡献大小，最突出的坐标是什么？我认为，不是财富，更不是武力，而是文化，是伟大的思想家、科学家、文学家、艺术家及其不朽的精神文化创造。

那么今天我们国家的文化创造情况怎么样呢？我们国民的创造精神和创造力怎么样呢？我这里举几个例子。我在《新华文摘》上看过马大猷院士的一篇文章，里面的数字让我大吃一惊：全世界4000位引用率最高的科学家，中国只有13人，其中11位在香港，内地只有2位。我想这位老院士引用的资料应该是可信的。①

我在文化部的时候，搞文化体制改革（事实上文化体制改革已经经历过很多年了，不是现在才提出的。），当时我们把文化部直属的院团请来开座谈会，同时把财政部等相关部门的同志也请来了，让他们直接听听院团长们的呼声。许多院团讲了一些困难，希望财政加大支持力度。财政部的同志说：我相信你们说的都是实际情况，我们也认为国家对院团的支持力度不够。但他又说，文化部有十几个院团，你们这些年来出了什么好作品？像“一红一白”（指《红色娘子军》和《白毛女》）这样的作品，你们拿出一部来，我们投入10个亿8个亿也值啊。问得我们的院团长们哑口无言。

我们中国艺术研究院旁边有一座现代文学馆，里面展示的是中国现代文学史上七位大家的生平资料和他们的作品，这七位大家是：鲁迅、郭沫若、茅盾、巴金、老舍、曹禺，再加上谢冰心。这七位除了鲁迅去世的比较早，其余的六位都进入了新中国。据有人研究，他们进入新中国之后写的作品，没有一位的一部作品超过自己。这是什么道理呢？难道他们集体“江郎才尽”了吗？这不可能，也不符合文学的发展规律。陈毅副总理1962年在广州有一篇讲话涉及到这个问题，就是长期以来强调知识分子的思想改造，对知识分子缺少应有的信任和尊重，所以陈老总要为知识分子“脱帽加冕”——“脱帽”是指旧中国旧社会旧知识分子这顶帽子，“加冕”就是说知识分子是劳动人民的一部分，是主人翁，那个时候就提出来了。陈老总他自己就以身作则，对学者和艺术家特别尊重。他从上海调北京担任管文教的副总理，有一次他要找郭老（郭沫若），秘书拿起电话就给郭老打电话，要他马上过来一趟，陈老总立即制止了秘书的做法，亲自登门拜访。他在这个讲话中列举了很多的专家学者、艺术家的名字，他说这些是我们的国家之宝，我们就是为他们服务的。他说，你们要酱油醋我们给你们酱油醋，你们要猪肉我们给你们猪肉，我们为你们服务，让你们的聪明才智充分发挥出来、贡献出来。我们文联是文艺家之家，我们从事的工作很神圣啊，相信大家深有体会。

---

① 参见《新华文摘》2005年第7期。

前年（2010），我们中国艺术研究院与台湾文化总会联合举办两岸首届汉字艺术节，台湾文化总会的会长刘兆玄来北京参加活动，我陪他到清华大学做了个演讲。台湾文化总会，是当年蒋介石推行中华传统文化复兴运动的时候（我们在搞“文革”的时候）成立的，一直是由最高领导人担任会长。刘兆玄在台湾做过清华大学校长、东吴大学校长，还做过“交通部长”，最后做到“行政院长”，因为8・8洪水引咎辞职，马英九把文化总会会长这个位置让给了他。刘兆玄在清华大学演讲的题目是“21世纪究竟是谁的世纪”。他在演讲中说，他在“行政院长”的任上，接受了一位美国记者的采访，这位记者说，中国正在崛起，很多人认为21世纪是属于中国的世纪，你怎么看？刘兆玄说，中国的崛起是客观事实，这个没有问题，而且还会进一步发展。但是21世纪是不是中国的世纪，这不仅要看中国在经济上取得的成就，更要看中国在文化上取得的成就。他说，假如中国仅仅是一个巨大的世界工厂的话，仅仅是一个巨大的市场的话，21世纪肯定不属于中国。假如中国在发展经济的同时，在文化上也有突出的成就，能够像19世纪的英国、20世纪的美国那样对人类作出那么大的贡献，这样21世纪才有可能属于中国。我觉得刘兆玄讲的很有道理。

中华民族具有辉煌灿烂、博大精深的古代文化，对人类文明作出过重大贡献，是世界上最伟大的民族之一。今天中华民族要实现伟大复兴，必将是经济、政治、文化的全面复兴，甚至从一定意义上说，文化的复兴及其所达到的高度和成就，较之于政治和经济更具有持久的竞争力和永恒的生命力，因此文化的地位和作用更显重要和紧迫。世界上任何一个国家，如果只是经济发达和武力强盛而文化、外交方面的影响力不够，就算不上世界强国。中华民族要自立于世界民族之林，实现民族复兴，就必须依靠全体中华儿女向着文化强国的目标不懈努力，这是毫无疑问的！

最后我想就文化强国的标志谈点个人看法。究竟怎样才算得上文化强国呢？十七届六中全会决定提出了六个方面的“更加”，这太笼统太抽象，我这里提出三个标志：

首先看文化成果。是否产生文化巨人和文化巨著是最重要的标志。耀邦同志在80年代有一个讲话中提到，我们搞社会主义精神文明建设应该达到三个高峰，第一是思想理论高峰，第二是科学技术高峰，第三是文学艺术高峰。三个高峰能够概括一个国家一个民族在文化上达到的高度，所谓文化强国就应当在思想、文艺和科技等方面达到世界最高水平。

二看国民素质。一个国家的创造力取决于国民的素养，我们的国民是否具有世界一流的文明素养、一流的创造力，这是一个重要衡量标准。前几年政府专门针对国人在国外的行为发布文件，希望在公共场合不要大声喧哗，不要随地吐痰，不要随便加塞。我们的国民素质与我们中华民族作为东方礼义之邦的反差太大了，这方面要花很大的力气。

三看我们对世界的影响力。就是国际上的大是大非问题，是否唯中国马首是瞻。现在在很多国际场合，有一点唯中国马首是瞻的味道了，如G20和金砖国家领导人峰会。国际地位的提升仅仅是财力上的征服是不够的，如果在文化上也就是上面提到的思想理论、科学技术和文学艺术这些方面没有达到世界高度，我们仍然算不上世界强国，对世界的影响力仍然有限。

这是我个人心目中关于文化强国的几个标准，也许不一定准确和全面。

今天我就文化强国建设谈一点不成熟的认识，讲得不对的请大家批评指正。谢谢！

（此稿由我的硕士研究生杜小芳根据录音整理，曾发表于《光明日报》2012年9月22日“光明讲坛”）

下编

文　稿

市场经济条件下文化事业宏观决策的几个问题

市场经济体制的确立，是我国社会主义实践进程中的“又一次伟大革命”，必将引起社会经济、政治、文化、法律、道德等一系列深刻变化。文化事业面对滚滚而来的商品大潮的冲击，如何迎接挑战，把握机遇，调整思路，加快发展，这是当前文化政策研究必须认真思考的理论问题和现实问题，本文从宏观决策的角度就有关问题试作初步探讨。

一、关于文化的属性及其管理方式

这里所谓的文化，是指包括文学、艺术等在内的主要属于审美性、娱乐性的文化，属于狭义的文化。在我国，由于根深蒂固的传统思想文化的影响，强调文以载道，强调文艺的教化作用。特别是长期以来由于受极“左”思潮的影响，文学艺术被视为政治教育和宣传工具，文化几乎成了政治的同义语，或者说已沦为政治的附庸。在那个年代，一出戏、一首歌、一篇小说，可以导致一场全国性的政治运动，这种事例屡见不鲜。文化的政治色彩过浓，还表现为另一面，即政治对文化的干预和影响太大，往往也导致十分严重的后果，政治家一句话可以把一部作品、一个作家甚至一大批人打入地狱。一场文化大革命，更是文化的空前大劫难，社会主义的文艺园地百花凋零，根本谈不上满足人民群众的精神文化需求。

邓小平同志早在第四次文代会的祝辞中就曾指出：“党对文艺工作的领导，不是发号施令，不是要求文学艺术从属于临时的、具体的、直接的政治任务，而是根据文学艺术的特征和发展规律，帮助文艺工作者获得条件来不断繁荣文学艺术事业。”改革开放以来，随着社会主义商品经济的不断发展和市场经济体制的建立，文化事业发生了一系列变化，在强调政治、教育功能的同时，文化在审美、娱乐方面的作用也得到了承认和肯定。计划经济体制下国办文化一统天下的局面被打破。社会办文化特别是文化娱乐业蓬勃兴起，今后文化事业的某些方面还将朝着产业化的方向发展。在这种情况下，如何看待文化的属性呢？它的意识形态属性，它作为上层建筑的一个组成部分，应当强调在一个怎样的程度较为合适呢？政府对文化事业的管理是否非得像现在这样层层设置行政管理机构？我们认为，在这些问题上还应该进一步解放思想，开拓思路。

在西方一些国家，文化事业被视为社会福利事业。为了提倡社会捐助，有的国家还把文化事业作为慈善事业，因为捐助慈善事业可以提高捐助者的社会地位和社会声望。如英国即把文化列为慈善事业，皇家歌剧院决定扩建，查尔斯王子首捐1000英镑，其他捐助者便接踵而至。我们把文化事业作为意识形态的宣传、教育工具，政治色彩很浓，因而缺乏对社会捐助者的号召力。一些海外有识之士，往往宁愿在家乡捐资兴办学校医院、架桥筑路等慈善事业，而不愿意参与到政治性很强的文化事业中去。当然，随着对外开放的不断扩大，这方面情况将会有所好转。

西方国家对文化事业的管理，并不一定设立专门的政府权力机关，而是通过一些专家性、权威性的非常设独立机构实施对文化事业的宏观管理，如美国的联邦艺术暨人文委员会、英国的文化委员会和艺术委员会、瑞典的文化事务委员会，等等。政府不直接管理具体的文化事务，而是通过制定和监督实施文化艺术的方针政策，确定和分配国家拨款，采用奖励、补贴、税收等经济杠杆来调控文化事业的发展。

我们并不是要照搬国外的做法，我国有自己的国情，但国外的经验可以给我们以启示。政府对文化事业应当施行宏观管理，不必具体到每一个艺术院团，每一个歌舞厅，甚至每一个剧目，要把主要精力用于研究大政方针，部署战略规划，制定法规条例，注重检查监督等重大问题上面。这既是文艺自身的发展规律所要求的，也是政府职能转变所要求的，同时还是适应市场经济体制所要求的。

二、关于市场经济给文化事业带来的负面效应

社会主义市场经济体制的建立，对于文化事业的发展，既是机遇，也是挑战。

在计划经济体制下，文化事业由国家统包统管，平均主义大锅饭，皇帝女儿不愁嫁，没有商品观念，忽视经济效益，不研究市场供求关系的变化等等，这些陈旧的落后的观念和现象，随着改革开放的不断深入和商品经济的日益发展，已得到根本性的改变。文化市场迅猛发展，日益壮大，竞争机制引入文化领域，大大激发和促进了文艺生产力；文化单位重视产品营销和成本核算，造就了一大批既懂文艺又善经营的管理人才；社会举办文化第三产业方兴未艾，新兴的艺术门类和娱乐方式层出不穷，大大丰富和满足了群众的精神文化生活。这些都是商品经济和市场机制给文化事业带来的新鲜气象，为文化事业的发展注入了生机和活力，其积极作用有目共睹，毋庸置疑。

然而，市场经济也极大地震荡和冲击了文化领域，在产生积极作用的同时，也带来了不可忽视的负面效应和消极作用，出现了许多前所未有的新情况和新问题，使得广大文艺工作者感到困惑和忧虑。市场经济给文化事业带来的负面效应主要表现为如下几个方面：

1. 金钱至上，唯利是图，文化拜金主义风气日盛

在这种风气的影响下，使得高雅文化面临危机，导致文化的庸俗化倾向。高水平高格调的文学艺术出现严重滑坡；粗制滥造，庸俗低劣，甚至黄色淫秽的书刊和音像制品却充斥市场，污染社会。有些人对金钱趋之若骛，有利就干，无利不为；有的人以追求自身价值为名，实则不顾人格，漫天要价。很难想象，在文化拜金主义的一片喧嚣声中能够产生出一个时代的文学艺术大师来。

2. 短期行为，粗制滥造，忽视艺术质量

随着市场的开放与活跃，一些文化产品迎合市场需要，片面追求经济效益，内容粗俗不堪，质量十分低劣，打非扫黄，屡禁不止。一些非法演出经纪人组织的临时性“走穴”演出，往往利用虚假广告，哄抬票价，坑

蒙拐骗，演员敷衍塞责，不讲艺术质量，在群众中造成很坏的影响。

3. 文化单位经商，影响了正常业务的开展

文化单位特别是差额拨款单位在国家拨款严重不足的情况下，开展以文补文，多业助文，以增强自身活力，这本无可厚非。但是，一些公益性文化单位，如图书馆、博物馆、文化馆等也依凭自己所处黄金地段，利用馆舍经营房屋租赁，搞家具展销，卖衣服，开餐馆或者开办三厅、台球等文化娱乐业。这种情况已不是个别现象，有些地方已发展到十分严重的地步，有的县级图书馆竟将馆舍的60%出租给个体户从事经营活动，有的博物馆、展览馆成为商场。这样，势必挤占场地，分散精力，影响到正常业务的开展，此即所谓“阵地变形”，副业冲掉主业。

4. 作家、艺术家纷纷“下海”，文艺人才流失严重

由于文艺工作者收入低，待遇差，有些人经不住商品经济的诱惑，认为经商做买卖可以赚大钱，因而纷纷“下海”，或改行从事其他职业。我们并不反对“下海”，也不认为经商是坏事，只是从文化事业发展的角度考虑，那些有专业特长的甚至是很有成就的文艺人才流失，毕竟是一个损失。

这类现象还可以举出很多，这里不一一列举。这些新情况、新问题的出现，有些并不单纯是市场经济体制带来的，同时还有其他方面的原因在起作用，如管理体制的不顺、文化经费的匮乏等等。譬如公益性文化单位经商的问题，就是因为国家投入不足、经费短缺所造成的。许多文化单位的同志说到，他们并不希望把好端端的文化设施糟蹋得不伦不类，实在是迫于无奈，逼良为娼。当然，我们应该看到，在新旧制度交替的过程中，出现这类状况是难免的，不可因噎废食，但市场经济所带来的这些负面效应，也不可等闲视之，必须有一个清醒的认识，要通过文化政策的宏观调控，尽可能避免负面效应，或者尽可能使之降到最低点。

三、关于高层次高品位典雅文化的出路

在历史文化的长河中，任何一个时代都只能留下代表那个时代的高水平文化遗产。中华民族以其辉煌灿烂的古代文化屹立于世界文化之林，那

么，我们的时代将以怎样的无愧于自己时代的优秀文化贡献给世界文化宝库，留给自己的子孙后代呢？如果没有这样高度的责任感，听任我们的高层次高品位典雅文化继续在困境中挣扎，后果将不堪设想。我们必须努力创造一个出大师、出经典之作的社会政治、经济、文化环境。

高层次高品位典雅文化的出路何在？如何拯救？当务之急就是江泽民同志在十四大报告中提到的要完善有关文化事业的经济政策。这是最基本的条件，其次才是尊重文艺规律、创作自由、学术自由等等。

怎样切实完善文化经济政策，才能有利于高层次高品位典雅文化的繁荣发展呢？我们认为必须在以下几个方面下功夫：

1. 增加拨款，保证重点

文化单位不是物质生产部门，并不创造社会物质财富，主要靠国家拨款和社会资助从事文化艺术生产。世界各国莫不如此，或者由政府直接投入，或者由政府建立机制鼓励社会赞助，特别是对于那些代表国家水平的优秀民族文化和高品位典雅文化都给予重点扶植。例如，意大利罗马歌剧院，有演职员和管理人员 800 余人，每年演出 130 场左右，门票收入 30 亿里拉，而政府的年拔款额高达 420 亿里拉，政府拨款是门票收入的 14 倍。英国皇家歌剧院有一个歌剧团和两个芭蕾舞团，员工约 1000 人，每年演出 150 场歌舞和 150 场芭蕾，政府每年拨款 1350 万英镑，相当于剧院开支的 50%，其余一半靠门票收入和社会捐助，因为剧院是以慈善机构登记注册的，既能享受免税待遇，又容易得到捐助。我国现在对艺术表演团体一律实行差额拨款，经费“撒胡椒面”，重点得不到保证，大家都“吃不饱，饿不死”。这种局面必须改变。上海对京剧、昆剧、越剧、沪剧等院团已恢复全额拨款，这种做法值得肯定。今后要把有限的拨款集中统筹，不当保的放开，逐步过渡到自收自支的独立的艺术生产和经营实体，参与市场竞争；当保的力保，高薪养精兵，让他们能够集中精力搞好艺术生产，出精品，出人才。

2. 设立出版补贴，用以资助高水平的文化创作和学术著作的出版

目前我国出版业的突出矛盾，一方面是有价值的好书出不来，一方面则是质量低劣的平庸书刊和坏书充斥市场。各地虽已采取了一些措施，设立各种出版补贴基金，但数额太少，形不成气候。今后必须通过各种渠道筹集资金，采用多种方式，以保证高水平高质量图书的出版。意大利政府为了鼓励出版优秀的、学术性强的书籍，避免出版社去迎合市场，对出版优质图书的出版社给予补贴和优惠贷款。意大利每年出版杂志 11000 余种，其中有 2005 种质量较高的，政府给予资助。

3. 设立各种文艺发展基金和奖励基金

对于在文化方面有突出成就的要给予重奖。通过奖励促使高层次高品位典雅文化的发展，是一种行之有效的办法。现在已有的各种奖项要进一步完善，奖金数额要逐步提高。如果财政一时拿不出，也可以通过社会集资。国家级大奖要纠正不正之风，维护它的权威性和严肃性。文艺界获得国际大奖应有体育获得国际比赛金牌的同等待遇。

4. 深入进行艺术表演团体的体制改革，挖掘内部潜力，增强自身活力

目前我们国家正处在经济建设的高潮时期，国家财力有限，不可能拿出太多的钱用于发展文化事业，因此，还是要从改革入手，调动各方面的积极性和创造性。以艺术表演团体为例，能演戏的演好戏，不能演戏的搞营销，或者搞其他与剧目相关的开发。总之，文化单位要充分发挥自身的文化优势，挖掘潜力，增强活力，提高竞争力。

前面已经提到，在文化拜金主义的喧嚣声中是不可能产生大师的。中国传统文艺理论信奉“诗穷而后工”的真理，只有耐得住寂寞，经得起风浪，有第一等襟怀、第一等才华的文艺家，方能创造出第一等的文艺。

（此文发表于文化部内刊《艺术通讯》1993 年第 7 期）

引进外来文化刍议

一、罗素的预言将在21世纪实现

1921年，五四运动之后不久，英国大哲学家罗素来到中国，曾写下一篇题为《中西文明比较》的著名文章。文中指出："不同文明之间的交流，过去已经多次证明是人类文明发展的里程碑。希腊学习埃及，罗马借鉴希腊，阿拉伯参照罗马帝国，中世纪的欧洲又模仿阿拉伯，而文艺复兴时期的欧洲又仿效拜占庭帝国。在许多这种交流中，作为'学生'的落后国家最终总是超过做老师的先进国家。在中国与外来文化交流的过程中，假若中国是学生，那么中国也会超过她的先进老师的。"尽管哲人的预言由于种种原因尚未实现，但是他所论述的文化交流对于人类进步的重要意义，却给了我们深刻的启示。

目前，我们国家在许多方面确实落后于西方先进国家，因此我们要做学生，不仅要学习西方先进的科学技术，尤其要学习西方先进的思想文化。改革开放是我国实现现代化的必由之路，也为引进外来文化提供了很好的契机和有利的条件。也许到了21世纪，也就是罗素的《中西文明比较》发表整整一个世纪之后，他的预言将成为现实，学生将超过老师，中国终将进入先进国家的行列。

二、文化交流对社会进化有巨大助力

曾有西方哲人就思想文化交流的意义打过一个十分浅显的比方：假如你有一个苹果，我也有一个苹果，交换之后，每人手里仍然只有一个苹果；如果你有一个思想，我也有一个思想，交流之后，每人都有了两个思想。从某种意义上说，人类文明的历史就是人类的思想不断进化和交流的过程。试想，假如不是西方的坚船利炮打破封闭的古老帝国，假如没有西方工业文明及学术思想的输入，即近代的欧风美雨和西学东渐，戊戌变法、辛亥革命就不可能发生。又如，没有西方马克思主义的诞生和国际共产主义运动的经验，中国的新民主主义革命和社会主义革命就不可能取得成功，共产主义思想和社会主义制度就不可能在中国建立。

同样的道理，没有当代西方先进的思想文化的输入，要实现我国的现代化也是不可能的。自我封闭，夜郎自大，孤陋寡闻，是绝不可能搞成现代化的。近代以来的思想先驱者们都十分强调学习西方，使我国走上富强之路。魏源在鸦片战争失败后，面对强大的入侵者，提出“师夷之长技以制夷”（《海国图志》）。容闳作为最早派出的留学生，在美国耶鲁大学毕业时大呼“以西方之学术灌输于中国，使中国日趋于富强之境”（《西学东渐记》）。学贯中西的梁启超倡导“新民”说，认为西方进步文化输入愈多，人文愈开，进化愈速。伟大的革命先行者孙中山1878年出国之后，眼界大开，“有慕西学之心，穷天地之想”……这些被毛泽东称为“先进的中国人”，他们的主张和理想由于种种历史条件的限制而没有得以实现。

时代发展到今天，中国和世界都发生了巨大的变化。我国改革开放十几年来的伟大成就已为世界所瞩目，长期闭关自守造成我们与西方发达国家的巨大差距正日渐缩小，与当今世界发展进程的严重脱节正日渐弥合，这个时候更需要大力引进和学习西方进步文化。邓小平在南方重要谈话中曾高屋建瓴地指出：“社会主义要赢得与资本主义相比较的优势，就必须大胆吸收和借鉴人类社会创造的一切文明成果，吸收和借鉴当今世界各国包括资本主义发达国家的一切反映现代社会生产规律的先进经营方式、管理方法。”[①] 这是邓小平建设有中国特色社会主义理论一个十分重要的思想，是我们进行社会主义现代化建设的强有力的思想武器。

---

① 参见《邓小平文选》第3卷，人民出版社1993年版，第373页。

三、学习资本主义不是对社会主义的背叛

学习、借鉴和利用资本主义，这是我党在思想认识方面的一大进步。这个进步颇为来之不易。且不说在极“左”思潮盛行的年代，人们是如何地视资本主义与社会主义绝对对立，水火不相容，即使在改革开放的今天，姓“资”姓“社”的问题仍然还困扰着一些人的思想。在这些人看来，学习和借鉴资本主义发达国家先进的科学技术、经营方式和管理方法，是非常必要也十分必需的，但是，资本主义的文化是否也值得学习和引进呢?

诚然，社会主义与资本主义在政治制度、思想观念、道德观念、价值观念等许多方面都有着本质的不同。但是，我们必须看到，当今世界的潮流是和平与发展，社会主义与资本主义在不断分化和发展的同时，也在许多方面互相学习、互相认同、互相补充。如果看不到这一点，就会一叶障目，陷入片面性。譬如，在计划经济与市场经济的问题上，我们就曾死守社会主义等于计划经济的信条。实际上则正如小平同志所指出的那样：计划经济不等于社会主义，资本主义也有计划；市场经济不等于资本主义，社会主义也有市场。这是完全符合当今世界的客观实际的。早在70年代，日本等资本主义发达国家就开始注意吸收社会主义制度的一些长处，如计划经济和社会福利等。80年代初曾担任日本外务大臣的大来佐武郎就著有《市场经济中的计划》的博士论文。我们现在实行社会主义市场经济体制，也是考察和借鉴了资本主义的一些长处的。

早在一个半世纪以前，马克思和恩格斯就曾分析过资本主义产生之后人类的生产消费和文化交流已成为世界性的问题，指出：“资产阶级由于开拓了世界市场，使一切国家的生产和消费都成为世界性的了。……过去那种地方的和民族的自给自足和闭关自守，被各民族各方面的互相往来和互相依赖所代替了。物质的生产是如此，精神的产生也是如此。”① 列宁更是明确提出社会主义要借鉴资本主义，认为拒绝学习资本主义的先进技术

① 参见《共产党宣言》。

和文化成果是愚昧落后的表现。他曾提出过一个关于什么是社会主义的著名公式，即：苏维埃政权＋普鲁士的铁路程序＋美国的技术和托拉斯组织＋美国的国民教育等等的总和＝社会主义。列宁还说过，社会主义实现的程度，取决于苏维埃和管理机关同资本主义的先进的东西结合得如何。毛泽东也十分重视学习和借鉴人类社会创造的全部文明成果，指出：“我们的方针是，一切民族、一切国家的长处都要学，政治、经济、科学、技术、文学、艺术的一切真正好的东西都要学。”[①] 可见，无产阶级革命的导师和领袖历来都十分强调无产阶级和社会主义必须全面地学习和借鉴世界各国包括资本主义国家在内的物质的、精神的全部文明成果中一切真正好的东西。

四、对外开放造就特区文化精神

我们搞改革开放，决不仅仅是为了引进外资，引进技术，搞活经济，同时还要引进外来思想、外来文化，开阔眼界，更新观念。我们不仅要大胆吸收资本主义的物质文明成果，也要大胆吸收资本主义的精神文明成果。我们不仅要实现物质文明的现代化，也要实现精神文明的现代化。

物质文明与精神文明本来就是相辅相成、紧密相联的。改革开放十多年来的实践经验表明，经济的开放，必然导致文化的开放；科学技术的引进，也必然带来文化的引进。这是不以人的意志为转移的客观事实。况且，通常说来，精神文明的现代化亦即人的思想观念的现代化是第一性的，没有人的思想观念的现代化，没有中国文化的现代化，四个现代化将难以实现。对外引进，通常总是经由引进机器到引进技术再到引进管理这样几个步骤。而引进管理就属于文化层次的引进，如果管理制度和管理办法跟不上，先进的设备和技术也不过是一堆废物。因此，引进外来文化，更新思想观念，提高人的文化素质和文明程度，是经济发展和社会进步的决定性因素。

特区是改革开放的“实验场”和前沿阵地，在吸收和借鉴外来文化方

---

① 参见《毛泽东文集》第7卷，人民出版社1999年版，第41页。

面具有得天独厚的有利条件。改革开放以来，处于一国两制临界线和中西文化交汇点的特区，吸纳了源源不断涌入的港澳台文化、东南亚文化、海外华侨文化和西方资本主义文化，这些文化中的先进部分和中华民族固有的优秀文化传统共同铸就了特区人的文化精神。特区文化精神，是特区人的时间观念、竞争观念、效益观念、道德观念、价值观念等一系列思想观念及其文化心理、精神状态和生活方式的总和。这些年来特区在经济建设方面取得如此巨大的成就，除了党中央的英明决策和一些优惠政策之外，与特区文化精神是密不可分的。更进一步说，特区文化精神在我国人民"换脑筋"的思想解放过程中起到了很好的先导作用。正是在这个意义上说，特区文化研究不仅对于特区乃至全国的文化建设和精神文明建设，都具有一定的战略意义和现实意义。

五、既要大胆引进，又要择善而从

人类社会创造的一切文明成果是人类社会的共同财富，它是属于全人类的，并不属于哪一个特定的阶级或社会。不仅四大发明、蒸汽机车、航天飞机之类属于物质文明范畴的科学技术成果没有什么阶级性，就连山水画、交响乐、芭蕾舞、卡拉 OK 等属于精神文明范畴的艺术形式也未必有什么阶级性。甚至，即使是产生于资本主义时代的文学作品，如莎士比亚的戏剧、巴尔扎克的小说、普希金的诗歌，包括产生于封建时代的我国的孔孟儒教、老庄哲学、唐宋诗词、明清小说等等，这些都是属于全人类的，是人类共享的精神财富。

即使是资产阶级和资本主义的文化，包括文学、艺术，乃至政治、法律、哲学等带有意识形态色彩的东西，也并不都是资本主义的专利，没有一点可供我们吸收和借鉴的成分，适当地引进一些，也没有什么可怕。弗洛伊德、萨特、劳伦斯的东西引进了，甚至连诋毁共产主义的布热津斯基的东西也引进了。事实证明，这些东西并没有动摇我们对共产主义和社会主义的信念。资本主义文化不可避免带有它的政治倾向性，也可能掺杂有某些有毒的成分，但接触得多了，反而能够增加免疫力，提高鉴别力。一味地拒绝或堵截，历史的经验证明，那是不明智的下策。

当然，打开了窗户，透进了阳光和新鲜空气，也可能飞入蚊子和苍蝇。对于外来文化，我们还要坚持“有所引进、有所抵制”，“取其精华、弃其糟粕”的原则。因为，外来文化，特别是资本主义文化中也有腐朽、落后、颓废、色情，甚至反动的东西，我们当然不能容许这类文化垃圾来污染我们的社会，毒害我们的人民。近年来，从香港及海外走私的淫秽录像和影片在国内泛滥成灾，造成严重的社会问题。这就是从窗户中飞入的苍蝇，必须坚决灭杀之。报载，美国摇滚歌星迈克·杰克逊，最近要求去韩国访问并举办演唱会，遭韩国政府拒绝。据日本《读卖新闻》报道，其理由为：原定的演出违背现政权推进的整肃纲纪的路线，担心会给青少年带来不良影响。这种事例对于我们引进外来文化应不无启示。

六、引进外来文化的目的在于自身的文化建设

大胆吸收外来文化，这决不意味着我们中华民族文化自身的削弱或主体的丧失，反之，更能丰富和充实我们的民族文化，促使其新生、繁荣和博大。这是为历史的经验所证明了的。汉魏时期印度佛教的引进，盛唐时代西域乐舞的输入，以及近代的西学东渐等等，都极大地丰富和推动了中华民族文化的发展，并融合为中华民族优秀文化的有机组成部分。

日本是当今世界的工业大国，日本工业管理之先进、科技之发达、工艺之精细，都堪称世界一流水平。这是因为日本工业有正确的指导方针：综合就是创造。例如电视机生产，他们收集各国电视机的样品和技术资料，吸收各种电视机的优点，加以综合改进，于是他们制造出了世界上最好的电视机。集天下之优而为天下最优，所以日本的电子工业和汽车工业可以在世界市场上长期立于不败之地。引进外来文化亦应作如是观。中华民族具有悠久的文化传统，从来就有海纳百川的博大胸襟和恢宏气魄。今天，世界已进入信息时代，地球正在迅速缩小（俗曰“地球村”），文化交流日益便捷，我们更应如此！

引进外来文化的目的是为了借鉴和利用，而借鉴的目的则是为了创造和建设，即建设有中国特色的社会主义新文化。至此，本文的宗旨可以概

括为：在改革开放的大好形势下，我们要大力引进外来文化，使之与中华母体文化相融合，以构筑和创建有中国特色的社会主义的崭新的民族文化形态。

（此文是1993年在深圳特区文化研讨会上的发言，随后发表于广东《开放时代》1994年第2期，改题《社会发展需要外来文化》，略有删节，这次照原稿刊发）

补记：此文发表后若干年，中国社会科学院一群青年学者编写了《与总书记谈心》一书，风行一时。朋友送我一册，翻开目录，见有关于引进外来文化一节，赶快翻阅，想看看作者有何高见，不料竟是一字不漏地抄袭我这篇文章，并未作任何说明。事后，我曾给时任社科院副院长、也是该书序言的作者刘吉先生写了封信，并附上原文。刘先生回信表示歉意，并说要从中吸取教训，教育青年学者严谨治学，树立良好的学术道德，还说此事从一个侧面说明我的文章在青年中很有影响，云云。

关于文化扶贫工程的思考与建议

我国是一个农业大国，农业是国民经济的基础，农村稳定是整个社会稳定的重要因素，农民问题仍然是我国革命和建设的根本问题。在向社会主义市场经济的过渡中，进一步发展农业生产，搞活农村经济，使广大农民尽快脱贫致富，达到小康水平，是实现国民经济发展第二步战略目标的关键，也是实现第三步战略目标的基础。但当前，除沿海沿江开放地区、部分城市郊区和其他经济发达地区农村较为富裕外，我国西部、中部不少农村，尤其是“老、少、边、山、贫”地区农村，经济仍很不发达。据统计，在全国2168个县市中，需要国家财政与省财政扶持的便有520多个县，尚有8000多万人还没有解决温饱问题。扶贫，成为全国性的战略任务。

多年来，农村工作的实践证明，“治贫”必先“治愚”，大力发展农村的文化事业，提高农民的思想文化素质和科学技术水平，是促进农村经济发展，从根本上改善农民生活的关键所在。正如贫困地区农村干部所说的：“没有文化富不了，有了文化穷不长。”因此，针对广大贫困地区农村文化水平落后，农民文化生活贫乏、观念习俗滞后的现实，开展文化扶贫，是当前一项十分紧迫而重要的工作。

文化扶贫，不能仅仅局限在为贫困地区农村办几件好事，不能当成临时性的社会文化福利活动，而应作为社会主义精神文明建设的一项重要工程来抓，下大的气力来抓。“工程”云云，一指其重要性，二指其系统性，三指其计划性，四指其综合性。要切实把文化扶贫作为一项重要的系统工程，动员各方面的力量，有计划有步骤地加以实施。下面，就文化扶贫工程的有关问题，提出我们的看法和建议。

一、“工程”的现实依据

建国后，特别是近十几年来，我国的文化事业有了很大发展。据1993

年不完全统计，全国已经有直接为农民服务的文化馆、文化分馆 2900 多个，县图书馆 1960 多个，文化站 43100 多个，集镇文化中心 1160 多个，农村文化室 210000 多个，农村图书室 81000 多个，此外还涌现出 223300 多个各类文化专业户。文化生活内容丰富，文化形式多样，在一定程度上丰富了农民的文化生活。

但是，也必须看到存在的问题。由于我国幅员辽阔，各地基于地理环境、经济、生产水平、交通等条件的差异，经济发展原来就不平衡，改革开放以来，沿海地区与内地及边远地区的差距更迅速拉大。东部较为发达地区农民年人均纯收入一般在 2000 元左右，西部地区有不少人则在 200 元以下。即使在广东这样经济发达的省份，粤西、粤北农村仍有 200 万农民还没有脱贫。农民的收入直接影响着农民的文化消费。部分收入高的农村文化设施齐全，农民的文化生活已与城市居民相近，以江苏华西村为代表的一批亿元村甚至建起了乡村公园、豪华歌舞厅等。在一些经济较为落后的农村，农民看戏、看电影难的问题仍未解决，“老、少、边、山、贫”地区农民的文化生活更为贫乏。

全国 230 多个没有文化馆、200 多个没有图书馆的县和 7200 多个没有文化站的乡，绝大部分属于贫困地区。这些地方的文化设施和文化基础本来就十分落后，近年来又出现了“滑坡”现象。

一些县、乡在机构改革中把文化站、文化中心作为“七所八站”或砍或推向市场让其自生自灭。1993 年，河南省文化厅对 99 个县 1848 个文化站进行了调查，垮掉或名存实亡的有 593 个，占总数的 32%。某县 22 个乡镇文化站，只剩下 2 个。某市 17 个乡镇文化站，只有 3 个在活动。贫困地区现在保留下来的文化站，也是设施简陋、破旧。湖南全省有 3192 个乡镇文化站，多数处在“1 个人，1 间房，1 桌 1 凳 1 枚章”的“五个一”的窘境。许多地方的文化站甚至在破庙或破棚下坚持开展农村文化活动。

文化专干队伍问题更为突出。一是人员本来就少，乡镇又经常抽去搞中心工作，或过多地兼职，有的身兼秘书、通讯员、计划生育员、打字员和片长、村长等数职，文化倒成了他们的“副业”。二是人才外流严重。某省 1986 年文化专干转正 1146 人，现在留在文化站工作的只有 336 人，其中某县转正 8 人，现在仅留下 1 人。许多人被不恰当地当作临时工、计划外用工清退。再加上文化专干长期不能转正，经费少，待遇低，不愿再从事文化工作。据了解，许多地方文化站的年经费还停留在原来的500元左右，有些连500元也不能保证。有的文化专干的月工资只有28元，有的连28元也难以保证。

贫困地区农民看戏、看电影难的问题在继续加剧，不少地方以减少农民负担为名不加分析地把统筹看戏、看电影的提留当作乱摊派加以禁止，又没有其他措施解决农民文化生活贫乏的问题，致使文化活动空白村迅速增多。被誉为“戏曲之乡”的河南省，1990年戏剧、曲艺演出空白村占全省农村的27.76%。陕西省西康地区农民一年看不上一场电影的地方占全地区的一半。至于更贫困的农村和牧区，农牧民几乎没有起码的文化生活，依旧是“日出而作、日落而息”。

农村文化阵地，社会主义不去占领，非社会主义的思想和不健康的东西就必然要去占领。一些贫困地区封建迷信活动泛滥，曾经绝迹的看风水、跳大神等陋习又悄然兴起；有的地方甚至拆学校建庙；淫秽书刊及音像制品严重毒害青少年的心灵；有的矿区周围贫困农村嫖娼卖淫现象泛滥；打架、偷盗、诈骗、赌博、吸毒、绑票、凶杀等刑事案件日益增多。文化的落后不仅使经济发展进入恶性循环的怪圈，而且成为滋生社会丑恶现象和犯罪的温床。当前，搞好文化扶贫工作，加强农村特别是贫困地区农村的精神文明建设，已成为刻不容缓的一项十分重要的社会工程。

建立文化扶贫工程不只是客观需要，而且具备很多有利条件。首先，中央非常关心贫困地区的建设和贫困地区广大群众的生活，正在这方面采取有力的调整措施：在不降低东部经济发达地区的发展速度的同时，大力发展中西部和边疆经济落后地区的建设，已在财力投放、产业结构调整、国家建设项目安排等方面做了大量工作，为文化扶贫打下了坚实的经济基础。近年开展的“万里边疆文化长廊建设”就是国家在这方面的一项有力措施。其次，国家成立了全国文化扶贫委员会，在国务院领导下直接从事全国文化扶贫的指导与组织工作。其三，全国各族人民群众和海外华侨都非常关心和支持文化扶贫工作。以“希望工程”为例，在很短时间内，便捐款2.01亿元，援建了204所“希望小学”，使54.9万名失学儿童重新获得了学习的机会。其四，贫困地区农民求知、求富、求乐的强烈愿望和长期的文化饥渴是搞好文化扶贫工程的内部动因。其五，贫困地区由于交通不便，蕴藏着丰富的传统文化和民族民间文化艺术，如民间文学、民间传说、戏曲、曲艺、歌舞、刺绣、剪纸、木雕、石雕、玉雕、泥塑、彩陶，加上不同地区奇特的风土人情，不同的民居、民节、民俗和原生状态的自然景观，这些多姿多彩的文化资源既是开展文化活动的有利条件，又是发展旅游、开发文化产业的优势所在。

二、“工程”的重要作用

文化扶贫工程是推动贫困地区文化与经济发展和社会全面进步的一项有意义的工作。在当前激烈的世界经济角逐中，有人把几种市场经济模式在下个世纪的竞争，归结为“文化力”的较量。从某种意义上讲，文化扶贫工程便是“文化力”从贫困地区农村切入的超前试验，其主要作用是：

1. 文化扶贫工程，有利于推动社会全面进步

由于文化扶贫工程不是单一地就文化抓文化，而是把文化、教育、科普等与满足农民求知、求富、求乐的要求和发展农村经济紧密地结合起来，这就不仅能使文化更好地为经济建设这个中心服务，而且能够使文化更好地与之同步协调发展。

农村社会主义现代化的进程，是政治、经济、文化的综合推进的过程，不能片面地孤立地只重视某一个方面，而忽略其他方面，不然就会事倍功半，还可能导入误区。解放后，各地在农村普遍开展过扫盲、社会主义教育、计划生育、法制宣传等各种活动，在当时也都起到了一定的积极作用，但往往不能持久坚持，成果难以巩固。我们认为，问题的症结便在于没有很好地把文化工作同发展农村经济有机地结合起来，结果只是热闹了一阵，农村的文化面貌难得有根本性的变化。近年来，山东、江苏、河南等省的一些不太富裕的农村，从实际出发建设文化大院，把文化室、科技培训班、农民夜校、经济信息咨询服务、党团活动室、计划生育指导室等融为一“院”。这样做，投资少，场地利用率高，便于统一安排、管理，已成为社会主义初级阶段经济不太发达地区农村的一种新的文化形态，使农民治穷有门、致富有术，使集体经济和个体经济都有了很大的发展。由于农村文化与农村政治、农村经济相互渗透，在农村建设中发挥了积极的作用，才受到当地政府的重视，使文化大院得到了巩固和发展。

2. 文化扶贫工程，有助于实现我国农业生产方向的调整

随着农村经济的发展，国家提出了把农业发展的方向尽快转移到依靠科技进步和提高劳动者素质的轨道上来，努力建立社会主义大农业，加强林业发展，加快渔业技术改造，开拓农村的第二产业和第三产业。

然而，我国农村劳动者的现实状况是，全国两亿多文盲，绝大部分在农村，又主要是在贫困地区，这已经成为影响农业生产方向调整、阻滞农村经济发展的一个突出问题。此外，全国农村现有失学儿童3000万人，不能入学的儿童还在大量增加。这就是说，文化扶贫工程不但承担着扫除现有文盲、解决失学儿童重返校园、普及小学教育、杜绝产生新的文盲半文盲的职能，而且承担着政治思想教育、文化知识教育、科学技术普及、信息传播等多种职能。通过这一切帮助农民提高思想道德水平，提高文化知识水平，提高生产技术水平，以适应农村生产发展的需要，尽快完成对农业生产方向的调整，使农村经济的发展和农村建设再上一个新的台阶。

3. 文化扶贫工程，有利于提高劳动生产率，促进经济的快速发展

随着时代的前进，市场经济的发展，文化与经济“一体化”的趋势在增强，文化功能负荷在增值：一方面是各种产品的文化含量、文化附加值越来越高；另一方面是文化不再是单一地满足人们的娱乐要求，而是要在更大范围内为经济发展提供精神动力和智力支持。

现代社会对劳动者的要求越来越高。联合国教科文组织的一份研究报告指出，不同文化水平的人，提高劳动生产率的能力不同：具有初等文化程度的人，劳动生产率可提高43%；文化程度高的人，劳动生产率则可提高300%。从劳动生产方式看：手工业劳动者的人均产值为1000元，传统工业产业劳动者的人均产值为10000元，经过高新技术改造的产业劳动者的人均产值则为100000元。这两组非常悬殊的数据，很有说服力地告诉人们，“文化力”对经济发展的推动力是何等巨大!

邓小平同志曾谆谆告诫说：“我们国家，国力的强弱，经济发展后劲的大小，越来越取决于劳动者的素质，取决于知识分子的数量和质量。一个十亿人口的大国，教育搞上去了，人才资源的巨大优势是任何国家比不了的。有了人才优势，再加上先进的社会主义制度，我们的目标就有把握达到。”我们所说的文化扶贫工程，便是根据我国农村劳动者素质低下，又不可能完全依靠正规教育来加以提高的现实情况提出来的，是从发展农村“文化力”出发，加快农村“两个文明”建设的要求提出来的。它的实施，正如邓小平同志所预言的，对于农村这一巨大人才资源优势的开发，对于提高中华民族的整体素质，对于增强国家的综合国力，对于我们实现现代化的目标，有着不可估量的作用。

三、“工程”的内涵与目标

文化扶贫工程作为一项具有战略意义的“工程”，应该包含些什么内容？其内涵如何把握？目标如何确定？我们认为，文化扶贫工程，从总体上看，应该包括两个方面的内容：就客体（被扶贫对象）而言，中心是抓思想文化建设，提高劳动者的素质，培养和造就有理想、有道德、有知识的新型农民，进而实现从“输血”到“造血”的转变，实现从根本上脱贫。就主体（扶贫力量和途径）而言，中心是抓设施队伍建设，为扶贫工程的推进和扶贫目标的实现提供物质保证。这两者之间，前者是目的，是根本；后者是手段，是保障。两个方面齐抓共进，构成了文化扶贫工程的基本内容。归纳起来，我们是否可以作如下概括：文化扶贫工程的具体目标是，从本世纪末到下世纪初，要在我国贫困地区农村大力进行文化知识普及、科学技术普及和思想道德教育；基本上完成县、乡、村、户四级文化网络的建设，充实、完善文化设施；扫除文盲，摆脱愚昧，普及义务教育；发展社会文化，为广大农民提供与小康物质生活相适应的丰富多彩的文化生活；培养健康的村风民俗，让社会主义文化占领农村文化阵地，使农民的整体文化素质得到全面提高。

（一）思想文化建设

文化扶贫，主要通过科学文化普及和思想道德教育，树立新风和塑造新人，即形成“文化力”，以反作用于经济，促进经济发展，实现脱贫致富。思想文化建设包含以下四个方面的内容：

1. 文化知识教育

一是保障适龄儿童有条件上学，二是创造条件使辍学儿童重新上学，三是力求达到义务教育规定的受教育程度，四是对成年人实施扫盲。这中间既包括经济支持、物质保障，又包括大量的思想动员工作、组织实施工作，需要有计划有目标地去做。

2. 科学技术教育

要依靠科学兴农、科技致富，用科学技术武装农民，用科学技术帮助贫困地区农民掌握现代农业、现代林业、现代养殖业、现代畜牧业，迎头赶上先进地区。

3. 文艺审美教育

要开展健康有益的文艺活动，活跃农村文化生活，满足广大农民爱美求乐的精神文化需求。大力创作反映农村变革、具有时代精神、为群众喜闻乐见的文艺作品，积极开展民间、民俗文艺活动，提高农民的思想道德观念和文艺审美水平。

4. 思想道德教育

要树立阵地意识，下大力气抓好社会主义精神文明建设。要坚决贯彻党的十三届八中全会《关于进一步加强农业和农村工作的决定》精神，“重视农村的社会主义文化阵地建设”“不断提高农民的思想道德素质和科学文化水平，教育农民自觉抵制封建主义残余和资产阶级腐朽思想的侵蚀，破除封建迷信，克服社会陋习，树立社会主义新风尚。”这是文化扶贫工程的出发点、着力点和归结点。

（二）设施队伍建设

这是文化扶贫工程的硬件建设。不搞好这方面的建设，文化扶贫便成为一纸空文，一切期望、目标、规划都要落空。因而，明确了文化扶贫的目的之后，要下大力气，抓组织机构、设施和队伍的落实。

1. 加强贫困地区农村文化组织建设

要有计划、有步骤地加强县、乡、村、组的文化组织建设，逐步形成网络，并有效地发挥各级文化组织的作用。文化馆、图书馆、博物馆、文化站、文化中心等文化组织，属于公益型事业单位，其基本经费应由国家供给，不能推向市场生死由之。那种随便“断奶”，甚至不但不给经费，反而要求挣钱上交的做法，决不可取。贫困地区的文化站，实行一站多能，一站多用，成为文化扶贫的基地和枢纽，应予特殊重视。村文化室（文化俱乐部、文化大院）等村级文化组织，其经费应由村委会提供。文化专业户为自负盈亏的个体文化单位，是县、乡、村文化机构的重要补充，应积极扶持。

2. 充实完善贫困地区农村的文化设施建设

文化设施、文化设备是文化的重要构成因素，是开展文化活动的物质载体，应从实际出发，因地制宜，充实加强。文化设施、设备主要有：(1）演出放映设施，包括电影院、剧院、录像放映厅、音乐曲艺厅和电影机、摄像机、录像机、电视机、广播电视设备等。(2）娱乐设施，包括游艺室、棋牌室、卡拉 OK 厅、歌舞厅、乐器、表演服装及道具等。(3）科学教育设施，包括中学、小学、农民夜校、农村技校、农村党校、党团活动室、图书室、计划生育指导室、科普站、气象站等。(4）竞技、游乐设施，包括体育场、公园、游乐场和体育运动器材、游乐设备。(5）文化馆、文化站、文化室的房舍和办公设备。以上各项可根据需要和可能，逐步建设。

3. 加强贫困地区农村的文化队伍建设

有了机构、设施、设备，还需要人。抓好文化队伍建设，保证事有人干，人有事干，是文化扶贫工程能否落到实处的关键之一。

文化扶贫工程除了以上两个基本构成之外，还有其他方面的许多工作和任务，诸如：

1. 开发民族、民间文化资源

要充分利用贫困地区的固有文化优势，组织收集、挖掘、整理民族民间文艺作品、音乐、歌舞，发展有民族特色、地方特色的民族民间文化和民族民间工艺品生产，开发人文景观、自然景观等珍贵的旅游资源，发展旅游工艺品、纪念品的生产，积极向国内外宣传介绍具有民族和地方特色的民间文化，搞好开发性扶贫工作。

2. 关心农村少年儿童文化

要以乡办、村办小学为基地，广泛开展少年儿童的课余文艺、科普活动，同时积极吸收失学和未入学的少年儿童参加。各乡可依托条件较好的中心小学进行文艺宣传活动，丰富少年儿童的生活。文化部门要和教育部门、科协、共青团、妇联等协调行动，加强对农村少年儿童的辅导工作，不断提高少年儿童的文化科学知识水平。乡文化站、村文化室要注意增添少儿读物，有意识地组织开展少儿游艺活动。

3. 创造条件兴办文化产业

文化馆、文化站、文化室在搞好本职工作的同时，根据自己的业务特点和社会需要，可以开辟新的有偿服务项目，兴办文化产业，开展“以文补文”活动，“以农补文，以工补文，以商补文”，增加经济活力，支持自身的业务活动。

四、对策与措施

为了确保文化扶贫工程能够更好地实施和收到良好的效果，还需要制定正确的对策与措施。

1. 加强领导

我们主张：根据中央关于农业发展方向的调整，要及时调整农村文化工作对策，重视文化科技的发展和农民素质的提高。要制定各自的文化扶贫工程计划，明确扶贫目标、手段、途径、步骤、物质保障、监督检查，以至验收认定等等，增强文化扶贫工作的目的性、预见性、计划性和主动性。建议把文化扶贫工作列入领导的责任目标，作为考核干部政绩的一项重要内容。

2. 千方百计筹集文化扶贫资金

缺少资金是贫困地区文化建设的突出困难，可以采取多方筹措的办法：（1）政府从财政收入中划拨一部分资金作为文化扶贫工程的基金，用于发展文化事业。（2）从中央与各省财政提供的扶贫资金中按比例切出一块，用于文化扶贫工程。国家对“老、少、边、山、贫”地区的扶助资金项目有：国家扶贫专项资金，民族地区开发资金，边境建设资金。文化部根据财政部《支援经济不发达地区发展资金管理办法》的规定，曾向有关部门建议，对上述资金按适当的比例划拨给文化部门统筹安排，用于扶持贫困地区的文化事业，但一直未能很好落实，今后应当解决。（3）采取措施，认真贯彻落实中央有关文化经济政策，并结合本地实际，在权力范围内制定必要的优惠政策。（4）多渠道集资，依靠乡镇企业、富裕农民和其他社会力量办文化。（5）开展以文补文活动，发展文化产业，开辟新的财源。（6）引进经济发达地区的资金和港澳台资、侨资、外资。

3. 建设农村大文化，实行举办主体的多样化

现代农民既需要丰富多彩、健康有益的文艺体育活动，更需要致富的科学技术，因此农村文化要走出“唱唱跳跳”的小文化的圈子，建构集文化、教育、科技、娱乐、体育等丰富内涵的大文化。在大文化建设中，加快农村文化网络建设步伐，尽快实现国家在“六五”计划中便已提出的县县有文化馆、图书馆，乡乡有文化站，村村有文化室的要求。要充分发挥国办文化的主渠道作用，健全以县文化馆、图书馆为龙头，以乡文化站、文化中心为枢纽，以村文化室为基础，以文化户为补充的多层次的农村文化网。

对特困地区，实施文化供给。为了给人口稀少、居住分散的山民、牧民和特困地区的农民提供基本的文化服务，当地政府要努力办好“乌兰牧骑”和“流动文化车”等行之有效的无偿的文化服务。鼓励县、乡、村企业办文化，鼓励文企联姻，活跃企业职工和周围群众的文化生活。提倡兴办农村长年或季节性职业半职业剧团，兴办曲艺、杂技、鼓乐班（社）和民间自娱自乐性的社团，扶持农民个人或联户办文化。

4. 城市要为文化扶贫工程服务

城市文化部门、教育部门、科技部门、广播电视部门、共青团、妇联等，要发扬为农村和农民服务的优良传统，帮助贫困地区的农村兴办教育，培养人才，开展文化科技普及活动，建立广播电视网络。定期、不定期地组织巡回辅导，或开办各种培训班，抓好“希望工程”“1 +1 助学活动”等有益的社会文化活动。城市文艺单位要送戏、送电影下乡，由文化主管部门统筹安排，有条件的还可以采取包片、包点或巡回演出等形式，组织新华书店、图书馆、博物馆下乡卖书、借阅、巡展。以集镇为中介，加强城市文化市场对农村文化市场的辐射，带动农村文化市场的发展。

5. 抓好农村文化队伍建设

农村文化队伍是组织开展文化活动的重要保证。这支队伍的政治、业务素质如何，直接关系到文化扶贫工程的实施，关系到农村文化的发展。要想方设法解决乡镇文化站、文化中心的编制和文化专干转干难的问题。现在全国乡镇文化站、文化中心的编制和人员转正问题仍没有解决的占总数的一半，对稳定队伍非常不利，需要引起各地重视，帮助解决。要抓好农村业余文化骨干队伍的建设，把农民中热爱群众文化，或具有组织才能，或具有文化体育特长，或具有科技传播、示范能力，或热心文化宣传工作的骨干组织起来，充分发挥他们的模范带头作用，团结、带动更多的农民群众参与各项文化活动。农村文化工作人员少，任务重，业务面宽，经费少，条件差，生活艰苦，必须有较高的思想觉悟和奉献精神才能把工作搞好。因此，一定要注意文化队伍的思想建设，不断提高从业人员的政治思想素质；同时，要注意通过自学、专业培训等多种办法，提高他们的业务水平；还要十分重视解决农村文化工作人员生活待遇差的问题，逐步改善他们的生活条件，提高他们的经济收入和生活水平。对于在农村文化工作中成绩卓著、有突出贡献的人员，要予以表彰、奖励。

文化扶贫工程是一项具有战略意义的基础性工程。文化建设对于经济建设乃至社会的全面进步所起的重要作用，越来越为人们所认识，邓小平关于物质文明和精神文明“两手都要抓、两手都要硬”的思想越来越深入人心。文化扶贫这一文化建设“工程”，关系到我国广大贫困地区八千万农民能否抛掉愚昧落后的帽子，走向共同富裕的道路，跟上社会主义现代化建设的前进步伐。因此，我们提出如上建议，呼吁各个方面特别是有关领导同志关心和支持建立这项“工程”，并使之落到实处。要看到这项“工程”的长远的、根本的、巨大的作用和意义，树立把握未来的思想观念和战略眼光，不要仅仅关注那些短视项目。我们坚信，只要我们扎扎实实、坚韧不拔，努力工作，“文化扶贫工程”必将促使贫困地区农民摆脱贫困，摆脱愚昧，与全国广大农民一道，奔向小康，奔向繁荣、富裕、文明的21世纪。

（此文与康式昭、胡广爱合写，发表于《文艺报》1994年12月31日，获中宣部“五个一工程”奖）

文化产品的商品属性及其非商化特质

精神文化产品是否为商品？或者说在何种意义上是商品？在何种程度上是商品？这是近年来文艺界、思想界一直争论不休的问题。诚然，现在谁也不会轻易地说“文艺不是商品”，因为这在实践中行不通；但也不会简单地说“文艺就是商品”，因为确实有它不同于一般物质产品的特殊性。对这样一个关系到市场经济条件下文艺事业发展的带有根本性的理论问题，我们必须有一个全面的、准确的、科学的认识。

一、文化产品的商品属性

人类社会的生产分为两大部类，即物质生产和精神生产，与之相对应的社会产品也分为两大部类，即物质产品和精神产品。物质产品是物质生产的成果，表现为物质形态，主要用来满足人们的物质生活需要；精神产品是精神生产的成果，表现为观念形态，主要用来满足人们的精神生活需要。

作为观念形态的精神产品，大体上可以分为两大类型：一类是学术性精神产品，如社会科学中的哲学、宗教、经济、政治、法律等思想学说和自然科学的诸多学科领域；一类是文艺性精神产品，如文学、戏剧、电影、音乐、舞蹈、绘画、雕塑等等。

文化产品作为人类的精神产品与人类的物质产品有许多共同的特点，二者都是人类的劳动成果，都是劳动产品，都具有一定的价值和使用价值，一般都可以作为商品进入流通领域。马克思主义关于商品的一般定义，对于绝大多数文化产品是完全适用的。

马克思曾经指出：“一切劳动，从一方面看，是人类劳动力在生理学意义上的耗费，作为相同或抽象的人类劳动，它形成商品价值；一切劳动，从另一个方面看，是人类劳动力在特殊的有一定目的的形式上的耗费，作为具体的有用劳动，它产生使用价值。”① 马克思又说：“生产创造出适合需要的对象；分配依照社会规律把它们分配；交换依照个人需要把已经分配的东西再分配；最后，在消费中，产品脱离这种社会运动，直接变成个人需要的对象和仆役，被享受而满足个人需要。因而，生产表现为起点，消费表现为终点，分配和交换表现为中间环节。”② 文化艺术产品同其他商品一样，能够满足人们某种消费需求，通过流通过程，实现它的价值和使用价值。一部文学作品，读者通过书店花钱购买才能阅读欣赏，满足其精神消费的需求，并使这部作品的价值得以实现；同时，作者通过读者的购买和阅读，获取一定的劳动报酬，使这部作品的价值也得以实现。这部文学作品作为“商品”的“二重性”便“统一”起来了。

文化艺术产品具有商品属性，还可以从以下几个方面进一步分析其原因和条件：

首先，文化产品具有商品属性，是社会历史发展的必然结果

在人类社会发展史上，文化产品并不是一开始就具有商品属性。在原始社会，物质生产和精神生产交织在一起，物质生产者同时又是精神文化生产者，一个猎手同时又是一个歌手，一个伐木工人同时又是一个劳动诗人，他们的劳动产品包括物质和精神两个方面，都不进入市场，所以那时的精神文化产品还不是商品。随着社会的不断进化，社会分工进一步发展，出现了商品经济。文化艺术产品随着商品经济的发展，开始作为商品交换。我国早在西汉时代，已有专门经营书画的书肆，唐代出售字画更为普遍。到了现代社会，商品经济高度发达，精神文化产品的商品属性更加明显和突出：一方面产生了一大批精神文化生产者，精神文化生产成为大规模的社会事业；另一方面，随着社会物质生活的丰富和社会成员文化素质的提高，对精神文化消费的需求也日益增长，这就为大量精神文化产品成为商品提供了市场。

其次，文化艺术产品的商品属性，是现代科学技术发展的必然结果

由于现代印刷技术的发展，古人笨重的竹简或手工作坊刻印的线装

---

① 马克思：《资本论》第1卷，人民出版社1975年版，第60页。

② 《马克思恩格斯选集》第2卷，人民出版社1972年版，第91页。

书，早已为现代书刊业所取代。由于电子技术的发展，昔日只能在剧场观赏的戏剧、歌舞，如今通过录音录像进入千家万户。马克思在谈到某些文化艺术产品与一般物质产品的不同特点时曾经说过："一个歌唱家为我提供的服务，满足了我的审美需要；但是我所享受的，只是同歌唱家本身分不开的活动，他的劳动即歌唱一停止，我的享受也就结束；我所享受的是活动本身，是它引起我的听觉的反应。"① 如今，录音录像磁带可以将艺术家们"不留下任何可以捉摸"的表演和歌唱，与艺术家本身分离开来，歌唱家的"劳动即歌唱一停止"，"我的享受"并不是无可奈何地"也就结束"，我仍然可以通过磁带使"歌唱家提供的服务"随时得到享受。这是现代科学技术的物质成果给精神文化生产带来的变革。这一变革使某些精神产品的物化程度日益加大，乃至可以像物质产品一样进行机械化、标准化、批量化生产。

再次，文化艺术产品具有商品属性，与我国现阶段多种所有制并存的形式密不可分

社会主义初级阶段存在着以公有制为主体的多种经济成分和多种经营方式，存在着独立或相对独立的经济利益的法人实体。在文化领域内，通过文化体制改革，打破了计划经济时代由国家统包统管的传统模式，形成了国家、集体、个人办文化的新格局，文化市场迅速崛起，文化产业蓬勃发展。这些具有不同所有制形式、不同经营方式、不同经济利益的文化艺术实体，他们彼此之间以及与其他部门之间的经济关系，都应当是商品经济关系，他们的精神生产都将受到商品规律的制约。

综上所述，在现代社会，精神文化产品的生产与物质产品的生产有许多相同之处，在诸多方面受到社会政治、经济、科技等的深刻影响。大多数精神文化产品都要进入流通领域，受到商品规律的制约，具有商品的属性。

二、文化产品的非商化特质

人类的社会生产和社会产品之所以分为物质和精神两大部类，尽管二

---

① 《马克思恩格斯全集》第26卷第1分册，人民出版社1972年版，第436页。

者在许多方面有相同之处，但根本还在于二者具有质的不同。文化艺术产品既有商品的属性，同时又具有非商化的特质，这表明精神产品与物质产品既有联系又有区别。

所谓文化产品的非商化特质，是借用钱钟书先生的观点（见本书第229页）。这里特指文化产品与一般物质产品的本质区别，亦即通常所说的精神文化产品的特殊性。

与物质产品比较，文化产品的本质特征可以从不同的角度、不同的方面概括出许多，这里只论述其中最主要的四点：

第一，精神劳动的独创性

作家和艺术家的劳动是一种创造性的复杂的精神劳动，比起物质生产劳动，具有更多的独立性和自主性。写什么和怎么写，文艺家应当享有充分的自由，这样才能发挥他们的主动性、积极性和创造性。即使是集体创作，与发挥文艺家个人的聪明才智也并不矛盾。如果不尊重文艺家的创造性，不尊重文艺创作的内在规律，就很难有效地进行文化艺术的生产。正是在这个意义上，邓小平强调“不要横加干涉”。文艺家的劳动成果，也与物质生产的劳动成果不同。广东三水县一座东汉古墓出土的陶臼竟然与如今那里山区农民的米臼一模一样，北京吉普可以引进美国切诺基生产线，成千上万辆批量生产。文艺家的作品则只能是前所未有与众不同的“这一个”，只许创新，不能重复。现存唐诗五万余首，没有一首是重复的；鲁迅的杂文，普希金的诗歌，巴尔扎克的小说，都是他们独具个性的不朽创作。

第二，精神产品生产的阶段性

一般精神文化产品都具有精神内容和物质外壳两重性，这是精神文化产品生产过程的阶段性决定的。精神文化产品的生产过程，大多包括精神生产和物质生产前后两个阶段，前一阶段是学者、作家和艺术家富有独创性的精神劳动，后一阶段则是由物质生产部门的劳动者所进行的物质劳动。例如，书籍的生产，作者创作，编辑审稿，属于精神劳动阶段，而排字、印刷、装订等则为物质生产阶段。歌曲的生产，词曲作家作词谱曲，歌唱家演唱，属于精神劳动阶段，而后由物质生产部门录制成唱片或磁带，则是物质生产阶段。这两个阶段不同性质的劳动过程，通过一定的物质载体，使精神文化产品由观念形态转化为物化形态，亦即精神内容和物质形态的统一。在这里，起决定作用的是前一阶段的精神生产过程，因为决定精神文化产品本质的不是它的物质载体，而是它的思想内容、审美价值和艺术水准。

第三，价值与价格的不统一性

物质产品的价格是根据创造这一产品的使用价值所耗费的社会必要劳动时间所决定的，价值与价格相一致，这是商品经济等价交换的原则。精神产品则不然，它不可能像物质产品那样精确地计算社会必要劳动时间，价值与价格往往很难统一起来，因而文化产品就难于实现真正意义上的等价交换。不仅如此，由于文化传统、艺术时尚、国民素质等种种原因，精神文化产品的价值与价格还会出现背离甚至严重背离的情况。比如，被马克思称为“出于春蚕吐丝一样的必要而创作《失乐园》”的密尔顿，耗尽了自己毕生的心智，结果仅仅得到五个英镑。马克思的巨著《资本论》的全部稿费，还不及他写作《资本论》时吸雪茄烟的钱。这种不合理的状况目前在我国也十分突出：一些高水平高格调的艺术表演团体面临危机，处境艰难，而那些经营歌舞厅等娱乐业的老板却大发横财；创作一首歌曲，只能拿到十几元或者几十元的稿酬，而演唱这首歌曲的歌手一张口就能得到成千上万。对于文化产品价值与价格出现这样严重背离的现象，政府必须采取价值补偿或者高额税收等手段进行调控，加以扶植或者抑制。这与物质产品价格依照市场规律进行自然调节大不一样。

第四，审美价值的永恒性

价值是借用经济学的名词。尽管文化艺术产品的价值也是由文艺家“生产”出来的，但它与一般物质产品的价值有着根本的不同。物质产品的价值是由它的使用价值所决定的，表现为物质形态；而文化艺术产品即使常常也表现为物化形式，但它之所以能够满足消费者的精神审美需求，不是物化形式本身，而是通过物化形式所表现出来的观念性的东西，即它的审美价值。假设一部《红楼梦》书籍标价 30 元人民币，它决不意味着就是这部《红楼梦》的价值，这只不过是其物化劳动的费用，而《红楼梦》的审美价值则是书中所蕴涵的博大精深的思想内容和卓越精湛的艺术成就。文化艺术产品的审美价值与一般物质产品的价值，二者的区别还在于：任何物质产品总是受到一定时空的限制，都有一定的使用寿命，都不可能永远地保存下去；而文化产品则可以超越时空，具有恒久的流传性。

譬如，一把椅子坐坏了，主人把它扔掉了，这件物品就不存在了，其使用价值也就到此终结。然而一本好书读破了，主人也把它扔掉了，这本书虽然不存在了，但这本书的审美价值依然存在（还有其他版本继续流传）。并且，其审美价值越高生命力越长，有的甚至可以与人类共存。如屈原诗歌中所表现的爱国主义精神，作为中华民族宝贵的精神财富将会永远地流传下去。

文化艺术产品的特殊性，可以视之为全部文艺理论的总和。这是一个内涵十分丰富而复杂的问题，决非三言两语可以阐述清楚。这里仅从文化产品与物质产品有何区别的角度，考察了其特殊性的几个主要方面。总之，文化产品既具有商品的属性，又具有与物质产品不同的特殊性。只强调其商品属性而无视其特殊性，或者完全否认其商品属性而只强调其特殊性，都是片面的，不科学的。

三、认识文化产品商品性及其特殊性的现实意义

改革开放以来，随着我国商品经济的迅速发展，特别是党的十四大确立了社会主义市场经济体制，我国的文化事业也相应发生了一系列深刻的变化。在新的形势面前，正确认识精神文化产品的商品属性和特殊性，有助于我们正确把握文化产品与市场经济的关系，促进文化事业在市场经济体制下健康发展。

正确认识文化艺术产品双重属性的现实意义主要有两个方面：一方面要遵循商品经济规律，利用市场机制，促使文化艺术产品面向市场，适应市场，在市场经济条件下蓬勃发展；一方面又要反对文化艺术商品化的倾向，不能完全由市场取向来决定文化艺术的兴衰存亡。

关于利用商品经济规律，利用市场机制发展文化事业，这些年来文化体制改革的实践已经作出了充分有力的说明。文化市场迅速崛起，蓬勃发展；国家、集体、个人等多种经济成分并存，承包、联营、合资等多种经营形式并举；竞争机制引入文化领域，大大激发和促进了文艺生产力；文化单位注重成本核算和市场营销，造就了一大批既懂文艺又善经营的管理人才；以文化娱乐业为主的文化第三产业方兴未艾，新兴的艺术门类和娱

乐方式层出不穷，大大丰富和满足了群众的精神文化生活。这些都是商品经济和市场机制给文化事业带来的新鲜气象，为文化事业的发展注入了活力，其积极作用有目共睹，毋庸置疑。

关于反对文化艺术商品化倾向，就是要克服和纠正近年来的文化拜金主义，即一切以市场为取向，以票房价值和赚钱赢利为准则，单纯追求经济效益的严重错误倾向。现在有些人经不住商品浪潮的冲击，不惜降低艺术品位，甚至不惜降低人格，来迎合市场，迎合一部分读者和观众，导致文化的庸俗化倾向。譬如，书摊上（岂止书摊）许多内容平庸、粗制滥造、格调低下的书刊，舞台上或屏幕上一些追求新奇刺激或不健康的演出和影视作品等等。制造这些精神垃圾的所谓作家、艺术家，实际上已经沦为金钱的奴隶，沦为劣质文化消费品的制造商。他们这样做是对社会和人民极不负责任的表现。

这种现象已经引起广大群众的不满和有识之士的忧虑。钱钟书先生针对文化商品化的倾向提出了“非商化”的观点。1992 年底钱钟书先生在接受《人民政协报》记者采访时说过：“崇高的理想、凝重的节操和博大精深的科学、超凡脱俗的艺术，均具有非商化的特质。强求人类的文化精粹去附和某种市场价值价格的规则，那只会使科学和文艺都‘市侩化’，丧失其真正进步的可能和希望。历史上和现代的这种事例还少吗？我们必须提高觉悟，纠正‘市侩化’的短视和浅见。”对于文艺的“市侩化”和庸俗化倾向，我们必须通过有效的政策调控和正确的舆论导向，进行坚决地遏制和纠正。

总而言之，正确认识精神文化产品的商品属性及其特殊性，对于市场经济条件下文化事业的发展是富有现实意义的。正如文化部长刘忠德同志在《关于文化工作面临的若干理论和实践问题的思考》一文中所指出的那样：“搞清楚文化产品的双重属性，以及在何种意义上表现出不同的属性，不仅对于我们解答当前许多复杂的文艺问题有着重要的启示意义，而且对于我们在体制变革中，根据不同的属性制定相应的对策，也有重要的指导意义。”

（此文系北京市委研究室约稿，收入文集《北京文化市场纵横谈》，中国人民公安大学出版社 1995 年版）

正确处理社会效益与经济效益的关系

一般精神文化产品既有商品的属性又有其自身的本质特性，这种双重属性决定了精神产品必须注重两个效益，即经济效益和社会效益。

精神产品的商品属性，要求精神产品同其他物质产品一样，必然受到商品规律和市场法则的制约，力求以最少的投入获取最多的产出，尽可能取得最大的经济效益。尤其是那些物化程度较高的精神文化产品，如书刊音像制品等，更要重视经济手段和科学管理，注意研究文化消费趋向和市场供求关系的变化，使产品适销对路，满足不同层次的文化消费需求。在市场经济条件下，精神文化产品只有面向市场，适应市场，才能在市场竞争中求得生存和发展。

然而，精神生产的根本目的不是为了赚钱，精神产品的价值主要不在于获得了多少经济利润，而在于它的思想价值、艺术价值、审美价值等等。精神文化产品的这一本质特征，亦即它不同于一般物质产品的特殊性，要求精神产品的生产必须把社会效益作为最高准则。正如邓小平同志所指出的那样："思想文化教育卫生部门，都要以社会效益为一切活动的唯一准则，它们所属的企业也要以社会效益为最高准则。"①

精神生产和精神产品要以社会效益为最高准则，就是要求精神产品问世之后应当对社会产生积极的、进步的、良好的影响和效果，能够引导人们陶冶高尚情操，完善道德修养，提高精神境界，激起对真善美的向往和追求。这也就是江泽民总书记在全国宣传思想工作会议上所要求的，"必须以科学的理论武装人，以正确的舆论引导人，以高尚的精神塑造人，以优秀的作品鼓舞人。"只有这样的精神产品才是美好的精神食粮，才会有补于世，有益于人，才能为提高全民族的思想道德水平和科学文化水平发

---

① 《邓小平文选》第3卷，人民出版社1993年版，第145页。

挥积极的作用。

如果不是这样的话，一件作品读者和观众看了之后，或是造成了思想上的混乱；或是使之情绪低落，意志消沉；或是灵魂趋于肮脏，道德趋于败坏，甚至走向堕落，走向犯罪。这样的作品就非但谈不上什么社会效益，而且成了社会祸害，成了毒害人们灵魂、污染社会环境的精神垃圾。诚然，精神产品的社会影响和社会效果不是孤立地发生的，常常与一定的社会现象和精神产品接受者自身的素质一同发生作用，但是只要能够起一定的诱发和催化作用，也就构成了一定的社会效果。

一个有良知的有社会责任感的作家或艺术家，总是要考虑到自己作品的社会效果，必定会以社会效益为最高准则。譬如，前些年文艺界拜金主义盛行，"走穴"成风，有的人不惜降低艺术品位，甚至不惜降低人格，迎合市场，追随流俗，导致文艺的庸俗化倾向，在社会上产生了不良的影响。然而，北京人艺的艺术家们却并不随波逐流，始终保持优良传统，追求艺术的高品位、高质量，赢得了广大群众的赞誉，成为全国文艺界的一面旗帜。这使我想起德国诗人席勒针对当时德国市场经济兴起高雅文化衰落所作的评论："通常总是说大众使艺术倒退了，但这不是事实。是艺术家降低了大众，艺术堕落的时代，总是因为艺术家的缘故。"

诚然，作家、艺术家并非不食人间烟火，"著书都为稻粱谋"（龚自珍诗，当然是牢骚之词。），但是他们决不能"把神圣的艺术变成唯利是图的职业"。正如马克思所指出的，作家当然必须挣钱方能生活、写作，但是他决不应该为了挣钱而生活、写作。诗一旦变成诗人的手段，诗人就不成其诗人了。① 现在，有些艺术家和精神产品生产单位，片面追求经济效益，置社会效益于不顾，把文艺活动变成了赤裸裸的经济行为。例如那些胡编滥造、格调低下、内容平庸的书刊，那些宣扬暴力和色情的录像等，一度泛滥成灾，造成严重的社会问题。早在1983年，邓小平同志针对当时文艺界出现"一切向钱看"的歪风，曾经一针见血地指出："有些混迹于艺术界、出版界、文物界的人简直成了唯利是图的商人。"②

我们反对文化拜金主义，反对文化商品化倾向，并不是说在精神生产

① 《马克思恩格斯全集》第1卷，人民出版社1956年版，第87页。

② 《邓小平文选》第3卷，人民出版社1993年版，第43页。

领域只需强调社会效益，不要讲求经济效益。精神产品的社会效益和经济效益既矛盾又统一，正确处理好二者之间的关系，努力求得二者的统一，不是不可以做到的。实际上那些思想性艺术性结合得较好，同时又受到广大群众欢迎的作品，一般都能达到两个效益的统一。这就是说，社会效益好的作品，往往它的经济效益也好；或者反过来讲，经济效益越好，它的社会效益越大，因为一部作品的读者或观众越多，它的社会效益就能得到更广泛、更充分的发挥。

然而，社会效益与经济效益有时候又是互相矛盾的，社会效益的高低与经济效益的大小在许多情况下并不成正比，有的甚至出现严重背离。一方面，那些思想价值、审美价值高，社会效益好的精神产品，它的经济效益并不好。例如学术著作的发行量少，出版社和作者的经济效益就差，有的甚至出版不了。再如京剧、昆曲等传统戏曲以及交响乐等高雅艺术，都具有很高的审美价值，但由于投入高以及观众审美情趣和欣赏水平等多种原因，经济效益很不理想。另一方面，那些思想价值、审美价值不高，社会效益不好的东西，其经济效益却十分可观。例如那些追求新奇刺激甚至包含黄色、淫秽内容的畅销书或音像制品，往往可以获取很大的经济效益，甚至可以牟取暴利。在这种情况下，其生产者的经济效益与社会效益是完全背离的，生产者的收益越大，对社会造成的危害也越大。在两个效益出现矛盾的情况下，必须把社会效益放在首位，以社会效益为最高准则，对不同情况采取相应的对策：对于那些社会效益好而经济效益差的精神产品及其生产，国家要采取价值补偿的经济扶植政策；对于那些经济效益好而社会效益差的东西（有的是文化垃圾），必须予以必要的限制，其中触犯国家刑律的，则要依法惩处。

要求精神产品及其生产在坚持以社会效益为最高准则的前提下重视经济效益，这不仅是建立社会主义市场经济体制的需要，也是改革开放以来解放思想、观念更新的一大进步。长期以来，在计划经济体制下，精神产品的生产都是由国家统包统管，习惯于依赖国家财政补贴。以艺术表演团体为例，剧团吃国家的“大锅饭”，演员吃剧团的“大锅饭”，不研究观众消费观念的变化，不注重艺术质量的提高，以至形成多演多赔、少演少赔、不演不赔的怪现象。这种既无视经济效益，实际上也谈不上社会效益的组织管理体制，使得许多文艺团体陷入困境，到了非改革不可的地步。

随着文艺体制改革的不断深入，艺术生产引入了竞争机制，改革了分配办法，改善了经营管理，有效地调动了文艺工作者的积极性和创造性，增强了自身的生存能力和竞争能力，取得了社会效益和经济效益双丰收。

社会主义市场经济体制的确立，为实现两个效益的统一创造了前所未有的条件和环境。我们必须在坚持以社会效益为最高准则的前提下，充分利用市场机制，努力创造最好的经济效益，争取达到两个效益的和谐统一。

（此文系北京市委研究室约稿，收入文集《北京文化市场纵横谈》，中国人民公安大学出版社 1995 年版）

谈谈艺德建设及对演艺人员的管理

新中国建立以来，在党的文艺方针指引下，涌现了一批又一批热爱艺术、热爱人民、德艺双馨的艺术家，赢得了人民的喜爱和尊敬。他们当中，有长期献身革命文艺事业的老一辈艺术家，也有新中国培育成长的新一代艺术工作者。他们以其艺精德高，成为广大文艺工作者的楷模。然而，与此相反，近年演艺圈中也滋长了一些不良风气，为传媒频频曝光：放录音，假张嘴，欺骗群众者有之；打着赈灾、义演旗号，骗钱捞钱者有之；漫天要价，唯利是图，偷税漏税者有之；知识浅薄，文化贫乏，出乖露丑者有之；摆架子，耍威风，动辄谩骂甚而大打出手者亦有之……以上种种问题的出现，固然有其复杂的社会背景，但其中有两条十分关键的原因：一是演艺人员自身的道德修养不高，缺乏必要的自律精神，亦即人们所说的艺德滑坡；二是对演艺人员的管理松弛，缺少健全的法制和必要的措施。因此，当务之急是大力加强艺术队伍的艺德建设，完善对演艺人员的科学管理。

一、关于艺德建设

艺德，就是演艺人员的思想道德，包括演员的文化修养、思想情操、敬业精神和社会责任感等等。古往今来，一切严肃自尊的有成就的艺术家，都十分重视艺德的培养和修炼，把艺德看作自己艺术生命的根本。

艺德，就总体说，包括两方面的基本构成：“戏品”和“人品”，即“台上演戏，台下做人”。就“戏品”说，对艺术一丝不苟，技艺上精益求精，追求艺术的最高境界；为了艺术事业，乐于奉献，肯于牺牲；视观众如“父母”，待同行若手足；唯艺为重，“救场如救火”等等。需要特别指出的是："救台""补台"向来为梨园行之义举，也是起码的行规、艺德之所在。就"人品"说，大至崇尚民族气节，深明生死大义；小至洁身自好，自尊自律，都是从艺者"做人"的规范。梅兰芳在日寇占领区蓄须明志，不入污浊，越剧十姐妹在上海十里洋场出淤泥而不染，洁身自好，向来为演艺界所推崇。以上两方面的内容，可以归结为两句话："认认真真演戏，堂堂正正做人。"这正是旧时代艺人们世代相传的闪光的艺德。

作为社会主义时代的文艺工作者，既要继承弘扬传统艺德的精华，又要融入时代精神，创建具有社会主义特色和改革开放时代特征的新型艺德。无论"做戏"（戏品）还是"做人"（人品），都应当达到新的高度。如果说，旧时代的艺人们从艺首先是为了谋生，因而认真做戏，追求技艺精进，进而建立了优良艺德的话，那么，新时代的文艺工作者，从艺的根本目的已经发生了质的变化：为人民服务，为社会主义服务。相应的，社会主义的艺术道德，也应该建立在党的"二为"方向和一系列文艺方针政策的基础之上。根据多年来众多的艺术家们的实践，笔者以为，这种具有社会主义特色和改革开放时代特征的新型艺德，至少应该包括以下几个主要方面的内容：

第一，高尚的道德情操

演员经常要在舞台上扮演民族英烈、革命志士、人民领袖等各种类型的伟人和英雄。要演好这样的角色，固然要加强演技的训练，同时也不能忽视思想道德的修养。不去努力学习他们的精神品质，就很难体会他们的心胸、气魄和思想境界，就很难把这些英雄人物演好。很难设想，一个心地狭窄、行为卑琐的演员能够把一个英雄人物表现得形象高大、光彩照人。正如著名演员李雪健所说的："我们在台上演英雄，在台下也不能给他们抹黑，得向他们学点什么。演员是个公众人物，大伙都看着你呢。咱不能台上演英雄，台下当狗熊，让观众失望。"扮演英雄人物固然要有高尚的道德情操，要演好平凡的小人物乃至反派人物，同样也要有高尚的思想境界和情操。

第二，虚心的学习态度

艺无止境，学无止境，艺术创造的灵感，要从不断的学习中得来。古今中外的艺术家，刻苦读书，钻研砥砺，不断充实和提高自己的文化水平和艺术水平，这样的事例数不胜数。当前，我们演艺队伍的文化素质普遍不高，学习的风气又很淡薄，有的演员上了几次镜头，便自我感觉良好，不思进取。现在需要开展一个广泛持久的读书学艺活动，把学习的风气搞得浓浓的，把文化功底打得厚厚的。

第三，牢固的群众观念

艺术家与群众的关系是一种血肉相连的关系，这是我党文艺工作的优良传统。正像邓小平同志指出的："人民是文艺工作者的母亲"，"人民需要艺术，艺术更需要人民。"[①] 一方面，艺术家要向群众学习，从人民群众的生活中汲取艺术养分，激发艺术灵感；另一方面，要用自己的艺术全心全意为人民服务，为社会主义服务。现在有些演员总以为自己是大明星，动辄发脾气，摆架子，我行我素，为所欲为，心目中根本没有群众。豫剧表演艺术家常香玉说得好："演员要心里想着观众，认真地面对观众，才能得到观众的欢迎。观众是艺术的土壤，也是演员的裁判，如果观众不喜欢，你这演员就不行了。"

第四，自觉的奉献精神

艺术就是奉献美。艺术家要力求把最美的精神食粮奉献给人民，首先自己要有乐于奉献的精神，即为艺术不惜牺牲自我的精神。当年盖叫天在台上腿摔断了，为了艺术形象不受损害，硬是咬着牙坚持演完了戏，在艺术界传为佳话。青年艺术剧院演员丁嘉莉在《大河湾湾》的演出中，饰演酒醉状态十分投入，以至跌下台口，手臂骨折，她忍痛把戏演完。著名京剧表演艺术家厉慧良在《大老板程长庚》中扮演程长庚的教师米喜子，剧中程长庚要胜过教师米喜子，而程长庚的扮演者姬麒麟无论功力、名望都难胜厉慧良，但根据剧情的需要，厉慧良不仅为姬麒麟设计了一套漂亮的动作，还把自己的戏演得很土，表现得很"无能"。他说："在这里我是米喜子，我服从剧情需要，服从艺术需要。"的确，一出戏的成功不仅需要编、导、音、美的配合，还需要演员之间主角与配角这种红花绿叶的映衬。现在有的演员没有协作精神，没有集体荣誉感，只有个人成名欲，非主角不演，一不遂心就撕毁合同，甚至发展到临阵"撂台"，造成停演的严重后果。京剧表演艺术家尚长荣说得好："戏台上讲究救场如救火，别人的场都得救，自己的场怎么能说撂就撂了呢？艺人有涯艺无价，演员还是应该

---

① 参见《邓小平文选》第2卷，人民出版社1994年版，第211页。

用艺术为社会创造点精神财富。即使是市场经济，也不能少了奉献精神。”

第五，淡泊名利思想

艺术家通过自己的辛勤劳动和创造，获取相应的社会名望和物质利益是合情合理的。但是，现在某些“明星”和“大腕”，追名逐利几乎到了不讲人格的地步，有的赤裸裸索取高额出场费，有的以自己扮演的艺术形象为资本骗取钱财，有的不惜糟蹋艺术，靠假冒蒙骗来赚钱……当然，绝大多数艺术人员能够正确认识和处理好艺术与金钱的关系，淡泊名利，珍惜荣誉，自觉抵制拜金主义、享乐主义和极端个人主义腐朽思想的侵蚀。

艺术家的艺德修养是多方面的，这里仅择其要者列举以上诸端。总之，以优秀的作品鼓舞人，是我国文艺工作的根本任务，也是社会主义艺德建设的出发点和归结点。邓小平同志指出：“对人民负责的文艺工作者，要始终不渝地面向广大群众，在艺术上精益求精，力戒粗制滥造，认真严肃地考虑自己作品的社会效果，力求把最好的精神食粮贡献给人民。”① 这应该成为我们艺德建设和艺德修养的目标。

要切实加强艺术家的艺德建设，还必须有相应的措施和制度加以保证。譬如：（1）大中专艺术院校是艺术家的摇篮，要加强学生在校期间的思想品德教育。这个问题是艺术院校目前普遍存在的一个薄弱环节，要切实予以加强。（2）演员要定期进行艺德教育的培训。（3）各种类型的评奖不能单纯看业务水准，同时要考察演员的艺德。艺德不佳者，业务再好也不予评奖。对“星”和“家”的桂冠，要谨慎使用，因为廉价的吹捧也会毁掉许多可能有出息的演员。（4）演员要加强自身修养和艺德自律。（5）新闻传媒要充分发挥舆论监督的职能，既要抓住反面典型果断地予以曝光，以儆效尤，又要树立德艺双馨的典范，突出宣传，在全社会造成有利于艺德建设的良好环境。

二、关于演艺人员的管理

加强管理与艺德建设是一个问题的两个方面，艺德是演艺人员的自我

① 参见《邓小平文选》第2卷，人民出版社1994年版，第211页。

约束，管理则是建立必要的规章制度和制约手段，属于外在约束。其目的都是为了建立科学的符合社会主义艺术规律和文化市场要求的演出管理机制，以利于艺术表演人才的健康成长，进而推进社会主义文艺事业的繁荣与发展。

我国正处在由计划经济体制向社会主义市场经济体制转轨过程之中，计划经济体制的影响尚未完全消除，市场经济的竞争机制尚未完全建立，这就有可能出现管理上的漏洞和混乱。在计划经济体制下，文化艺术机构包括艺术表演团体作为政府的附属物，由政府统一包揽；艺术从业人员作为国家干部，也由单位统包统管起来。在这种情况下，对演艺人员的管理，便难免统得过死，管卡失度，在相当程度上限制了艺术人才的自由流动，妨碍了艺术家艺术才能的展示和发挥。市场经济体制目标的确立，文艺体制改革的逐步深入，旧的管理模式的突破，为艺术人才提供了自由驰骋的广阔天地。但由于市场竞争不规范，体制改革不到位，管理制度不健全，也就出现了演员“吃两头”的不合理现象：一方面保有剧院（团）正式演职人员的身份，占着剧院（团）的编制，享受计划经济体制下的种种优越性（住房分配、公费医疗等）；另一方面又利用文化市场发展提供的条件和机会，到外面“走穴”，赚外快。常常出现这样的怪事：剧院（团）要演出，而演员“走穴”在外找不着人；或者即使参加剧院（团）演出，但“身在曹营心在汉”，出工不出力，敷衍塞责。有的演员外出“走穴”或拍摄影视，个人成千上万甚至几十万元地往腰包里装，而在“走穴”中买几片润喉药还回剧院（团）报销，吃“社会主义优越性”。这些管理上的诸多弊端和漏洞，正是某些演员见利忘义、毁约停演等种种违反职业道德行为的深层原因。

要解决上述问题，必须从改革入手，加速文艺体制改革步伐，革除旧的不合理的体制，加强文化法制建设，严肃演出纪律，尽快建立和健全适应社会主义市场经济体制的演艺人员管理体系。这里谨提出以下原则性意见和建议：

（一）演艺人员身份由计划经济体制下的“国家干部”转为艺术自由从业者，演员与剧院（团）则由过去的人事部门分配、一包到底的从属关系转为由合同规范的相互独立、相互制约的契约关系，在合同期内遵守双方协定。

演艺人员身份的定位是问题的核心和关键。在市场经济体制下，演艺行业应该是自由职业，演艺人员应该是自由的艺术从业者，这是一切实行市场经济体制国家的通例。就演艺人员不受制于某个固定的演出团体，可以自由支配自己的演艺活动而言，西方世界的演员们都是自由的，尽可以自在“走穴”：今天参加甲团乙地的演出，明天参与丙团丁地的演出；今天拍摄影视，明天登台献艺，只要互签合同，双方认定即可。我们还可以说，自在“走穴”、自由流动是西方演艺界的基本活动方式和生存模式。但是，这里的自由绝不是无限制的、绝对的，自由必须在契约规定的范围之内，必须以不违反双方的合同为前提。类似我国当前转轨期出现的吃着东家饭，不干东家事，私自干外活赚外快的“走穴”活动，在西方演艺界完全行不通。且不说违反合同要赔偿违约金，就是为一次“走穴”活动丢了饭碗，乃至丢掉终身职位的蠢事，也不大会有人去干。拿西方市场经济体制下的演艺自由为自己辩护，必须先弄明白个中的规矩。

（二）剧院（团）的模式由计划经济体制下形成的政府包揽、单一公有制，转变为国家、集体及个人办等多种经营模式。逐步摆脱统包统管的政府行政隶属关系，实行企业法人制；各类剧院（团）都要成为自主生产、自主经营、独立核算、自我发展的艺术生产经营实体。国家对国办剧院（团）重点倾斜，对集体和个人办团给予扶植。国办剧团的演职人员达到一定条件可转为终身职位。

艺术表演团体的性质及地位，在艺术事业发展中至关重要，对于演艺人员的管理来说，则具有决定性的作用。在理顺剧院（团）和演职人员关系的基础上，一是要划清应管和不必管的界限，力求把过去形成于计划经济体制下的统得过死、管之不当的弊端加以革除；二是要在契约规定的范围内，大胆行使管理职权，敢于管，严于管。无规矩不成方圆，剧院（团）的管理部门要尽快建立严格的科学的管理制度，力求赏罚分明。在新建立的体制下，剧院（团）和演艺人员可以实行双向选择，充分尊重双方的意愿，但一经选择，就必须严格遵从契约的规定，信守双方的承诺。对于演艺人员来说，必须遵守剧院（团）的管理规章，服从管理约束。任何蔑视管理规章的行为，都必须受到相应的处治。在合同期内，演艺人员应邀作院（团）外演出或拍摄影视，必须征得所在剧院（团）同意，并由邀请方向剧院（团）支付一定的报酬。这在西方演艺界也是通行的惯例，犹如已签约的球员转会或暂借参赛须向球员所在俱乐部支付报酬一样。

（三）改革领导体制，在实施院（团）长负责制及党委领导下的院（团）长负责制的基础上，可探索试行剧院（团）社会化管理，建立艺术总监或制作人制，负责组织和实施剧院（团）的艺术生产、经费筹集和演员收益分配。演员的住房、医疗、待业、保险等从剧院（团）分剥出来，与社会保障体系的建立相适应，逐步改为由社会承担，转变“剧团办社会”的传统模式。在收益分配上，要拉开档次，破除平均主义，但也不能迁就漫天要价。目前，流行于演艺界的高价报酬（歌星出场费动不动几万几十万元，影视演员片酬动不动几十万上百万元等。），属于一种畸形现象，从根本上说，它并不反映真正的票房价值，不反映文化市场的供求关系。这些高价款额的来源，主要不是出于观众掏腰包认购，而多半来自公款或变相公款，诸如公有制企业赞助、地方行政拨款等等。对这种社会分配的失衡，人民群众早已议论纷纷，啧有烦言。当前，亟须采取有力措施，建立健全有关法规，把公款流向“明星”“大腕”的漏洞堵住，同时严格个人收入所得税的征管，把那些畸形收入调节下来。

（四）建立荣誉奖励制度，如试行国家功勋演员制。无论是国家、集体或个人办的剧院（团）的演艺人员，取得了突出成就，为国家的文化建设作出了巨大贡献，经过评审都可以授予荣誉称号，如成为国家功勋演员，并享受国家相应的优待。

（五）建立演艺人员行业工会或演员俱乐部，制订演艺人员必须共同遵守的行业规范，实行自我约束和同行的自我管理。可借鉴体育运动员违反竞赛规则处以一定时期内“停赛”“禁赛”的做法，演艺人员违反演艺行规，也可寻求一种办法，处以一定期限内的“停演”甚至“禁演”。相应的，传媒也应该对这类人员在一定时期内不予宣传介绍，不作误导，不助长歪风。

（六）尽快制订和出台关于演艺人员管理的《演出法》《演员法》和《文化市场管理法》等文化法规，使演艺人员的管理有法可依、有章可循，早日走上法制化轨道。

（此文与康式昭同志合写，发表于《求是》1995 年第 24 期）

文化：民族的灵魂

十五大报告全面、深刻、科学地阐明了建设有中国特色社会主义的经济、政治、文化的基本目标和基本政策，强调这些基本目标和基本政策有机统一，不可分割，构成党在社会主义初级阶段的基本纲领。这充分表明，我们党领导全国各族人民全面推进有中国特色的社会主义现代化事业，对文化建设给予了高度重视。

建设有中国特色社会主义文化这一战略任务，是根据邓小平理论，总结改革开放以来的历史经验和21世纪我国全面实现现代化的奋斗目标而确定的，贯穿着马克思主义的思想和原则，融会了我党从毛泽东、邓小平到江泽民三代领导人的政治主张和文化思想。报告指出："建设有中国特色社会主义的文化，就是以马克思主义为指导，以培育有理想、有道德、有文化、有纪律的公民为目标，发展面向现代化、面向世界、面向未来的，民族的科学的大众的社会主义文化。"这里既包含了毛泽东在《新民主主义论》中提出的"要建立中华民族的新文化"，即"民族的科学的大众的文化"这一著名论断，也包含了邓小平关于"四有新人"和"三个面向"的光辉思想；特别是把江泽民在纪念建党70周年的讲话中提出的建设有中国特色社会主义文化与建设有中国特色社会主义经济和政治三者有机统一的思想，进一步加以发展，写进了党代会的报告，成为我党在社会主义初级阶段的基本纲领，成为全党和全国人民迈向21世纪的政治宣言和行动纲领。

江泽民同志在纪念中国共产党成立70周年的时候，根据邓小平建设有中国特色社会主义理论，提出了"建设有中国特色社会主义文化"这一当代共产党人的庄严使命。去年，党的十四届六中全会以思想道德建设和文化建设为主要议题，作出了《中共中央关于加强社会主义精神文明建设若干重要问题的决议》，对文化建设的战略地位、方针政策、目标任务和主要措施进行了专门部署。党的十五大站在世纪之交的历史高度，把有中国特色社会主义的文化建设作为党在社会主义初级阶段的基本纲领的重要组成部分突出地提了出来，并展开了精辟的论述。通过学习，我对报告中关于有中国特色社会主义的文化建设的论述有以下几点初步认识：

第一，强调文化与经济、政治有机统一，不可分割，这三方面的基本目标和基本政策共同构成社会主义初级阶段的基本纲领

毛泽东同志曾在《新民主主义论》中论及文化与政治和经济的关系，指出："一定的文化（当作观念形态的文化）是一定社会的政治和经济的反映，又给予伟大影响和作用于一定社会的政治和经济；而经济是基础，政治则是经济的集中表现。这是我们对于文化和政治、经济的关系及政治和经济的关系的基本观点。"邓小平在我国刚刚结束"文革"，开始进入社会主义现代化建设新时期的时候便提出："我们要在建设高度物质文明的同时，提高全民族的科学文化水平，发展高尚的丰富多彩的文化生活，建设高度的精神文明。"两个文明要同时抓，经济与文化要协调发展、相互促进，决不能一手硬、一手软，这是邓小平理论中一个十分突出的思想，与毛泽东关于政治、经济、文化三者关系的论述完全一致，都体现了马克思主义关于物质与精神、经济基础与上层建筑的基本原则。十五大报告把有中国特色社会主义的文化建设与有中国特色社会主义的经济和政治相提并论，强调只有经济、政治、文化协调发展，两个文明都搞好，才是有中国特色社会主义；强调文化反映我国社会主义经济和政治的基本特征，又对经济和政治的发展起巨大促进作用；因此进而强调社会主义现代化应该有繁荣的经济，也应该有繁荣的文化，并且确定了有中国特色社会主义的经济、政治、文化的基本目标和基本政策，统一构成党在社会主义初级阶段的基本纲领。这不仅继承和发展了毛泽东、邓小平的思想理论，而且把文化与经济、政治的协调发展上升到"纲领"的高度，如此突出文化的地位和作用是前所未有的。

第二，强调文化是综合国力的重要标志，必须充分认识文化建设的重要性和紧迫性

在现代化社会发展中，人们越来越认识到"文化力"的作用。经济的发展离不开文化的支撑，经济的竞争，归根结底是文化的竞争，人才的竞争。只有搞好文化建设，不断提高人的素质，经济发展才有后劲，社会才能全面进步。文化建设的状况如何，是综合国力的重要标志，直接关系到国民素质的提高和社会文明程度的改善，关系到经济的发展和社会的进步。因此，《报告》中指出："我国现代化建设的进程，在很大程度上取决于国民素质的提高和人才资源的开发。面对科学技术迅猛发展和综合国力激烈竞争，面对世界范围各种思想文化相互激荡，面对小康社会人民群众日益增长的文化需求，全党必须从社会主义事业兴旺发达和民族振兴的高度，充分认识文化建设的重要性和紧迫性。"

第三，强调文化的民族性与世界性的统一

建设有中国特色社会主义文化，必须继承弘扬中华民族优秀的传统文化，而又大胆吸收世界各国的进步文化，既保持民族文化特色，又博采世界文化之长，做到民族性与世界性的统一。江泽民同志曾经讲过："一个民族只有在努力发展经济的同时，保持和发扬自己的民族特色，才能真正自立于世界民族之林。建设有中国特色的社会主义文化，这是事关中华民族振兴的大问题。"中华民族在漫长的历史进程中，形成了博大精深，具有强大生命力、亲和力和凝聚力的传统文化，它不仅使这一民族五千年来绵延不断，自强不息，而且至今仍然滋养哺育着占世界人口五分之一的炎黄子孙。毫无疑问，建设有中国特色社会主义的文化应当建立在民族优秀传统文化的基础之上。但同时，随着对外开放的日益扩大和信息化时代的到来，我们还要积极开展对外文化交流。联合国教科文组织于1988年组织实施了"世界文化十年活动"，提出了"将文化置于发展的中心位置"的命题，倡导形成新的思想方法，"这种方法应对发展的质量和人的因素予以更多的重视，而且能在社会和经济发展各种措施中建立起对文化方面的重要性的认识。"1995年又发布了"世界文化与发展委员会"题为《我们的创造的多样性》的长篇报告，充分强调文化对于社会发展的重要作用，提出重视文化的发展战略，强调不同文化之间的多元共存与互补，并计划于本世纪末召开"文化与发展"世界高峰会议。这将是与世界"环境与发展"高峰会议一样，专门讨论文化与社会发展问题的最高规格的世界性会议。在这样的国际文化环境面前，我们一定要把握世界文化发展的趋势，积极参与世界文化事务，扩大对外文化交流，吸收世界各国的优秀文化成果，不断丰富和发展有中国特色社会主义的文化。

第四，强调知识分子在现代化建设中的作用

我党历来十分重视知识分子的作用，毛泽东把知识分子看作是国家和社会的宝贵财富，邓小平一贯强调尊重知识，尊重人才。《报告》重申知识分子是工人阶级的一部分，在现代化建设中起着重要作用，并指出："要认真贯彻党的知识分子政策，充分发挥他们的积极性和创造性。知识分子要加强学习，提高自己，努力成为先进思想的传播者、科学技术的开拓者、'四有'公民的培育者和优秀精神产品的生产者，同广大工人、农民一起，为中华民族的振兴建功立业。"这里既肯定了知识分子的重要作用，也对知识分子提出要求和希望。广大知识分子应当在十五大精神的鼓舞下，为建设有中国特色社会主义文化和整个现代化事业，贡献自己的聪明才智。

第五，文化是一个民族的灵魂

以上几条集中到一点，就是要通过有中国特色社会主义的文化建设，努力提高中华民族的思想道德素质和科学文化素质。两年前，岭南派画家的代表关山月先生在"两会"期间作了一个很好的发言，引起很多人大代表和政协委员的共鸣。他针对当时市长抓"菜篮子"，省长抓"米袋子"的提法，提出既要抓好"米袋子"，尤其要抓好"脑袋子"。这一通俗的比喻，十分深刻而形象地揭示了文化建设的意义和作用。教育是立国之本，科技是第一生产力，理论可以指导实践，文艺可以振奋精神……总之，文化决定人的素质。不同的民族有不同的文化，而不同的文化又铸就不同的民族。因而可以说，文化是一个民族的灵魂。中华民族聪明智慧、勤劳勇敢，是世界上最优秀的民族之一，曾经为人类的文明与进步作出过巨大的贡献。今天我们站在世纪之交，充满信心地展望未来：在党的十五大路线指引下，21 世纪，古老的中华文明将焕发出旺盛的生机与活力，中国将再现其文化大国的雄姿与风采。

（此文发表于《文化月刊》1997 年第 11 期）

建设有中国特色社会主义文化论纲

一、建设有中国特色社会主义文化的战略意义

江泽民同志在党的十五大报告中全面、深刻、科学地阐述了建设有中国特色社会主义的经济、政治、文化的基本目标和基本政策，强调这三者有机统一，不可分割，构成党在社会主义初级阶段的基本纲领。建设有中国特色社会主义文化，作为党在社会主义初级阶段基本纲领的三大组成部分之一，提到了前所未有的历史高度，突出了文化建设在整个社会主义现代化建设中的地位和作用。党中央在世纪之交提出建设有中国特色社会主义文化这一伟大历史任务，具有十分深远的战略意义。

早在 1991 年庆祝建党 70 周年的讲话中，江泽民同志就明确提出了建设有中国特色社会主义文化这一当代中国共产党人的庄严使命。江泽民同志根据邓小平有中国特色社会主义理论和我国的基本国情，把建设有中国特色社会主义的文化，与建设有中国特色社会主义的经济、政治相提并论，强调这三者是有机统一、不可分割的整体。并且对有中国特色社会主义文化的指导思想、基本方针、基本任务等作了符合马克思主义的精辟的概括："有中国特色社会主义的文化，必须以马克思列宁主义、毛泽东思想为指导，不能搞指导思想的多元化；必须坚持为人民服务、为社会主义服务的方向和'百花齐放、百家争鸣'的方针，繁荣和发展社会主义文化，不允许毒害人民、污染社会和反社会主义的东西泛滥；必须继承发扬民族优秀传统文化而又充分体现社会主义时代精神，立足本国而又充分吸收世界文化优秀成果，不允许搞民族虚无主义和全盘西化。我们应该牢牢把握有中国特色社会主义文化的这些基本要求，极大地提高全民族的思想

道德和科学文化素质，促进社会主义物质文明和精神文明的发展。”①

此后，江泽民同志还多次谈到建设有中国特色社会主义文化的问题。1994 年 1 月 24 日，在全国宣传思想工作会议上，江泽民同志在讲话中谈到如何正确对待传统文化和外来文化时，强调其目的是为了建设和发展有中国特色社会主义文化。他说：“要用科学的态度对待我们民族的传统文化和外来文化。我们民族历经沧桑，创造了人类发展史上灿烂的中华文明，形成了具有生命力的传统文化。我们要取其精华，去其糟粕，很好地继承这一珍贵的遗产。要认真研究和借鉴世界各国的文明成果，善于从其他国家和民族的文化中汲取营养，发展自己。我们讲继承，讲借鉴，目的是通过继承和借鉴，使民族传统文化、外来文化的精华，同我们党领导人民在长期革命和建设中形成的优良传统和革命精神有机地结合在一起，并在新的实践基础上不断创新，建设和发展有中国特色的社会主义文化。”② 1996 年初，江泽民同志在全国宣传部长会议上，又把建设有中国特色社会主义文化的问题提到事关中华民族前途命运的高度进一步加以强调：“一个民族只有在努力发展经济的同时，保持和发扬自己的民族文化特色，才能真正自立于世界民族之林。建设有中国特色社会主义文化，这是事关中华民族振兴的大问题。”③

党的十五大高举邓小平理论的伟大旗帜，作出了把建设有中国特色社会主义伟大事业全面推向 21 世纪的战略部署。建设有中国特色社会主义文化作为党的基本纲领写进党代会的报告，成为全党的共识。这一战略任务的提出，是根据邓小平有中国特色社会主义理论，总结改革开放以来的历史经验和 21 世纪我国全面实现现代化的奋斗目标而确定的，贯穿着马克思主义的思想和原则，融会了我党从毛泽东、邓小平到江泽民三代领导人的政治主张和文化思想。

早在半个多世纪以前，新中国曙光初露的时刻，毛泽东就提出“要建立中华民族的新文化”，指明这种新文化是“民族的科学的大众的文化”，并阐明了文化与经济和政治的关系，指出：“一定的文化（当作观念形态的文化）是一定社会的政治和经济的反映，又给予伟大影响和作用于一定

---

① 江泽民：《在庆祝中国共产党成立七十周年大会上的讲话》，《人民日报》1991 年 7 月 2 日。
② 江泽民：《在全国宣传思想工作会议上的讲话》，《人民日报》1994 年 3 月 7 日。
③ 《人民日报》1996 年 1 月 25 日。

社会的政治和经济；而经济是基础，政治则是经济的集中表现。这是我们对于文化和政治、经济的关系及政治和经济的关系的基本观点。”①

邓小平一贯强调，我们不仅要有高度的物质文明，而且要有高度的精神文明，两个文明都要搞好，才是中国特色社会主义。当我国刚刚结束“文革”的灾难，开始进入社会主义现代化建设新时期的时候，邓小平便提出：“我们要在建设高度物质文明的同时，提高全民族的科学文化水平，发展高尚的丰富多彩的文化生活，建设高度的社会主义精神文明。”② 所以，邓小平同志一方面强调，社会主义的根本任务是发展生产力，坚持以经济建设为中心，不断提高人民的物质生活水平；另一方面又强调，要两手抓，两手都要硬，决不能一手硬、一手软，必须下大力气搞好精神文明建设，提高全民族的思想道德素质和科学文化素质，培育有理想、有道德、有文化、有纪律的公民。这一思想在邓小平理论中体现得极为充分，极为鲜明，极为突出。

党的十五大把建设有中国特色社会主义经济、政治、文化作为一个统一的目标和不可分割的整体，构成党在社会主义初级阶段的基本纲领，这是对毛泽东关于政治、经济、文化三者关系的论断和邓小平两个文明建设思想的继承和发展，也是对改革开放以来经验教训的深刻总结。改革开放以来，在邓小平理论的指引下，我国人民解放思想，大胆探索，寻找一条符合中国国情的具有中国特色的社会主义道路。我们坚定不移地坚持党在社会主义初级阶段的基本路线，把以经济建设为中心同坚持四项基本原则和改革开放这两个基本点统一于建设有中国特色社会主义的伟大实践。我国的物质文明建设和精神文明建设都取得了举世瞩目的成就。但是，精神文明建设在许多方面同改革开放和现代化建设的要求还不相适应，对两个文明一起抓的方针在执行过程中出现过不一贯的情况。在一些地方和一些同志当中，“一手硬、一手软”的问题还没有真正解决好，导致社会精神生活方面出现了不少问题，正如十四届六中全会《决议》所分析指出的那样：“一些领域道德失范，拜金主义、享乐主义、个人主义滋长；封建迷信活动和黄赌毒等丑恶现象沉渣泛起；假冒伪劣、欺诈活动成为社会公害；文

① 毛泽东：《新民主主义论》，《毛泽东选集》第2卷，人民出版社1991年版，第663—664页。

② 邓小平：《在中国文学艺术工作者第四次代表大会上的祝辞》，《邓小平文选》第2卷，人民出版社1994年版，第208页。

化事业受到消极因素的严重冲击，危害青少年身心健康的东西屡禁不止；腐败现象在一些地方蔓延，党风、政风受到很大损害。”邓小平同志针对社会风气问题曾经语重心长地告诫我们：“经济建设这一手我们搞得相当成功，形势喜人，这是我们国家的成功。但是风气如果坏下去，经济搞成功又有什么意义？”[①] 江泽民同志也多次提醒全党：“在任何时候、任何情况下，都不能以牺牲精神文明为代价来换取经济的发展。”因此，忽视和削弱精神文明建设，社会就会畸形发展，物质文明建设也不可能搞好，只有始终坚持两个文明一起抓的方针，经济建设与文化建设协调发展，相互促进，有中国特色社会主义才能健康发展，社会才能全面进步。我们必须从这样的高度去准确把握有中国特色社会主义文化建设同有中国特色社会主义经济和政治建设的相互关系，才能保障我国在有中国特色社会主义道路上不断前进，才能实现到下世纪中叶建成富强民主文明的社会主义现代化国家的伟大目标。

建设有中国特色社会主义文化，不仅是实现社会主义现代化和中华民族伟大复兴的需要，也是当前国际局势发展和扩大对外文化交流的需要。中国的发展离不开世界，经济建设如此，文化建设亦是如此。当前的国际形势，总体上继续趋向缓和，和平与发展仍然是时代发展的主题，但多极化趋势也在继续发展，各种力量出现新的分化组合，矛盾与冲突不断发生。面对世界范围内各种思想文化相互激荡，面对科学技术的迅猛发展和综合国力的激烈竞争，我们要在国际格局的变动中抓住机遇，扩大开放，加快发展；我们要积极参与世界文化事务，扩大对外文化交流。我们既要保持自己的民族文化特色，又要博采世界文化之长，不断丰富和发展有中国特色社会主义文化，提高我们的综合国力。这样才能真正自立于世界民族之林，才能在国际交往和斗争中赢得主动，才能有效抵御西方敌对势力的政治图谋和各种腐朽思想文化的侵蚀，才能迎接信息化时代和新技术革命的挑战。

二、建设有中国特色社会主义文化的基本内涵

有中国特色社会主义文化，是与中国的历史和现状，与中国共产党和

① 邓小平：《在中央政治局常委会上的讲话》（1986 年 1 月 17 日）《邓小平文选》第 3 卷，人民出版社 1993 年版，第 154 页。

社会主义制度紧密相联的文化形态，有其特有的本质规定性。搞清楚什么是有中国特色社会主义文化，怎样建设有中国特色社会主义文化，这是摆在我们面前特别是广大文化建设者面前的一项十分重大而紧迫的研究课题。

在论述建设有中国特色社会主义文化的基本内涵之前，有一点需要说明的是，与有中国特色社会主义经济、政治相并列的有中国特色社会主义文化，是一个外延十分广泛的“大文化”概念。十五大报告指出：“有中国特色社会主义文化，就其主要内容来说，同改革开放以来我们一贯倡导的社会主义精神文明是一致的。文化相对于经济、政治而言，精神文明相对于物质文明而言。”在这里，有中国特色社会主义文化，包含了教育、科学技术、文学艺术、新闻出版、广播影视、卫生、体育、文物、博物馆、图书馆等各项文化事业，乃至思想理论、伦理道德、习俗风尚等极为广阔的领域。本文所论既考虑到“大文化”的整体性，又不可能囊括全部领域，特别是教育和科技，作为我国社会主义现代化建设的战略重点，党中央已有专门的部署，这方面的研究也较为充分。因此，本文所讨论的还是相对狭义的文化，即包括文学艺术、新闻出版、广播影视、文物、博物馆、图书馆等各项文化事业和各种形式的群众文化娱乐活动。这一“文化”的外延与内涵，大体上与以思想道德建设和文化建设为主要议题的十四届六中全会关于文化建设的含义基本一致。

十五大报告在论述社会主义初级阶段的基本纲领时，对有中国特色社会主义文化的基本内涵作出了精辟的概括。报告指出：“建设有中国特色社会主义的文化，就是以马克思主义为指导，以培育有理想、有道德、有文化、有纪律的公民为目标，发展面向现代化、面向世界、面向未来的，民族的科学的大众的社会主义文化。这就要坚持用邓小平理论武装全党，教育人民，努力提高全民族的思想道德素质和教育科学文化水平；坚持为人民服务、为社会主义服务的方向和百花齐放、百家争鸣的方针，重在建设，繁荣学术和文艺，建设立足中国现实、继承历史文化优秀传统、吸取外国文化有益成果的社会主义精神文明。”这是建设有中国特色社会主义文化的总要求和大目标，内涵极为丰富，主要包括了以下五个方面的内容。

1. 建设有中国特色社会主义文化，必须以马克思列宁主义、毛泽东思想和邓小平理论为指导，在全社会形成共同理想和精神支柱

江泽民同志在庆祝中国共产党成立70周年大会的讲话中指出：“有中

国特色社会主义文化，必须以马列主义、毛泽东思想为指导，不能搞指导思想的多元化”，在十五大报告中又进一步强调“用邓小平理论武装全党、教育人民”，这是建设有中国特色社会主义文化带有根本性的不可动摇的原则问题。建设有中国特色社会主义文化，首要的任务就是始终不渝地用马列主义、毛泽东思想和邓小平理论教育干部和群众，坚定实现共产主义的伟大理想和建设有中国特色社会主义的伟大信念，深入持久地开展以为人民服务为核心、集体主义为原则的社会主义道德教育，加强民主法制教育，引导人们树立正确的世界观、人生观、价值观。具体地说，就是要大力弘扬爱国主义、集体主义、社会主义和艰苦奋斗精神，鼓励一切有利于解放和发展社会主义生产力的思想道德，一切有利于国家统一、民族团结、社会进步的思想道德，一切有利于追求真善美、抵制假恶丑、弘扬正气的思想道德，一切有利于履行公民义务、用诚实劳动争取美好生活的思想道德，努力提高全社会的思想道德水平，营造积极、健康、良好的社会风气。

2. 建设有中国特色社会主义文化，根本目的是提高全民族的思想道德素质和教育科学文化水平，培育“四有”公民

马克思主义认为，人是生产力诸因素中最活跃的因素，是把社会生产中其他因素联结起来的纽带，在科学技术迅速发展、综合国力竞争日益激烈的当今世界尤其如此。劳动者的素质如何，决定着一个国家、一个民族经济和社会发展的水平。只有搞好文化建设，不断提高人的素质，经济发展才有后劲，社会才能全面进步。我们进行社会主义现代化建设，需要培养和造就一代又一代高素质的建设人才。因此，努力提高全民族的思想道德素质和教育科学文化水平，培育有理想、有道德、有文化、有纪律的公民，是社会主义现代化建设的必然要求，也是建设有中国特色社会主义文化和经济、政治相互协调、相互促进的必然要求。

提高全民族的素质是一个综合的系统工程。教育是立国之本，科技是第一生产力，我们把教育和科技作为现代化建设的战略重点，这无疑是十分正确的，是提高全民族素质的主要途径。但同时还要大力发展包括文学艺术、社会科学和公益文化在内的各类文化事业，营造良好的文化环境和文化氛围，这样才能全面提高整个中华民族的素质。这是有中国特色社会主义文化建设的根本目的，是一项长期而艰巨的任务。

3. 建设有中国特色社会主义文化，必须坚持“二为”方向和“双百”

方针，繁荣发展民族的科学的大众的社会主义文化，不断满足人民群众日益增长的精神文化需求

坚持“为人民服务、为社会主义服务”的方向和“百花齐放、百家争鸣”的方针，是繁荣发展社会主义文艺事业和学术事业的根本保证，是我们党一贯的方针政策。文艺为人民服务，就是要求文艺家要表现人民的现实生活，反映人民的意愿和要求，在艺术上精益求精，力求把最美好的精神食粮奉献给人民，不断满足广大群众日益增长的精神文化需求。文艺为人民服务，还要求文艺家虚心向人民群众学习，邓小平说过“人民是文艺工作者的母亲”，如果文艺家不熟悉人民群众的现实生活，不了解人民群众的思想感情，他们艺术生命的源泉就会枯竭。只有深入生活，深入群众，从人民中间吸取乳汁和养分，才能创造出贴近生活、贴近人民，能够鼓舞人民、教育人民，为人民喜闻乐见的优秀作品来。文艺为社会主义服务，就是要求文艺要反映社会主义的本质和时代精神，激励人民群众同心同德为实现社会主义现代化的伟大事业而努力奋斗。当前，文艺为社会主义服务，就是要为经济建设这个中心服务，为改革开放服务。

百花齐放、百家争鸣，就是要求在文艺创作上，允许不同风格、不同流派、不同题材、不同手法的作品同时存在，自由发展，使文艺园地万紫千红，异彩纷呈；在学术研究上，提倡不同学派、不同观点互相争鸣，自由讨论。党的十一届三中全会和开展真理标准问题讨论，大力倡导思想解放和拨乱反正以来，广大文艺工作者和理论工作者突破多年来形成的“左”的条条框框的束缚和许多禁区，文艺创作和学术研究都出现了思想活跃、丰富多彩的生动局面。特别是文艺创作取得了可喜的成绩，各个门类都出现了一批优秀作品，但是距离时代和人民的要求还有很大差距，还需要进一步解放思想，把“双百”方针切切实实贯彻到文艺工作中去。

4. 建设有中国特色社会主义文化，必须大力继承弘扬中华民族优秀的历史文化传统

中华民族是世界上最伟大的民族之一，我们的先人在漫长的历史进程中创造了辉煌灿烂的古代文化，为人类的文明和进步作出了巨大的贡献，形成了中华民族独具特色、博大精深，具有强大生命力、亲和力和凝聚力的传统文化。它不仅使这一民族五千年来绵延不断，自强不息，而且至今仍然滋养哺育着占世界五分之一人口的炎黄子孙。毫无疑问，建设有中国特色社会主义文化应当建立在中华民族优秀传统文化的基础之上。这就是十五大报告所指出的，中华民族五千年文明史，是有中国特色社会主义文化的历史渊源。

在传统文化的基础之上建设有中国特色社会主义文化，必须对传统文化有一个正确的认识和科学的态度。任何一个伟大的民族，总是善于认识、评价、阐释自己的传统文化并从中吸取智慧和力量，增强民族自信心和自豪感。继承中华民族的传统文化，要从建设有中国特色社会主义文化的伟大实践出发，从社会主义现代化建设的需要出发，去寻找和吸纳传统文化中积极的、优秀的、有用的成分，使之与社会主义时代精神相契合，在“两个文明”建设中得到弘扬光大。这就是毛泽东同志在《新民主主义论》中提出的批判继承的态度，“剔除其封建性糟粕，吸收其民主性精华”，进而达到“古为今用”“推陈出新”的目的。

我们不仅要继承中华民族源远流长、博大精深的古代文化传统，还要继承本世纪以来中国共产党人艰苦卓绝、努力奋斗而形成的革命文化传统。这是与建设有中国特色社会主义文化一脉相承，尤其要弘扬光大的一份珍贵遗产。

5. 建设有中国特色社会主义文化，必须在不断扩大对外开放的新形势下，面向现代化、面向世界、面向未来，大胆吸收世界各国的优秀文化成果

早在80年代初，邓小平同志给景山学校的题词就提出，教育要面向现代化、面向世界、面向未来。现在看来，这绝不只是针对教育而言的，而是建设有中国特色社会主义文化的总体要求。建设有中国特色社会主义文化，应当具有世界眼光和未来意识。联合国教科文组织于80年代发起“世界文化发展十年”活动，提出了“将文化置于发展的中心位置”的命题，倡导形成新的思想方法，“这种方法应对发展的质量和人的因素予以更多的重视，而且能在社会和经济发展各种措施中建立起对文化方面的重要性的认识。”① 1995年，“世界文化与发展委员会”提交了《我们具有创造力的多样性》报告，强调文化与经济和社会发展的紧密联系，并且提出了10项行动计划，其中包括筹备召开全球“文化与发展”高峰会议。这

① 参见联合国教科文组织编《世界文化发展十年实用指南（1988—1997）》，北京大学出版社1990年版。

将是与全球“环境与发展”高峰会议一样，由各国政府首脑参加的专门讨论文化与社会发展问题的最高规格的世界性会议。1998 年 4 月，联合国教科文组织在瑞典斯德哥尔摩召开的“文化政策促进发展”政府间会议，甚至提出“可持续发展和文化繁荣是相互依存的”。毫无疑问，建设有中国特色社会主义文化，必须把握世界文化发展的大趋势。

在对外文化交流过程中，要坚持“以我为主，为我所用”的原则，既要大胆吸收世界各国的优秀文化成果，又要坚决抵制各种腐朽思想文化的侵蚀。江泽民同志在谈到如何吸收国外文化时指出：“学习和借鉴，要采取分析的态度，区分先进和落后、科学和腐朽、有益和有害，积极吸收先进、科学、有益的东西，坚决抵制落后、腐朽、有害的东西。学习和借鉴的目的在于博采众长，丰富自己的民族文化。如果丧失自己的创造能力，盲目崇拜，照搬西方资本主义的价值观念，结果只能是亦步亦趋变成人家的附庸。”① 这也是我们在纷繁复杂的国际文化环境之中建设有中国特色社会主义文化应当牢牢记取的。

三、建设有中国特色社会主义文化的实现途径

搞清楚什么是有中国特色社会主义文化，目的是为了更好地建设有中国特色社会主义文化。我们要根据我国的国情，很好地总结新中国成立以来特别是改革开放以来社会主义文化事业发展的历史经验，解放思想，大胆探索，寻找建设有中国特色社会主义文化的实现途径。

1. 进一步解放思想，用邓小平理论指导有中国特色社会主义文化建设

高举邓小平理论的伟大旗帜，是十五大的灵魂。我们要认真贯彻十五大精神，深入学习和研究邓小平理论，特别是邓小平文艺理论，用以指导建设有中国特色社会主义文化的伟大实践。解放思想，实事求是，是邓小平理论的精髓。作为邓小平理论有机组成部分的邓小平文艺理论，也充满着解放思想、实事求是的思想光辉，是改革开放以来思想文化战线拨乱反正、不断探索的理论总结。邓小平提出了一系列文艺主张和文艺思想，譬

① 江泽民：《在中国文联第六次全国代表大会中国作协第五次全国代表大会上的讲话》(1996 年 12 月 16 日)，《人民日报》1996 年 12 月 17 日。

如：物质文明和精神文明两手都要抓、两手都要硬的思想；文艺为人民服务、为社会主义服务的思想；改进党对文艺的领导，尊重规律、尊重知识、尊重人才的思想；既要继承弘扬民族优秀传统文化，又要学习借鉴世界各国优秀文化成果的思想；社会效益为最高准则的思想；保障文艺工作者的合法权益，对创造性精神劳动不要横加干涉的思想；人民是文艺工作者的母亲，文艺家必须保持与人民之间的血肉联系的思想，等等。这些都是对马列主义文艺理论和毛泽东文艺思想的继承与发展，是建设有中国特色社会主义文化的行动指南。

当前，我们学习邓小平文艺理论，还要联系文化工作的实际，进一步解放思想，大胆探索，勇于创新，一切以是否能够发展文艺生产力，是否能够调动文艺工作者的积极性，是否能够促进文艺的繁荣，是否能够满足人民群众的文化生活需求为检验的标准。譬如，创作自由是“双百”方针题中应有之义，是宪法赋予公民的权利，也是邓小平同志一贯倡导的。我们不应当回避这个问题，更不应当在文艺领域设置任何禁区。邓小平曾引述列宁的话，强调在文艺领域，“绝对必须保证有个人创造性和个人爱好的广阔天地，有思想和幻想、内容和形式的广阔天地。”他还指出：“文艺这种复杂的精神劳动，非常需要文艺家发挥个人的创造精神。写什么和怎样写，只能由文艺家在艺术实践中去探索和逐步求得解决。在这方面不要横加干涉。”① 我们要认真贯彻邓小平同志这一思想，充分发挥作家和艺术家个人的创造精神，让他们张开想象的翅膀，自由地展示艺术才华，正如江泽民同志所要求的那样：“作家、艺术家写什么、演什么，在坚持‘二为’方向‘双百’方针的前提下，都应享有充分的自由。我们要为广大文艺工作者创造一个团结、民主、融洽、和谐的气氛和环境。”② 只有这样，创作才算是真正的自由，文艺才能实现真正的繁荣。

2. 完善有关文化经济政策，为文化建设创造良好的环境和条件

人类进入文明时代以来，社会生产分为两大部类，即物质产品的生产和精神产品的生产。文化艺术属于精神产品生产的范畴。精神产品生产的最大特点就是以社会效益为最高准则，这种社会效益通过人的精神力量转

---

① 邓小平：《在中国文学艺术工作者第四次代表大会上的祝辞》，《邓小平文选》第 2 卷，人民出版社 1994 年版，第 207—214 页。

② 江泽民：《与政协文艺界委员座谈时的讲话》，《人民日报》1993 年 3 月 27 日。

化为物质力量，从而推动社会的发展与进步。但是，精神产品的生产者难以直接得到其精神产品转化为物质力量的经济效益，需要通过社会二次分配予以补偿。因而，从事精神产品生产的生产者，一般都需要社会和政府给予资金投入。这些年来，党中央国务院十分重视调整和完善有关文化经济政策。江泽民同志在1996年初召开的全国宣传部长会议上强调，要采取有力措施加大对宣传文化事业的投入，努力“形成有利于把社会效益放在首位的环境和条件”。十四届六中全会《决议》指出：“建设社会主义精神文明要有物质保障。没有必要的物质保障，精神文明建设的许多任务就难以落实。”强调要切实解决宣传文化事业投入总量偏少、比例偏低的问题。

我们强调加大对文化事业的投入，绝不等于计划经济年代的大包大揽。目前，我国的文化艺术事业领域很广，门类繁多，必须采取分类指导、区别对待的政策。如政府兴办的图书馆、博物馆、文化馆（站）、艺术院校、科研机构、文物保护等公益性文化事业和代表国家水平及地方特色的重点剧团，应该由国家或予以经费保证，或加大扶持力度。对于一般性文化团体，则可以鼓励社会力量兴办。对于营利性文化产业部门，就应当完全放开，允许多种所有制方式并存；而其中属于高利润的文化娱乐业，则必须课以重税。总之，在社会主义市场经济条件下，文化艺术事业已形成国家、集体、个人和社会共同兴办的新格局，对于不同类型的文化要采取不同的政策，既要保持大众文化、商业文化的繁荣，更要对高雅文化和民族文化予以精心呵护。这就需要在国家努力加大对文化投入的同时，鼓励社会力量赞助文化事业，逐步形成多渠道投入体制，为建设有中国特色社会主义文化创造良好的经济环境和生存条件。

3. 深化文化体制改革，增强文化事业发展的活力

改革开放以来，文化体制改革经历了一个艰难探索、不断前进的历程。实践证明，改革是文化艺术繁荣发展的根本出路和强大动力。文化领域的改革与经济领域和其他领域的改革既有联系又有区别，这是由精神文化产品的生产不同于一般物质产品生产的特性所决定的。因此，文化体制改革必须坚持三条原则：（1）适应社会主义市场经济体制的变化；（2）符合社会主义精神文明建设的要求；（3）遵循文化艺术自身发展的规律。文化体制改革的根本任务，是要改革与社会主义市场经济体制不相适应的过去计划经济时代那一套管理模式和运行机制，解放文艺生产力，增强文化部门自身的活力，促进文化艺术事业的繁荣发展。

这些年来，文化体制改革主要集中在艺术表演团体改革和文化市场的培育与发展上面。中央和地方不少艺术表演团体，在投入机制、用人机制、分配机制、激励机制等许多方面进行了一系列改革，取得了明显的成效，焕发出生机与活力，得到广大文艺工作者的支持拥护和社会各界的广泛好评。艺术表演团体的改革还要进一步深化，不断探索适应社会主义市场经济的生存模式和发展道路。文化市场的迅速发展和日益繁荣，既是改革开放的产物和成果，也可以看作是对计划经济时代文化基本上采取“供给制”的改革，是文化消费方式的变革。目前，我国的文化市场已经发展成为规模巨大、门类齐全、丰富多彩的市场体系，成为社会主义市场经济不可分割的有机组成部分，为丰富人民群众的文化生活发挥着重要的作用。我国的文化市场还有待进一步规范和发展。文化领域其他方面的改革，如文化管理体制的改革，艺术教育的改革，文物体制的改革，电影体制的改革，图书流通体制的改革，等等，都在同时推进并不断深化。总之，所有改革的目的，都是为了更好地发挥广大文艺工作者的积极性和创造性，解放文艺生产力，促进文艺事业的繁荣，满足人民群众日益增长的精神文化需求，这是检验文化体制改革成败得失的唯一标准。

4. 加强文化法制建设，保障文化艺术事业健康发展

改革开放以来，我国的民主法制建设发展很快，到本世纪末，要初步建立起与社会主义市场经济体制相适应的法律体系。文化领域的法制建设是我国整个法制建设的重要组成部分。伴随国家法制建设的进程，我国的文化法制建设也有了较大的进展，但还远远不能适应文化事业发展的需要。从大文化的角度看，教育、科技、体育、卫生等部门基本上都有了本行业的根本大法或重要法律，而文化艺术领域的立法则显得相对滞后，除了《中华人民共和国文物保护法》和《中华人民共和国著作权法》两部法律之外，就只有部门的行政法规和规章。无论是从整个国家民主法制建设形势发展的需要出发，还是从文化艺术事业繁荣发展自身的需要出发，都应该大力加强文化法制建设，特别是要加快文化立法的进程。

社会主义市场经济是法治经济，社会的各种利益关系都必须依靠法律来规范和调整。在文化领域，国家的资金投入，人民的文化权利，文艺工作者创作与演出的权利，知识产权的保护，文化单位的权利与义务等等，也都要依靠法制的完善，依靠法律的保障，真正做到依法治文，以法兴文。党中央国务院十分重视文化法制建设，多次研究文化领域的立法工作，已经确定了到本世纪末的文化立法规划，任务十分艰巨。我们要克服困难，加快步伐，尽快建立起与社会主义市场经济法律体系相适应的文化法制体系，以保障有中国特色社会主义文化事业的健康发展。

5. 加强党对文化工作的领导，切实做到两手抓，两手都要硬

党的十四届六中全会《决议》指出："建设物质文明的关键在党，建设精神文明关键也在党。"这是总结了我国社会主义建设特别是改革开放以来两个文明建设的经验教训而得出的科学结论。对两个文明一起抓的方针，在执行过程中出现过不一贯的情况。有些地方的党政领导同志，认为物质文明建设是硬指标，精神文明建设则是软任务，因此往往只注重发展经济，而忽视文化建设。这是一种片面认识和短视行为，他们看不到文化建设对经济建设的重大影响，看不到文化建设对发展生产力的巨大作用，看不到精神文明建设对物质文明建设的重要保证，看不到"精神文明搞不好，物质文明也要受破坏，甚至社会也会变质"的严重危害性。针对这种情况，江泽民同志 1994 年在考察广东、福建时强调指出："要下定决心，把精神文明建设这一手比较软的问题真正解决好，应像抓物质文明那样抓精神文明。物质文明抓得好，精神文明抓得不好，不能说是一个合格的领导。看一个领导干部的政绩，不仅要看他抓物质文明建设的能力和成果，还要看他抓精神文明建设的能力和成果。"

十四届六中全会和十五大之后，各级党委和政府认真贯彻执行中央的精神，正确处理好两个文明建设的关系，把文化建设放在社会主义现代化建设全局的重要地位，努力使文化建设与经济建设相互促进，协调发展，真正按照六中全会《决议》所要求的那样："把两个文明作为统一的奋斗目标，一起部署，一起落实，一起检查。"可以预见，在以江泽民同志为核心的党中央领导下，我们将迎来有中国特色社会主义文化建设的新高潮。21 世纪，中华民族将实现伟大的文化复兴。

（此文系为"有中国特色社会主义文化理论建设"丛书之《论建设有中国特色社会主义文化》一书撰写的绪论部分，该丛书由宁夏人民出版社 1999 年出版。另发表于《文艺研究》1999 年第 2 期）

简论文化产业与文化的关系

近年来，我国的文化产业得到了较快发展。这是改革开放特别是党的十四大确立社会主义市场经济体制的必然结果，也是国际间经济文化的交流与合作日益扩大的必然结果。文化产业的不断发展和壮大，有力地促进了人们的思想解放和观念更新，推动了文化体制改革，并且在社会经济生活中产生了重大作用和影响。但是在文化产业发展的过程中，由于对文化产业特别是文化产业与文化的关系认识不尽一致，出现了一些偏向和误区，这无论对于文化产业的发展还是对于文化的发展都是不利的。特别是在制订文化和文化产业的发展战略、政策措施和未来规划时，必须对文化与文化产业的关系有一个科学的认识和准确的定位。

一

文化产业与文化既有联系，又有区别。从逻辑上讲，二者是种属关系，文化是属概念，其内涵和外延比文化产业更广；文化产业是种概念，它包含在文化之中，是文化中可以用产业方式运作的那一部分。这一部分文化可以称之为经营性文化，在市场经济条件下，其范围越来越广，主要包括娱乐业（国外对娱乐业的界定范围很广，包括演出、电影等，我国的娱乐业主要指歌舞厅等娱乐场所。）、演出业、影视业、出版业、网络业等等。文化中不可以用产业方式运作的那一部分，可以称之为非经营性文化，主要包括义务教育、学术研究（包括人文科学研究和自然科学中的基础研究）、文学艺术以及图书馆、博物馆、文化馆等公益性文化。当然，这两部分文化并不是截然分开的，常常交织融合在一起。但是区分这两类不同性质（从产业的角度）的文化具有非常重要的意义，这是我们认识文化与文化产业的关系的基本立足点。

既然文化当中的一部分并且是很大一部分可以通过产业运作方式获得利润，有时甚至可以获得高额利润，文化产业必然就应运而生。据此，文化产业可以界定为从事文化产品的生产和经营的行业。随着经济的发展和社会的进步，人们的闲暇时间越来越多，对文化的需求和消费也日益旺盛，因此文化产业通过满足人们的文化需求和消费，创造和积累了大量的社会财富，起到了增加就业、创造价值、刺激消费、涵养税源等重大作用，成为新的经济增长点。因此，文化产业在许多国家被誉为“朝阳产业”“支柱产业”或“无烟工业”“知识工业”等。

因此，可以说文化产业从本质上讲是一个经济学的概念。文化产业的投资者和经营者的根本目的或者说主要目的是为了赚取利润，如果无利可图，他们绝不会去投资兴办任何一种文化产业。例如世界上没有哪一个老板去投资兴建一座图书馆或者一个歌剧院的（有人捐款兴建这类事业则是另外一回事）。文化产业的经营者在经营当中必然要遵循经济规律、市场规律。尽管我们强调从事文化产品的生产者和经营者，不同于一般物质产品的生产者和经营者，要把社会效益放在首位，争取社会效益和经济效益的双丰收，但是在实际当中往往很难做到，因为这两个效益既统一又矛盾，以盈利为目的的文化产业的经营者往往更多的是注重经济效益，那只“看不见的手”总是起着决定性的作用。譬如，歌舞娱乐场所中的色情陪侍和非法出版物的泛滥，就是由于经济利益驱动而屡禁不止，成为难以治理的痼疾。

尽管文化产业的发展客观上能够满足人民群众不同层次的文化需求，能够在一定程度上促进文化艺术的丰富和繁荣，但文化产业作为一种经济行为，它不可避免地带有自身难以克服的缺陷和弊病。如果所有的文化都通过产业方式运作，一味地追求赚钱和利润，那将是文化的悲哀，社会的悲哀，也是发展文化产业的误区。那么，为了文化的繁荣和发展，为了社会的全面进步，如何消除和弥补文化产业带来的负面影响呢？我认为除了要不断完善文化产业的政策法规，促使其健康发展之外，就是要依靠国家和政府的力量，把文化中不可以用产业方式运作的那一部分，即非经营性文化建设好、发展好。

如果说经营性的文化产业其本质是一种经济行为、市场行为、商业行为的话，那么不可以采取产业方式运作的非经营性文化，即前面提到的义务教育、学术研究、文学艺术以及图书馆、博物馆、文化馆等文化的特性和本质就是它的创造性和公益性，其根本目的是提高国民的思想道德素质和科学文化素质。这一类文化是最本质最重要的文化建设，是一个国家发展的动力，是一个民族进步的灵魂，必须依靠政府的投入，或者国家制定相应的政策，予以必要的扶持和引导。这就是文化与文化产业的根本区别，也是政府与文化企业家的不同职责。

二

由于文化产业在全球范围内迅速发展及其功能和作用日益突现，近年来遂成为一个热门话题，社会各界包括艺术家、企业家、银行家和经济学家，都对文化产业寄予了莫大的兴趣和热情。在我们国家，文化产业也得到文化界、经济界乃至各级党政领导的关注和重视。这本是很好的事情，可是由于对文化产业与文化的关系认识模糊不清，提出了一些片面的不够科学和准确似是而非的说法。

例如，在某省的《文化产业发展规划》中有这样的表述：“文化产业是以生产和提供精神产品作为主要活动，以满足人们的文化需求作为其目标的第三产业中的一个重要的组成部分，它包括所有从事文化活动的事业、企业单位及其与之相关的行业。我国的文化产业是社会主义精神文明建设的主体。”又说，“要把文化作为产业来抓，作为产业来发展。”有的文化部门的同志还提出口号：“文化要走产业化的发展道路。”这些说法一度十分流行，至今仍然不绝于耳。

这些说法混淆了经营性文化与非经营性文化的不同性质特点，是一种违背文化发展规律和社会发展规律的糊涂认识。上文已经说到，文化产业只是文化中可以通过产业方式运作的那一部分。全部文化都能“作为产业来抓”吗？都能“走产业化的道路”吗？“所有从事文化活动的事业、企业单位及其与之相关的行业”都成了文化产业，那将是一种什么状况？图书馆如何“产业化”？——难道向读者收钱吗？高雅艺术如何产业化？——仅靠门票收入能够维持剧院的艺术生产吗？这显然是行不通的。

法国对皇家歌剧院等代表国家艺术水准的艺术表演团体，政府支持的力度很大，财政投入占到剧院总支出的60%—80%。建在塞纳河岸边的国家图书馆新馆，所有经费都由财政开支，每年度高达8亿法郎。对于这一类文化，是不可能也不允许“产业化”的，否则就会导致文化的灾难和毁灭。

文化的繁荣是文化产业发展的前提条件。没有高水平的文学艺术，包括小说、诗歌、戏剧、电影、音乐等原创性的文化的繁荣，演出、音像等文化产业便成了无源之水、无本之木，如何能够发展起来呢？同时，没有一定的经济环境和条件，没有相当购买力的文化消费者，发展文化产业也只能是一句空话。因此，文化产业既有赖于文化的发展水平，也有赖于经济的发展水平，没有高度发展的经济和高度发展的文化，要想取得文化产业的大发展是不可能的。换句话说，发展文化产业必然受一定的经济和文化的制约。发展我国的文化产业，必须从我国社会主义初级阶段的实际出发。有些人总是津津乐道于美国的音像业如何如何超过汽车工业、航天工业，排在出口的第一位。我不禁要问，世界上还有第二个好莱坞吗？好莱坞在全球音像业的垄断地位，随着全球一体化进程的加快，随着各国经济、文化的发展，在不久的将来必将被打破。

三

搞清楚文化与文化产业之间的关系，目的是为了更好地繁荣文化事业，壮大文化产业，使二者互为补充，共同促进文化的繁荣与发展。当前，我们国家正在制订“十五”规划，文化部准备制定文化事业和文化产业两个规划，前者作为政府组织实施的规划，主要体现政府的职责；后者作为行业指导性规划，主要体现市场在国家宏观调控下对文化资源配置的积极作用，促进文化与经济的结合。这两个规划分别提出了“十五”期间乃至21世纪初叶我国文化事业和文化产业不同的发展目标、任务、要求和相应的政策措施。

繁荣发展文化与文化产业，必须遵循一个重要的原则，就是分类指导的原则。文化与文化产业没有截然的界限，经营性文化与非经营性文化也不是泾渭分明，相当多的情况下是交叉混杂在一起的，因此大体上可以分为三种类型：一、公益性文化。主要是为公众提供无偿的文化服务，这一类文化不可以通过产业方式进行经营，必须由政府投入予以保障。这就是十四届六中全会《决议》中所说的："对政府兴办的图书馆、博物馆、科技馆、文化馆、革命历史纪念馆等公益性事业单位，应给予经费保证。"二、准公益性文化。这一类文化虽然可以通过产业方式进行经营，或者可以获取一定的经济收益，但其收入远不能达到其从事文化创造或艺术生产所付出的劳动价值，需要国家予以补偿。也就是《决议》中提到的："对反映国家和民族学术、艺术水平的精神产品，代表国家水平的艺术院校、表演团体和国家重点文物保护单位，有代表性的地方、民族特色艺术团体，要加大扶持力度。"三、经营性文化（营利性文化）。这一类文化完全通过市场用产业方式进行经营，其中有可获得高盈利者（如歌舞厅等娱乐业），可采取高税收；也有属于弱质产业者，则须国家通过政策予以扶植。对于这三类文化，政府主要集中精力管好前两类，尽管第二类文化中包含有文化产业的成分；后一类是纯粹的文化产业，则应当交给市场，国家通过制定必要的政策法规，规范其经营，促进其发展。

诚然，这里说政府要管好前两类文化，并不是说像计划经济时代那样由政府包办一切。特别是第二种类型的文化，必须要建立起与市场经济相适应的竞争激励机制，在管理方式上可以也应当引进产业运作方式，这正是文化体制改革的重要内容。但是，需要明确的是，在文化事业领域引入必要的产业运作方式，不能说成是"文化产业化"，"产业运作"与"文化产业"是两个不同的概念范畴。

总之，我认为：文化产业不等于文化，发展文化产业替代不了文化事业。我们既不能把文化事业和文化产业完全割裂开来，也不能把两者混为一谈，笼统地提"文化产业化"。

（此文发表于《人民日报》2000 年 5 月 13 日，当年《新华文摘》第 8 期全文转载）

繁荣文化事业靠政府，发展文化产业靠市场

——再论文化产业与文化的关系

一

党的十五届五中全会通过的《中共中央关于制定国民经济和社会发展第十个五年计划的建议》（以下简称《建议》）把“繁荣社会主义文化事业”和“发展有关文化产业”明确区分开来，这就要求我们在“十五”乃至相当长的时期，既要大力繁荣各项文化事业，又要加快发展有关文化产业。把文化事业和文化产业加以区分，既符合我国经济和社会发展的实际情况，也符合文化建设自身发展的客观规律，同时也符合江泽民总书记提出的“三个代表”的要求，是我党在文化建设问题上思想的统一和认识的升华。

最近，《中国文化报》就文化事业与文化产业形成分野陆续发表文章，认为文化事业与文化产业成为文化建设的两个互有交叉但又相对独立的形态，这是社会主义市场经济体制新形势下文化建设从理论到实践的一项重要突破。并且提出扬弃“文化产业化”的说法，认为要发展文化产业，但不能泛泛地提“文化产业化”，正如不能片面地提“教育产业化”一样。因为任何一个国家，任何一个负责任的政府，都把发展教育看成自己的基本职责之一，最重要的公益性事业之一。[①]

与此相同，文化也是最重要的公益性事业，最典型的公共产品或公共服务。譬如，图书馆、博物馆、文化馆（站）等文化机构，就是面向社会为公众提供文化服务的；再如代表国家和民族水平或一定地方特色的学术

① 参见《中国文化报》2000 年 12 月 5 日、20 日。

研究和文艺创作等，虽然有一定的经济收益（如稿酬、门票收入等），但其收益远不能达到其从事文化创造或艺术生产所付出的劳动价值。对于这一类文化，政府应当如同基础教育一样重视，作为一项重要的事业把它办好，不可能也不允许“产业化”“市场化”。但这绝不是说，文化建设要由国家包揽一切，各类文化事业也要加快改革，充分利用市场机制和产业运作方式促进自身的发展。同时，随着社会主义市场经济体制的确立，如同教育当中的非义务教育和非学历教育，要逐步放开，大力发展社会办学和民间办学，“教育产业”应运而生一样，文化当中的许多方面，如娱乐业、演出业、电影业、电视业（商业电视台或频道）、出版业、广告业、音像业、网络业等，都可以通过产业运作获取利润，可以作为一种产业来办，甚至有可能发展为新兴的支柱产业。

尽管在现实生活当中，文化事业与文化产业并不是截然分开的，但是从总体上明确区分这两类不同性质的文化具有十分重要的意义。某省的一位主要负责同志强调：**繁荣文化事业靠政府，发展文化产业靠市场**。我认为，这是迄今为止对文化事业与文化产业二者及其相互之间的关系最通俗、最明确、最本质的概括，深刻揭示了文化事业和文化产业不同的性质功能及其不同的发展路径。

拙文《简论文化产业与文化的关系》①，主要从文化产业与文化（亦即文化事业）不同的性质、特点，分析了二者之间的关系，提出文化产业与文化既有联系又有区别，文化产业是文化中可以用产业方式运作的那一部分，属于经营性文化，是一种经济行为。发展文化产业代替不了文化事业，我们既不能把文化事业和文化产业完全割裂开来，也不能把两者混为一谈，笼统地提“文化产业化”。本文再从功能、作用的角度，进一步探讨文化事业与文化产业的关系。

二

繁荣发展社会主义文化事业，不断提高全民族的文化素质，是社会主

① 《人民日报》2000年5月13日。

义现代化建设的重要内容，是综合国力的重要标志，是经济和社会可持续发展的精神动力和重要保障。各级政府对文化事业的建设和发展负有重要责任，应当给予必要的经费投入，以保证其功能得以实现。繁荣发展文化事业，其功能与作用主要体现在以下三个方面：

第一，保障公民人人享有公共文化服务的基本权利

《建议》提出继续实行支持文化事业发展的有关政策，增加对公益文化的投入，重视发展哲学社会科学、文学艺术、新闻出版、广播影视等各项事业，特别强调要加强图书馆、博物馆、文化馆、科技馆和青少年活动场所等文化设施建设。其目的就是为了提高全社会的文化生活质量，满足人民群众日益增长的精神文化需求，使全体公民人人享有公共文化服务。这就像人人享有受教育的权利和享受基本医疗保健一样，是公民的一项基本权利。面向大众的社会文化工作是学校教育的延伸，担负着公民终身教育的任务，应当与教育事业得到同样的重视。最近，江泽民总书记在全国宣传部长会议上提出，在建设有中国特色社会主义，发展社会主义市场经济的过程中，要坚持不懈地加强社会主义法治建设，依法治国；同时也要坚持不懈地加强社会主义道德建设，以德治国。所谓“以德治国”，实质上就是“以文化人”，就是通过以浸润、薰陶、感染作用于人的文化建设，来达到“化治天下”的目的。

第二，保障经济、政治、文化协调发展

改革开放以来，我们党一贯强调物质文明和精神文明一起抓，两手都要硬，不能一手硬、一手软。邓小平同志早就讲过：“不加强精神文明建设，物质文明建设也要受破坏，走弯路。”[①] 他还说：“经济建设这一手我们搞得相当有成绩，形势喜人，这是我们国家的成功。但风气如果坏下去，经济搞成功又有什么意义？”[②] 江泽民同志也多次提醒全党：“任何情况下，都不能以牺牲精神文明为代价去换取经济的一时发展。”[③] 邪教“法轮功”的出现，固然有其复杂的背景和原因，但其中一条深刻的教训，就

① 参见《在中国共产党全国代表会议上的讲话》（1985 年 9 月 23 日），《邓小平文选》第 3 卷，人民出版社 1993 年版，第 144 页。

② 参见《在中央政治局常委会上的讲话》（1986 年 1 月 17 日），《邓小平文选》第 3 卷，人民出版社 1993 年版，第 154 页。

③ 参见《正确处理社会主义现代化建设中的若干重大关系》（1995 年 9 月 28 日），《十四大以来主要文献选编》中。

是我们在一定程度上忽视了思想文化建设。积极的、健康的、正面的思想文化得不到弘扬和发展，消极的、落后的、反面的东西必然就会乘虚而入。因此，忽视和削弱文化建设，社会就会畸形发展，经济建设也不可能搞好。只有始终坚持两个文明一起抓的方针，经济建设与文化建设协调发展，相互促进，有中国特色社会主义才能健康发展，社会才能全面进步。我们必须从这样的高度去把握有中国特色社会主义文化同有中国特色社会主义经济和政治的相互关系，才能全面落实十五大的战略方针，保障我国在有中国特色社会主义道路上不断前进，到21世纪中叶建成富强、民主、文明的社会主义现代化强国。

第三，保障中华文化的继承与创新

中华民族具有辉煌灿烂、博大精深的古代文化，对人类文明作出过重大贡献，是世界上最伟大的民族之一。在人类已经进入一个新的千年、新的世纪之际，我们如何始终坚持中国先进文化的前进方向，实现中华文化和中华民族的伟大复兴，这是摆在每一个中国人面前的一个十分严肃而重大的历史课题。江泽民同志指出："一个民族只有在努力发展经济的同时，保持和发扬自己的民族文化特色，才能真正自立于世界民族之林。建设有中国特色社会主义文化，这是事关中华民族振兴的大问题。"① 我们要继承和发扬中华民族优良的文化传统，吸收和借鉴世界各国的优秀文化成果，依靠广大文学艺术工作者和各方面的专家学者，在社会主义现代化建设的伟大实践中，创造出无愧于先人和后人的属于我们这个时代的科学的、民族的、大众的新文化。

以上仅仅从三个大的方面论述了文化建设在整个社会主义现代化建设中的地位和作用，足以说明文化对于经济社会发展的重要意义，因此必须依靠国家和政府的力量，把文化作为一项重要的公共事业建设好。一度曾有人提出文化事业要"断奶""推向市场""走产业化道路"云云，不仅在理论上违背社会发展规律，在实践中也是行不通的。这些就是"繁荣文化事业靠政府"的基本含义。

① 江泽民：《在全国宣传部长会议上的讲话》，《人民日报》1996年1月25日。

三

所谓“发展文化产业靠市场”，有两方面的含义必须明确：

首要的一条是发展文化产业必须遵循市场规律

我们认为，凡是以营利为目的，从事文化艺术产品的生产和经营，都应当视为文化产业。所有的文化产业都应当在市场中公平竞争，优胜劣汰。目前我国文化产业的经营者呈现为多种所有制并存的局面，随着“入世”的临近，国外的文化产品和文化资本也将要进入我国市场参与竞争，我国的文化产业将面临更加严峻的挑战。我们只有加快发展和壮大本国的文化产业，才能在竞争中打赢这场“没有硝烟的战争”。

其次是文化产业不同于其他产业，有其特殊性，因此政府对文化产业的发展要进行宏观调控

我们说发展文化产业靠市场，并不是说政府对文化产业放任不管，完全由市场决定其兴衰存亡。因为文化产品的生产和经营，不同于一般物质产品的生产和经营，必须把社会效益放在首位，力争社会效益和经济效益双丰收。尽管这一要求与市场法则有时是相悖的，但这是发展文化产业必须坚持的一项基本原则。因而政府对文化产业的发展进行适当的干预是必需的，当然这种干预是在遵从市场经济规律和文化发展规律的前提下，通过制定相关的政策法规，规范其经营，促进其发展。

发展文化产业，其功能和作用主要体现在以下两个方面：

第一，发展文化产业具有重要的经济功能

文化产业通过满足人们的文化消费需求，能够创造极为可观的经济价值，起到增加就业、刺激消费、涵养税源等重要作用。据统计，美国400家最富有的公司，其中有72家属于文化产业，如时代华纳、迪士尼等。在美国、加拿大、英国、日本等发达国家，文化产业已经成为支柱产业，达到GDP的5%左右。在欧美许多国家，人们的文化消费占其总收入的30%左右，而在我国，据抽样调查，北京人的文化消费占其总收入的比例还不到15%，其他地区特别是广大农村和贫困地区比例更低。1999年，我国的文化消费总量才800多亿元，据分析，潜在消费能力在3000亿元以上。据有关部门预测，到2005年，我国的文化消费能力将达到5500亿元。由此可见，我国的文化产业具有很大的发展潜力和很好的发展前景。

第二，发展文化产业能够丰富文化生活，满足群众多方面的文化需求

可能大家已经注意到，《决议》在“加强社会主义精神文明建设”一章特别强调要“满足人民群众日益增长的多方面的精神文化需求”，与以往的提法相比，这里增加了“多方面”三个字。这既是对当前日益丰富多彩的大众文化消费的准确概括，也揭示了文化产业在满足人民群众多方面、多层次的文化需求，丰富大众的文化生活方面所发挥的重要作用和功能。这些年来，遍及城乡的歌舞娱乐场所，大街小巷触目皆是的书报亭，丰富多彩的电视频道……这些在计划经济年代难以想象的文化景观，的的确确极大地丰富了广大群众的文化生活，这就是发展文化产业的结果。不仅如此，一些成功的文化产业还在文化普及特别是促进高雅艺术走近大众方面做出了显著的成绩，如北京音乐厅和上海大剧院，就是这方面的典范。北京音乐厅近几年来每年演出都在500场左右，不仅经济效益可观，而且促进了高雅艺术的繁荣，在艺术与大众之间架起了桥梁，产生了很好的社会效益。特别是他们坚持数年的周末学生专场，以低价位吸引观众，有力地推动了交响乐的普及，培养了新一代热心观众。这充分说明，文化产业与文化事业既有区别又有联系，二者可以互为补充，相互促进，共同推动文化的繁荣与发展。

（此文发表于中共中央宣传部主办《时事报告》2001年第2期）

文化与全球化

当今世界发展的大势，可以用三句话加以概括：经济一体化，政治多极化，文化多样化。

经济一体化（或曰“全球化”），已渗透到我们日常生活的方方面面：从遍布街头的“肯德基”“麦当劳”到“索尼”“惠普”“摩托罗拉”等国际品牌的流行，从电脑接口的统一标准到波音飞机的异地生产组装，从亚洲金融危机的袭击到纽约股市的波动，全球经济一体化已经是不争的事实。人类的经济活动从来没有像今天这样，在市场经济、跨国公司、国际组织（如世贸组织、石油输出国组织、亚太经济合作组织等）特别是现代科学技术的推动下，打破国界和区域的限制，在全球范围内形成了一个统一开放、相互依存的经济体系和国际市场，各国之间的商品、技术、人力、资金等在全球范围内形成了广泛的流通与合作。这种一体化的趋势迫使许多国家在经济结构与体制上进行改革，纷纷与世界“接轨”。

政治多极化，从最近发生的海湾战争已不难看出端倪：美国无视联合国和国际法准则，联合英国悍然出兵攻打伊拉克，法、德、俄等国结成反战联盟但后来又发生了微妙变化，而更多的国家都主张通过联合国和平解决美伊冲突。由此可见，当今世界政治秩序多极化格局已经形成。上个世纪，世界政治格局发生过三次大的变动：（一）一战打破了资本主义的一统天下，出现了社会主义的苏联，形成资本主义大国联合包围苏联的格局；（二）二战打破了资本主义对苏联的包围，出现了社会主义阵营，形成了美苏对抗、以北约和华约两大军事集团对峙为标志的两极格局；（三）苏联解体，华约解散，两极格局崩溃，逐步形成所谓“一超多强”的多极化格局，即以美国这样一个超级大国与欧共体以及中、日、俄等国之间的政治力量对比。虽然这种多元格局中的各种力量处在分化组合、互相牵制、变动不居之中，但在和平与发展两大潮流的推动下，世界政治多极化必将是今后一个相当长时期的基本态势。

文化多样化，则是在经济一体化和政治多极化的相互作用和影响下，世界文化发展的大趋势，有以下几点必须明了：

首先，文化多样化是一种客观存在

文化是一个民族的灵魂。文化是人类社会当中一个民族区别于另一个民族、一个国家区别于另一个国家，乃至一个地区区别于另一个地区、一个城市区别于另一个城市的本质特征。正是由于不同民族、不同地域产生的不同文化，才构成了五光十色、异彩纷呈的人类多样性的文化。无论从历史的角度还是现实的角度看待这个问题，都只能得出一个结论：人类文化的多样性、丰富性是一种客观存在，也是人类社会发展的客观规律。人类文化过去是丰富多彩的，现在仍然是丰富多彩的，将来必将更加丰富多彩。正如江泽民同志在建党 80 周年讲话中所指出的那样："各国文明的多样性（笔者注：这里的"文明"与"文化"同义），是人类社会的基本特征，也是人类文明进步的动力。应尊重各国的历史文化、社会制度和发展模式，承认世界多样性的现实。"

其次，文化多样化是一种发展要求

在全球经济一体化的过程中，出现了另一个不可忽视的事实：经济的开放带来了文化的趋同。在经济一体化的浪潮中，世界文化生态受到了前所未有的冲击和破坏，文化多样性面临严峻的挑战。美国文化（包括文化产品、生活方式和思想观念）伴随其强大的经济优势和科技优势席卷全球。许多发展中国家，甚至也包括一些发达国家（如法国明确提出"抵抗美国的文化侵略"）提出了保持自身文化独立、坚持文化多样性的要求。这是一种合理的要求、正义的呼声，联合国就曾把 2001 年确定为"不同文明对话年"，倡导不同文化之间的交流与发展。

再次，文化多样化是对文化趋同化的抗衡

面对世界文化与经济、政治的相互影响、激荡和冲突，美国学者亨廷顿提出了文明冲突论，认为世界上的许多冲突是由不同的文明造成的。这种理论似乎颇有几分道理，但透过现象看本质，不同文明冲突的背后是经济利益的争夺，因而它实质上是一种强权理论，是为美国的国家战略寻找理论依据。亨廷顿认为强势文化必然战胜弱势文化，为美国的文化扩张、文化侵略开脱，企图通过打击、遏止异类文明来达到维护美国和西方文明的霸权地位，实际上是一种文化霸权主义。针对这种理论，费孝通提出了“文化自觉”的理论，要求：一、正确认识自己的文化；二、正确处理与不同文化之间的关系。费老主张采用中国传统哲学中“和而不同”的态度对待不同的文化，达到文化的多样性，从而提出了著名的“美美四句”：“各美其美，美人之美，美美与共，天下大同。”“文化自觉”与“和而不同”是处理不同文化之间的关系所应持有的一种正确的态度和原则，也是对文化趋同化与“文明冲突论”的纠偏。在全球化的今天，不同民族、不同地域的文化应当互相尊重、互相交流，既保持自己的文化传统，又学习其他文化的长处，通过交流、融合，达到共同发展、共同繁荣。

总之，文化问题在世界范围内越来越受到关注和重视，文化的作用和价值，越来越被世界各国政治家和有识之士所认同。联合国教科文组织《世界文化发展报告：我们的创造性的多样性》（1995）提出：“把文化置于发展的中心位置。”并提出召开与世界“环境与发展”同等规格的“文化与发展”世界峰会。去年，俄罗斯总统普京主持召开“总统文化艺术委员会”会议，专题研究“文化与儿童：少年一代精神世界的培养问题”，认为从文化这个能够体现一个国家民族思想的领域开始着手狠抓培养接班人的问题至关重要。[①] 今年年初，世界法语国家首脑会议在阿拉伯国家黎巴嫩举行，会议的主题是“文明之间的对话和文明多样化”，出席会议的法国总统希拉克认为，这次会议具有象征意义，因为近年来有人大谈“文明冲突论”，特别是9·11 事件后总有人把恐怖主义同某种宗教联系在一起。希拉克提议，法语国家应该要求在联合国教科文组织的框架下制定一项国际协议，以确定世界文化的多样性，肯定各国有行使文化政策的权利，避免文化交流完全采用同其他商品相同的贸易规则，要捍卫“文化例外”的原则。[②]

在这样的世界大势面前，我国的文化建设也得到了高度的重视和加强。十六大报告指出：“当今世界，文化与经济政治相互交融，在综合国力竞争中的地位和作用越来越突出。文化的力量，深深熔铸在民族的生命力、创造力和凝聚力之中。全党同志要深刻认识文化建设的战略意义，推

① 参见《中国文化报》2002 年 10 月 11 日。

② 参见“走近法国”网：www. faguo. net.

动社会主义文化的发展繁荣。”特别是“三个代表”重要思想的提出，把“代表中国先进文化的前进方向”作为“立党之本、执政之基、力量之源”的高度和地位加以认识，体现了我党自觉的文化追求和崇高的文化目标。

十六大提出，在本世纪的头20年这样一个必须紧紧抓住并且可以大有作为的战略机遇期，实现全面建设小康社会的宏伟目标。十六大报告强调：“这次大会确立的全面建设小康社会的目标，是中国特色社会主义经济、政治、文化全面发展的目标。”文化建设在全面建设小康社会当中具有决定性的战略意义和重要地位，它不仅是全面建设小康社会的重要内容和目标，同时又是全面建设小康社会的条件和保障。因而，文化建设在我国未来的经济社会发展和社会主义现代化建设中负有艰巨的任务和光荣的使命。

最近看到一位日本学者的一篇文章，题为《从改革开放以来的党代会政治报告的词语变化来看中共十六大的特点》。[①] 这位学者从语汇学的角度研究中国当代社会的发展变化，文中列举了十二大以来历次党代会报告中常用的一些词汇，如“改革”“发展”“建设”“创新”“文化”“制度”等词语，通过统计其使用的频率和变化，透露出某种有趣的信息。其中“文化”一词的统计数据如下：十二大使用40次，十三大19次，十四大22次，十五大51次，十六大84次，由此可以看出文化受到重视的程度有增无减。这种研究虽然方法过于简单，但得出的结论却是很有说服力的。

在这样的大背景之下，《中国文化管理干部实务全书》的出版适逢其时。该书的最大特点是理论研究与实际工作相结合，既有理论的探索与研究，又有工作实务方面的介绍，还附列了必要的政策法规文本，为广大文化工作者特别是文化管理者提供了一部具有指导性、实务性、工具性的大型书籍。我相信，《中国文化管理干部实务全书》的出版，必将对我国的文化建设产生积极的作用和影响。

（此文系作者为《中国文化管理干部实务全书》撰写的序言，该书由新华出版社2003年出版。另发表于《中国文化报》2003年5月10日理论版）

---

① 参见《中国社会科学文摘》2003年第2期。

原创性文化是文化产业的动力和源泉

发展文化产业有两个根本前提：一是经济的发展水平，二是文化（特别是原创性文化）的发展水平。经济的发展决定着公民的文化需求和消费能力，如近年来随着恩格尔系数的下降和文化需求的上升，对文化产业所起的刺激和拉动作用是显而易见的，本文不予讨论。而文化的发展特别是原创性文化的发展，为什么也是决定和制约文化产业发展的根本前提呢?我主要从经济学投入产出的角度分析探讨它们之间的关系。

一、以政府投入为主的文化事业，往往是以营利为目的的文化产业赖以发展的前提和条件

文化生产（文化创造）属于精神产品的生产，其不同于物质产品生产的根本区别有以下几个方面：第一，物质产品的生产以经济效益为主，追求利润的最大化是天经地义的；精神产品的生产以社会效益为主，当社会效益与经济效益发生冲突时，必须把社会效益摆在首位，或者说“以社会效益为最高准则”（邓小平语）。第二，物质产品的生产成果为物质形态，一般都有可以计量的价值和价格；精神产品的生产成果为观念形态（虽然总是附着在一定的物质载体上），它的价值和价格往往难以明确计量，有时甚至出现价值与价格乃至投入与产出的严重背离。有的文化产品对人类贡献巨大，其价值不可估量，而创造者所得无几，如马克思的《资本论》。[①] 第三，物质产品的生产满足人们的物质需求，这种物质的消费是一

① 马克思曾经说过，《资本论》一书所得的稿费，还不及写作它时抽的雪茄烟钱。文化产品价值与价格背离的情况极为普遍，中国文学史上许多作家生前穷愁潦倒，默默无闻，甚至连自己的作品问世都未能看到，更不用说获取分文稿酬，而他们却给后世留下了一笔巨大的精神和物质财富，如曹雪芹的《红楼梦》。

次性的，其使用价值是短暂的；文化产品的生产满足人们的精神需求，这种精神的消费是可以重复进行的，其价值是永恒的。鉴于此，精神产品的生产亦即文化生产，其投入产出不能搬用物质产品生产的规律。特别在市场经济条件下，物质产品的生产由市场自然调节，政府一般不进行干预，也很少投入（只在极少的领域内）；而精神产品的生产，尤其是原创性的文化创造和公共文化建设，则必须由政府通过财政投入给予经费保障，或者制定法律和有关政策引导社会予以扶植。

由于科学技术的推动和经济全球化进程的加快，文化产品的生产出现了“按照工业标准生产、再生产、存储以及分配文化产品和服务的一系列活动”，人们称之为“文化产业”或“文化工业”。作为一种产业，文化产业与传统意义上的文化生产（文化创造）有着很大的区别与不同。首先，文化产业是一种经济行为，根本目的是为了赚取利润，其投入产出和生存发展取决于市场；传统意义上的文化生产必须依靠政府的投入，目的在于繁荣文化和公共服务。其次，传统意义上的文化生产是一种发挥个人想象力和独创性的文化创造，即原创性文化生产；文化产业则是一种工业化、标准化的文化生产和服务。再次，传统意义上的文化生产是文化产业赖以发展的基础和条件，前者是“源”，后者是“流”；前者是“创新”，后者是“传播”。如果没有原创性的文化生产，批量化、机械化的文化产业就只能是无源之水、无本之木。譬如，没有原创性的小说、戏剧、音乐等，要发展出版、音像、动漫等文化产业，岂不是一句空话。当然，文化产业又不同于一般的物质产品的生产，因其承载着一定的思想意识形态和文化艺术内涵，这种“内容产业”，既要遵循经济规律、市场规律，又要遵循文化自身的发展规律，经济效益和社会效益必须兼顾。文化产业似乎是一种既有“经济”成分又有“文化”成分的“新经济”，一种介乎精神产品生产与物质产品生产之间的“第三种生产”。

正是洞察了文化产业与“文化”和“经济”的紧密联系，洞察了世界文化与经济的发展趋势，中共十五届五中全会关于制定国民经济和社会发展第十个五年计划的《建议》和十六大作出了划分“两类文化”（即“文化事业”与“文化产业”）的重大决策。这一划分根据文化事业与文化产业不同的功能、特点、职责，确定不同的发展目标、思路和政策措施，对于促进我国文化事业和文化产业的繁荣发展具有十分重大而深远的意义。

这一划分并不是说文化事业与文化产业有截然和绝对的界限，在实践中它们之间往往你中有我、我中有你，合而为一、分而为二，相互依存、相互促进。但是，有这一区分和没有这一区分是根本不同的，也是至关重要的。我们既不能把文化事业与文化产业完全割裂开来，又不能把两者混为一谈，提什么“文化产业化”云云。[①] 文化事业主要是原创性的文化创造和公共文化建设；文化产业则是在文化事业发展基础之上的延伸与拓展，主要是通过经济的手段使文化增值。因而，文化事业与文化产业既有区别，又有联系，二者虽然扮演不同的角色，却又互为补充、互为作用，共同实现“满足人民群众日益增长的精神文化需求”（特别是多层次、多样化的需求）这样一个文化使命，同时也创造巨大的经济效益和社会财富。由此我们可以发现，文化的投入产出有时会出现这样的结果：以政府投入为主的文化事业，是以营利为目的的文化产业赖以发展的前提和条件，也就是说文化事业的投入，其相当一部分产出（主要是经济效益）在文化产业中得以实现。因此，文化产业的发展一定程度上取决于国家对文化事业的投入。

二、提供公共文化产品和服务，是“以人为本”的题中应有之义

钱钟书先生曾经指出过文化的“非商化特质”。1992 年，钱钟书先生有感于当时文化领域的商业化倾向，他在接受《人民政协报》记者采访时说过：“崇高的理想、凝重的节操和博大精深的科学、超凡脱俗的艺术，均具有非商化的特质。强求人类的文化精粹，去符合某种市场价值价格的规则，那只会使科学和文艺都‘市侩化’，丧失其真正进步的可能和希望。历史上和现代的这种事例还少吗？我们必须提高觉悟，纠正‘市侩化’的短视和浅见。”很显然，钱先生这段话是针对文化事业而言的。以原创性和公共性为特征的文化事业，过度的商业化、市场化或者市侩化，无疑是不利的。必须从国家发展、民族振兴和社会全面进步的高度，加大对文化事业的投入，繁荣社会主义文化事业，加强社会主义精神文明建设。正如党

① 关于文化产业与文化的区别与联系，请参考拙文《简论文化产业与文化的关系》，《人民日报》2000 年 5 月 13 日，已收入本书“下编”。

的十四届六中全会《关于加强社会主义精神文明建设若干重要问题的决议》所指出的那样："建设社会主义精神文明要有物质保障。没有必要的物质保障，精神文明建设的许多任务就难以落实。要从社会主义现代化建设的全局出发，把精神文明建设纳入经济和社会发展的总体规划，确保必需的资金。"

新一届领导集体根据我国的国情和世界发展的潮流，提出了"以人为本，全面、协调、可持续的科学发展观"。温家宝总理今年 2 月在中央党校举办的省部级主要领导"树立和落实科学发展观"专题研究班的讲话中，阐述如何坚持"五个统筹"，特别强调经济发展必须与社会发展相协调："经济发展是社会发展的前提和基础，也是社会发展的根本保证；社会发展是经济发展的目的，也为经济发展提供精神动力、智力支持和必要条件。随着人民群众的物质生活水平日益提高，对精神文化、健康安全等方面的需求也日益增长，更加要求社会与经济共同发展。如果社会事业发展滞后，经济也难以实现持续较快发展。"并且要求："为了加快社会发展，必须增加投入，深化改革，完善政策。各级政府都要较大幅度地增加对发展社会事业的投入。"

文化事业是社会事业的一个重要领域。发展文化事业，提供公共文化产品和文化服务，是各级政府的职责和义务，以保证国家和民族的文化传承与文化创新，保障公民从事文化创造和享受文化生活的权利。这不仅是经济社会发展的需要，更是"以人为本"和"人的全面发展"题中应有之义。为达此目的，在公共财政框架中，公共文化支出是非常重要的组成部分。

然而，目前国家财政对文化事业的投入与其所承担的职责和任务极不相称，严重影响到文化事业的发展。早在80年代初，邓小平就曾指出，教育、科技、文化、卫生的投入太少，在经济社会发展中不成比例。① 经过20多年的改革开放，我国的经济实力特别是财政收入有了显著增强，教、科、文、卫等社会发展领域的财政投入逐年加大，但同时又出现了新的

---

① 1980 年 1 月 16 日，邓小平在《目前的形势和任务》一文中指出："经济发展和教育、科学、文化、卫生发展的比例失调，教科文卫的费用太少，不成比例。甚至有些第三世界的国家，在这方面也比我们重视得多。印度在教育方面花的钱就比我们多。像埃及这样的国家，人口只有四千万，按人口平均计算，他们在教育方面花的钱，也比我们多几倍。总之，我们非要大力增加教科文卫的经费不可。"见《邓小平论文艺》，人民文学出版社 1989 年版，第 102—103 页。

"不成比例"。[①] 教育、科技作为"科教兴国"基本国策和国家发展的战略重点，其财政投入不断加大，比例不断提高，这无疑是必需的，也是正确的。卫生的投入随着国民健康水平的提高和卫生意识的增强，特别是经历了去年的"非典"疫情之后，公共卫生建设大为加强，卫生投入已超过科技投入，位列教育之后。唯有文化投入，虽然总量上逐年有所增加，但比例却一再下降，在国家财政总支出中所占的份额少得可怜。[②] 十四届六中全会《决议》对宣传文化事业投入"总量偏少、比例偏低"的分析判断，至今不仅没有得到改变，反而进一步加剧。《决议》要求"中央和地方财政对宣传文化事业的投入，要随着经济的发展逐年增加，增加幅度不低于财政收入的增长幅度。"这一规定除了在北京、上海、江苏等地得到了落实，绝大部分地区及中央财政均未得到落实。

为了落实十六大精神和科学发展观的要求，必须尽快扭转文化投入太少的状况，较大幅度调整公共文化支出在公共财政框架中的份额，大力促进文化事业和文化产业的繁荣发展。

三、加大国家对文化的投入，不仅是繁荣文化事业的需要，也是发展文化产业的需要

如前所述，文化投入不仅是保证中华民族文化传承和文化创新，保障公民文化权益满足人民群众日益增长的精神文化需求的需要，也为文化产

---

① 据文化部计划财务司编《2002中国文化统计提要》《2003中国文化统计提要》（均为内部资料），2001年，国家财政总支出为18103.61亿元，当年的教育经费为2208.13亿元，占国家财政总支出的12.2%；科技为223.08亿元，占1.23%；卫生为569.3亿元，占3.14%；文化仅有70.99亿元，占国家财政总支出的比例仅为0.40%。在当年教、科、文、卫等领域财政拨款的总盘子中，教育占到64.5%；依次为卫生占17.9%；科技占6.9%；文化占2.5%；通讯和广播占1.9%；体育占1.5%；次外还有计划生育占2.4%；其他占2.4%。由此可以看出，国家对文化的投入在整个教、科、文、卫等社会发展领域所占比例过低。

② 据文化部计划财务司编《2004中国文化统计提要》（内部资料），国家对文化的财政投入（包括中央财政和地方财政）进入"九五"时期以来，历年的总额及其占国家财政总支出的比例如下：1996年，38.77亿元，占0.49%；1997年，46.19亿元，占0.50%；1998年，50.78亿元，占0.47%；1999年，55.61亿元，占0.42%；2000年，63.16亿元，占0.40%；2001年，70.99亿元，占0.40%；2002年，83.66亿元，占0.38%；2003年，94.03亿元，占0.35%。虽然投入的绝对数逐年上升，但占国家财政的比例却逐年下降，除了1997年略有增长外。而这一年之所以略有增长，是因为前一年党中央召开了十四届六中全会，全会《决议》对增加文化的投入有明确的要求。

业的发展奠定了基础，客观上作了资源、人才乃至资金等多方面的准备。因此，加大国家对文化的投入，不仅是繁荣文化事业的需要，也是发展文化产业的需要。

一些西方发达国家的文化产业之所以得到快速发展，成为国民经济的支柱产业，除了雄厚的经济实力和良好的消费环境之外，与这些国家优良的文化传统和文化积淀，以及国家对文化的强有力的财政投入和扶植政策是分不开的。众所周知，对提供公共文化产品和服务的文化机构和设施，如图书馆、博物馆等，世界各国都是由政府公共财政开支的。例如，建在塞纳河岸的法国国家图书馆新馆，四栋高大的藏书楼，远远望去如同四部打开的书籍，巴黎人称之为“四部大书”，其内部设施之优良便捷令人叹为观止。密特朗当总统时兴建这座图书馆，法国政府投入 80 亿法郎（当时的比价为 1 法郎 =1.5 元人民币），建成后每年正常运转的经费为 10 亿法郎，图书馆所有工作人员享受公务员待遇。再如悉尼歌剧院，作为一个单纯的文化设施，当地政府新南威尔士州的财政拨款占到剧院总收入的近三分之一，并且剧院维修的费用全部由州政府负担。据剧院的高级顾问对我讲，剧院建成之后 10 年的维修费用之和相当于当年建悉尼歌剧院的总投资，可见政府投入之巨。

政府对提供公共文化产品和服务的文化机构和设施的投入是如此，对于从事原创性文化生产的个人和团体亦是如此。英国文化新闻部奉行“一臂之距”的投资政策，即政府对从事文化艺术生产的个人和团体的资助，不是由政府直接拨付，而是由英国艺术委员会之类专家性机构经过考核评估后决定是否给予资助和资助多少，且资助的面较广数额较大。英国政府为了鼓励拍摄所谓“英国电影”（文化新闻部官员解释为“体现英国精神的电影”），无论是英国人还是外国人所拍均给予资助和奖励。法国为抵制美国的“文化侵略”，法律规定电影院放映法国和欧盟国家的电影必须达到 50% 以上，超过 70% 者给予奖励。法国文化部对国家歌剧院等 5 个国家艺术表演团体的财政拨款，占到这些院团总收入的 60%—80% 不等，这个比例远远高于我国。德国联邦政府中虽然没有管理文化事务的专门机构，联邦政府对文化的投入相对也不算多，但各州都有文化部，州政府对文化的投入相当可观。据巴伐利亚州文化部官员介绍，该州用于艺术教育的经费占全部教育经费的 5%，用于博物馆、图书馆及社区文化活动的开支占州财政总支出的3%左右。美国以不干预文化的自由创造为名，政府对文化的直接投入很少，但通过立法鼓励社会团体、企业和个人对文化进行捐赠。据统计，美国的文化团体和个人从社会各界得到的捐赠，相当于联邦政府和州政府财政拨款的10倍。这个数额也是十分巨大的，实际上这可以看作是另一种形式的政府投入。

各国政府不仅注重对原创性和公共性文化建设的投入，甚至直接对文化产业进行投入，或者出台有关政策予以扶植，甚至作为国家战略予以推进，使本国文化产业在世界文化产业发展的大格局中抢占制高点和一定的市场份额。近二十年来，日本政府一直把发展文化产业作为一项基本国策。1995年，日本制定了《新文化立国：关于振兴文化的几个重要策略》，提出了21世纪“文化立国”的战略方针，通过所谓“产、官、学”（即企业、政府与科研机构）相结合的道路大力发展文化产业，使日本的卡通、游戏以及电影、电视、音乐、出版、主题公园等文化产业得以迅速发展，成为国民经济中仅次于制造业的第二大产业。韩国于1997年设立了“文化产业基金”，1999年国会通过了《文化产业振兴法》，2001年又成立了文化产业振兴院，政府不遗余力地推动文化产业的发展，使“韩流”风靡亚洲，韩国成为公认的文化出口新兴国家。

在本文结束之前，我要引述两句意味深长的话：一句是一位西方国家的文化部长说的：“没有政府就没有文化。”（文化部外联局一位文化参赞对笔者讲，欧洲一个富有文化传统国家的文化部长曾对他说过这句话，我认为这话讲得颇有道理。）另一句是一位研究文化的学者说的：“任何艺术都是先成为艺术后成为产业。”① 由此可以得出这样的结论：没有文化事业的繁荣，就不可能有文化产业的发展。搞好原创性、公共性文化建设，是发展文化产业的动力和源泉。要实现我国文化产业的跨越式发展，使中国文化产业在未来世界文化产业的发展格局中立于不败之地，除了与市场竞争相关的体制、资金、资源、人力等一切因素必须具备，加大国家财政对文化的投入和制定有关扶植政策，是一条重要的可持续发展的固本之策。

（此文发表于《光明日报》2004年9月1日，这次补充了几个注释）

① 单万里：《法国“文化例外”主张的衰亡》，《读书》2004年第7期。

“以人为本”是科学发展观的灵魂

一、科学发展观以人的全面发展和社会的协调发展为指归，“以人为本”是其核心与灵魂

科学发展观，是党的十六届三中全会作出的《中共中央关于完善社会主义市场经济体制若干问题的决定》正式提出来的，要求“坚持以人为本，树立全面、协调、可持续的发展观，促进经济社会和人的全面发展”；强调“按照统筹城乡发展、统筹区域发展、统筹经济社会发展、统筹人与自然和谐发展、统筹国内发展和对外开放的要求”，推进改革和发展。这是新一届领导集体执政以来对我国国家发展战略和执政理念的新概括，也是我们党对社会主义现代化建设指导思想的新发展。

科学发展观提出“以人为本”，强调人的全面发展，强调经济社会的协调发展，这对于贯彻落实十六大精神，全面建设小康社会，促进我国经济、社会和文化的繁荣发展，具有十分重大而深远的意义。那么，什么是“以人为本”呢？温家宝总理今年 2 月在中央党校省部级主要领导“树立和落实科学发展观”专题研究班的讲话中有以下阐述：“以人为本，就是要把人民的利益作为一切工作的出发点和落脚点，不断满足人们的多方面需求和促进人的全面发展。具体地说，就是在经济发展的基础上，不断提高人民群众物质文化生活水平和健康水平；就是要尊重和保障人权，包括公民的政治、经济、文化权利；就是要不断提高人们的思想道德素质、科学文化素质和健康素质；就是要创造人们平等发展、充分发挥聪明才智的社会环境。”这是对“以人为本”很完整很科学的阐释，也是对科学发展观高度重视人的因素，一切以人的发展为目的这样一种发展观的最好阐释。

所谓人的发展，无非包含了物质和精神两个层面。人之所以为人（即与动物的区别），就在于人具有物质需求之上的精神需求。相对于物质需求属于低层次、浅层次的需求，精神需求才是人类高层次、深层次的需求。诚然，人类社会首先要满足自己衣食住行之类属于物质层面的需求，这是最基本的需求；但是仅仅达到这种基本的物质需求是不够的，也是不全面的。为了实现人的全面发展，还必须满足人们高层次的精神文化需求，这是现代社会的必然要求，也是我们全面建设小康社会的必然要求。然而，人类社会发展的规律告诉我们：物质生活容易满足，精神生活没有止境；经济指标容易追赶，而文化建设不可能一蹴而就。譬如近年来住房、汽车等发展很快，但人的素质却很难一下子得到提高。因此，繁荣发展各类文化事业，满足人们日益增长的精神文化需求，是树立科学发展观，体现以人为本，促进人的全面发展和社会全面进步的一项极其重要的战略任务。

有人认为，科学发展观和“以人为本”的提出，是从以“物”为本的现代化过渡到以“人”为本的现代化，现代社会既要考虑人的物质需要，更要考虑人的精神诉求。这种说法虽然不十分准确，但确实看到了“人”与现代化的关系。16 世纪德国宗教改革家和思想家马丁·路德说过：“一个国家的前途，不取决于它的国库之殷实，不取决于它的城堡之坚固，也不取决于它的公共设施之华丽，而在于它的公民的文明素养，即人们所受的教育，人们的学识、开明和品格的高下。这才是利害攸关的力量所在。”可见，人是一切的根本，文化是核心竞争力。没有人的全面发展，就不可能有社会的全面进步；没有人的现代化，就不可能实现国家的现代化。总之，“人”的发展，“人”的素质的提高，是全面建设小康社会乃至实现社会主义现代化的根本前提。

二、研究制定“十一五”规划和文化发展纲要，必须坚持“以人为本”的方针，着力改善全体公民的精神文化生活，提高全民族的思想道德素质和科学文化素质

当前，有关方面正在抓紧研究制定指导我国经济社会发展的“十一

五”规划和文化发展纲要，应当按照科学发展观的要求，坚持“以人为本”方针，把文化建设的任务落到实处。特别是制定文化发展纲要，因为是较长一段时间内我国文化建设的指导性、纲领性文件，必须对我国文化的发展战略、指导方针、目标任务和政策措施有明确的规定和要求。从“以人为本”和“人的全面发展”的角度出发，文化发展纲要对保障公民的文化权益和改善公民的文化生活等方面，都应该具有必须遵循的方针原则和确保实施的指标体系。从大的方面讲，应当涉及到如下内容：

第一，必须保障公民享有基本文化生活的权利

这是在文化领域贯彻“以人为本”精神首要的一条。人人享有公共文化服务和基本的文化生活，应当如同人人享有义务教育和人人享有初级医疗保健一样，作为公民的一项基本权利得到切实的保障。为此，必须建立起必要的指标体系，涵盖公民在精神文化生活方面的主要内容，如读书和观赏戏剧、电影、电视节目等。

第二，必须保障公民具有文化创造的权利

我们切不可认为，文化创造或者说文化创新是知识分子和少数文化精英的事情，真正有价值的原创性的文化创造往往来自民间，来自大众。必须认真贯彻“二为”方向和“双百”方针，努力营造一种宽松、自由、健康、和谐的有利于文化创造的环境和氛围，切实保护全民族的创造生机和活力，充分发挥每一个公民的想象力和创造力，才能真正实现文化（主要包括科学与文艺）的繁荣，保障国家创新能力和创新水平的不断提高。

第三，必须明确各级政府对文化建设特别是公共文化建设的责任

文化事业是社会事业的一个重要领域。繁荣发展文化事业，提供公共文化产品和文化服务，目的是为了满足人民群众日益增长的精神文化需求，改善全体公民的文化生活质量，从而不断提高全民族的思想道德素质和科学文化素质，为经济社会的可持续发展提供精神动力和思想保障。很显然，这是“以人为本”和“人的全面发展”题中应有之义，也是“执政为民”的内在要求，应当明确为各级政府的职责和义务。为了达此目的，在公共财政框架中，公共文化支出是非常重要的组成部分。然而，目前国家财政对文化事业的投入与其所承担的职责和任务极不相称，严重影响到文化事业的发展。为了落实十六大精神和科学发展观的要求，必须尽快扭转文化投入太少的现状，较大幅度调整公共文化支出在公共财政框架中的份额，以保证各类文化事业的繁荣发展。

第四，遵循分类指导的原则，促进文化事业和文化产业的共同发展

明确政府对文化建设的责任，并不是说由政府包办一切，而是要采取分类指导的原则，区分不同类型的文化，采取相应的政策措施。对于义务教育、学术研究、文艺创作以及图书馆、博物馆、文化馆等公益性（公共性）和准公益性文化事业，不仅需要经费保证或适当资助，而且需要通过不断的体制改革，建立起与社会主义市场经济相适应的竞争激励机制。对于文化产业则应当交给市场，国家通过制定必要的政策法规，规范其经营，促进其发展。为了推进文化产业的发展，国家有必要加大政策扶持力度，甚至可以考虑借鉴日、韩等国的经验，把文化产业作为国家战略予以推进，以求在世界文化产业发展的大格局中抢占一席之地。

第五，必须保障中华文化的传承与创新

中华民族具有辉煌灿烂、博大精深的古代文化，对人类文明作出过重大贡献，是世界上最伟大的民族之一。在人类已经进入一个新的千年、新的世纪之际，古老的中华文化毫无疑问需要扬弃与更新，但继承与弘扬的任务似乎更为紧迫和艰巨。中华民族优良的文化传统在当今社会的严重缺失以及在相邻国家与地区的相对保存较好，已引起许多有识之士深刻的反思与忧虑。如何实现中华文化的传承、整合、重建与创新，是摆在每一个炎黄子孙面前的严肃而重大的课题。必须依靠全体中华儿女，依靠广大文学艺术工作者和各方面的专家学者共同努力，在社会主义现代化建设的伟大实践中，不仅使中华文化弘扬光大，而且创造出无愧于先人和后人的属于我们这个时代的民族的、科学的、大众的新文化。

三、建设有中国特色社会主义先进文化不仅是“以人为本”的需要，也是实现中华民族伟大复兴的必然要求

一个国家、一个民族要自立于世界民族之林，必须具有强盛的经济、昌明的政治和繁荣的文化。中华民族要实现伟大复兴，应当是经济、政治、文化的全面复兴。极而言之，文化复兴是民族复兴的根本标志。因为从一定意义上说，文化上的成就较之于经济和政治，更具有持久的竞争力

和永恒的生命力，因而其地位和作用显得尤为重要。早在90年代初，日本学者堺屋太一在其总结回顾20世纪发展历程的著作《历史的波澜》一书中就提出了“文化比经济更重要”的观点。1995年，联合国教科文组织发布了第一份世界文化发展报告《我们的创造性的多样性》，也提出了“把文化置于发展的中心位置”的意见。1998年，联合国教科文组织在瑞典斯德哥尔摩召开“文化促进发展政府间会议”，在文化多样性宣言的征求意见稿中甚至提出“社会发展的终极目标是文化的繁荣”。这些都说明，文化对于人类社会的发展是何等重要！

从历史的角度看，可以十分清楚地看出文化在人类社会发展中的价值和意义。可以说，一部人类文明发展史，就是各民族文化创造的历史。当一个时代一旦成为历史，它留给后人的就只有两个字：文化。因为，一切物质的东西都会随着时间的推移化为尘土，唯有精神文化的创造在历史长河的淘洗中显示出永恒的光辉。这正如大诗人李白所言：“屈平诗赋悬日月，楚王台榭空山丘。”世界上任何一个国家和民族，无一不把自己的文化引以为荣，引以自豪。可以说，对人类文明演进的贡献大小，最突出的坐标，不是财富，更不是武力，而是文化，是伟大的思想家、科学家、文学家、艺术家及其不朽的精神文化创造成果。

再从现实的角度看，建设有中国特色社会主义现代化需要大力加强文化建设。从毛泽东的《新民主主义论》阐明文化与经济和政治三者之关系，到邓小平《在中国文学艺术工作者第四次代表大会上的祝辞》提出“两个文明”建设，再到江泽民的“三个代表”重要思想，直至新一届领导集体提出“科学发展观”，可以看出我党几代领导人对文化问题的看法是一脉相承、一以贯之的，充分体现了中国共产党人自觉的文化追求和崇高的文化目标。特别是党的十六大以来，在邓小平理论和“三个代表”重要思想指导下，全党和全国人民对文化的认识不断深化和提高，文化建设热情高涨。现在关键的问题是，要认真贯彻落实科学发展观，从人的全面发展和中华民族振兴的高度，扎扎实实推进各项文化建设。

最近，党的十六届四中全会作出了《中共中央关于加强党的执政能力建设的决定》，把“不断提高建设社会主义先进文化的能力”作为党的五大执政能力建设之一，第一次把文化建设提到执政党的执政能力建设的高度，更加突出了文化建设的战略地位和重大意义。《决定》要求“加强文化发展战略研究，抓紧制定文化发展纲要和文化体制改革总体方案”，强调“把文化发展的着力点放在满足人民群众精神文化需求和促进人的全面发展上”，并且号召“努力铸造中华文化的新辉煌”。这些都充分体现了科学发展观的要求，体现了“以人为本”的精神，必将进一步推动我国文化建设的繁荣发展。

（此文系作者2004年11月19日，参加深圳首届国际文化产业博览会期间，在中宣部文化体制改革和发展办公室、广东省委宣传部、深圳市委主办的“文化发展战略论坛”的发言，已收入《文化发展战略论坛文集》，广东人民出版社2005年版）

我国文化事业的性质、功能、分类及其发展战略

新中国成立以来，文化事业作为社会主义建设事业的重要组成部分，得到了应有的重视和较快的发展。尽管长期以来受到极左思潮的干扰与影响，特别是文化大革命这一灾难性的浩劫，使我国的文化事业遭受了严重的摧残，但总体上仍然曲折地前进，艰难地发展。

改革开放以来，由于社会转型的急遽变化和外来文化的冲击，曾经出现过经济建设与文化建设“一手硬”“一手软”的情况。特别是文化产业作为一门新兴产业在全球范围内迅速发展，面对这一大潮的到来和五光十色的时髦口号，我国的文化事业曾一度迷失，[①] 文化事业建设尤其是公共文化事业建设受到了一定程度的忽视与削弱。

党的十五届五中全会通过的《中共中央关于制定国民经济第十个五年规划的建议》第一次及时而科学地区分了“文化事业”与“文化产业”的不同。[②] 党的十六大进一步要求“积极发展文化事业和文化产业”。以胡锦涛同志为总书记的党中央提出了科学发展观，坚持“以人为本”，强调人的全面发展和经济社会的协调发展，构建社会主义和谐社会。在科学发展观的指导下，我国的文化事业发展越来越受到重视，外部条件越来越好，形势发展令人振奋。

然而，对文化事业至今没有一个科学而明晰的界定，为了促进文化事业在新的历史条件下更好更快地发展，对我国文化事业的性质、功能、分类及其发展战略作一个宏观的分析研究是必要的。

---

① 当时，曾有人提出文化要“走产业化的道路”，还有人提出文化要“断奶”等等，这些违背文化发展规律的时髦口号，一度十分流行，给我国文化事业的发展带来了不利的影响。

② 此前，笔者曾在《人民日报》发表《简论文化产业与文化的关系》，认为文化产业与文化事业既有联系又有区别，二者具有不同的属性和特点。发展文化产业替代不了文化事业，我们既不能把文化事业和文化产业完全割裂开来，也不能把两者混为一谈，笼统地提“文化产业化”。见《人民日报》2000 年 5 月 13 日，当年《新华文摘》第 8 期全文转载。

一、我国文化事业的性质

“文化事业”这一概念，在世界各国似乎没有完全对应的语汇，但这并不能否认这一概念存在的合理性与科学性。因为，客观上“文化事业”在世界各国都是存在的。诚然，由于社会制度和历史文化的不同，各个国家制定的文化政策也各不相同，但有一点是相同的，那就是必须依靠国家财政或者制定相关的赞助法规来扶持和促进文化的繁荣发展。因为从事文化工作的团体或个人，许多情况下是不可能盈利的，也就是说不能自负盈亏来进行文化的生产和再生产。2004 年，我在太原参加第二届文化产业国际论坛，一位美国学者同时也是奥斯卡的评委，他说，世界各国所有的艺术表演团体，包括国办和民营的各种类型的剧院团的全部收入 57% 来自政府和社会捐赠。连经营性很强的艺术表演团体尚且如此，其他公共性更强的文化团体对政府的依赖性更不待言。如图书馆、博物馆之类文化机构，世界各国都是完全由国家财政支撑的，有的国家还将其员工列为公务员。从这个意义上讲，世界上任何国家都有“文化事业”，只不过各国不使用这样的称谓而已。通常，许多国家都用是否“以营利为目的”加以区分：所谓“以营利为目的”，实际上就是文化产业；而“不以营利为目的”，则具有文化事业的属性。

我国是社会主义国家，我国的文化事业具有社会主义的本质属性。因而，我国的文化事业与其他国家的“不以营利为目的”性质的文化，既有共同点也有不同之处。从我国的社会制度和社会现实出发，我认为我国的文化事业具有以下性质：

1. 公共性

公共性，过去长期以来称之为“公益性”，二者属于同义语。在社会主义市场经济条件下，为了区别于“私人产品”，一般把具有公共性的精神文化产品等称为“公共产品”或“公共服务”。《国家“十一五”时期文化发展规划纲要》[①]（以下简称《纲要》）专门列出了“公共文化服务”

① 《人民日报》2006 年 9 月 14 日第 10—12 版。

一章，温家宝总理在今年（2007）的《政府工作报告》中也提出了“建立覆盖全社会的公共文化服务体系”的任务。

公共性的本质就是全体公民共同享有，全社会普遍受益。因此，不仅图书馆、博物馆、文化馆（站）、美术馆、文化宫、科技馆等面向社会公众提供文化服务的文化设施具有公共性，报社、电台、电视台、出版社、演出团体等精神文化产品生产部门也具有一定公共性。这是由精神文化产品的特点所决定的。譬如，一部小说、一部电影、一出戏、一首歌，对社会产生了积极影响，它所焕发出来的精神力量所带来的物质财富是不可估量的。而这些精神文化产品的生产者（创造者），无论是团体还是个人，都无法直接享有这部分物质财富，只能得到少量的稿酬或门票收入。这少量的稿酬或门票收入，既不是精神文化产品的生产者（创造者）应得收入的全部，也难以维持生产和再生产。因此，必须通过社会二次分配，即利用从物质产品生产中征得的税收，在财政预算中划分适当的比例，对精神文化产品的生产者（创造者）进行必要的补偿[①]，因为精神文化产品焕发出来精神力量所带来的物质财富是全社会共同受益、共同享有的。正是从这个意义上说，以生产精神文化产品为主要目的的文化事业具有公共性。

在社会发展领域，文化属于典型的公共产品。教育、科技、文化、卫生、体育等社会发展领域当中，教育和科技对国家和民族的发展起着基础性的作用，其公共性当然是十分明显的。改革开放以来，在科教兴国战略方针的指导下，教育和科技事业得到了大力加强，一直是公共财政投入的重点。随着社会主义市场经济的不断完善和改革的不断深入，教育与科技都发生了一些新变化。民办教育得到较快的发展，学龄前教育和高中后教育的个人支出部分在逐步加大，国家投入部分则相应减少。科技体制在“产业化”改革的推动下，绝大多数科研院所转制为企业或与企业合并，国家只负担基础理论研究和重大科研项目的经费投入。卫生也具有公共性，但不是严格意义上的公共产品。“非典”疫情之后，政府加大了对公共卫生的投入，但老百姓看病用药主要依靠个人支付，现正逐步探索建立个人缴费和政府补助相结合的基本医疗保险制度。体育的公共性更弱，除

① 这种通过社会二次分配进行的补偿，通常以财政拨款的方式下拨给文化单位，单位再以工资的形式分配给个人。其次，补偿的方式还有基金会资助以及奖励等多种形式。

了政府组织的体育比赛和用于群众健身的体育器材和设施之外，许多体育赛事和活动都已商业化，俱乐部制、转会制等市场化运作方式早已通行。文化体制改革在党中央、国务院的统一部署下，正在深入展开，但由于精神文化领域的特点（已如上述），文化行业能够完全转制为企业的单位实际上很少。在科学发展观的统领下，坚持以人为本，构建和谐社会，文化的公共性将会越来越突现出来。

2. 原创性

国家繁荣发展文化事业的目的是创造和积累精神财富。精神创造的成果，既是对传统文化和已有成果的继承，更是一种前所未有的创新。这种原创性文化创新体现了一个国家的综合国力，也体现了一个民族的文明水准及其所达到的文化高度。这是国家发展文化事业的神圣职责和光荣使命。

文化事业与文化产业的不同，最本质的区分就是前者属于公共产品，后者属于私人产品；还有一个重要的区分，就是文化事业促进原创性精神文化产品的繁荣，文化产业促进复制性、工业化文化产品的发展。繁荣文化事业，是一种政府行为，目的在于文化创新和公共服务；发展文化产业，实质上是一种经济行为，目的是为了赚取利润，当然同时也能起到满足人民群众不同层次的文化消费需求的作用。只有在原创性文化产品充分繁荣的基础上，作为一种工业化、标准化的文化产业才有可能发展起来。前者是“源”，后者是“流”；前者是“创新”，后者是“传播”，如果没有原创性的文化创造，批量化、机械化的文化产业就只能是无源之水、无本之木。譬如，没有原创性的小说、戏剧、音乐等，要发展出版、音像、动漫等文化产业，岂不是一句空话。因此，繁荣文化事业是发展文化产业的前提条件。

历史的经验证明，在精神文化领域，过度的商业化和市场化无疑是不利的。邓小平就曾经愤怒地斥责：“有些混迹于文艺界、出版界、文物界的人简直成了唯利是图的商人。”[①] 这种“唯利是图的商人”，奉行拜金主义，一切向钱看，绝不可能创作出什么有价值的东西。只有不计名利、不问得失，为了崇高的理想和追求，呕心沥血、精益求精，才能创造出高质

① 邓小平：《党在组织战线和思想战线上的迫切任务》，《邓小平文选》第3卷，人民出版社1993年版，第43页。

量、高水平的原创性作品来，才能把美好的精神食粮奉献给社会和人民。而国家举办的文化团体则为创作这类原创性的优秀作品提供了条件和可能，如红色经典《白毛女》《红色娘子军》《长征组歌》、钢琴协奏曲《黄河》、小提琴协奏曲《梁祝》等都是有力的证明。因此，国家有必要办好具有导向性、示范性、代表性的高水平的以政府投入为主的各级各类艺术表演团体、艺术院校等文化事业，以促进高水准、高质量的原创性文化的繁荣，为国家和民族不断创造和积累精神财富。

3. 人民性

中国共产党领导的民族民主革命和社会主义建设，根本宗旨就是为人民谋幸福。毫无疑问，文化事业如同其他各项事业一样，都是为了广大人民群众的根本利益而兴办的，具有广泛的人民性。早在新民主主义革命时期，毛泽东同志在延安文艺座谈会上的讲话就提出了文艺为什么人的问题，明确要求“我们的文学艺术都是为人民大众的”。邓小平在第四次文代会的祝辞中认为“我们的文艺属于人民”，并进一步指出：“人民是文艺工作者的母亲。一切进步文艺工作者的艺术生命，就在于他们同人民之间的血肉联系。忘记、忽略或者是割断这种联系，艺术生命就会枯竭。人民需要艺术，艺术更需要人民。自觉地在人民的生活中汲取题材、主题、情节、语言、诗情和画意，用人民创造历史的奋发精神来哺育自己，这就是我们社会主义文艺事业兴旺发达的根本道路。”小平同志深刻阐述了文艺与人民的关系，不仅要为人民服务，还要向人民学习。

在长期的文化建设的实践中，我党总结出了“百花齐放、百家争鸣”的“双百”方针，以及“为人民服务、为社会主义服务”的“二为”方向，这是我国文化事业繁荣发展的根本指针，也是社会主义文化建设人民性的集中体现。以胡锦涛为总书记的党中央提出科学发展观，构建和谐社会，坚持“以人为本”“执政为民”，强调文艺工作“源于人民、为了人民、属于人民”。[①] 社会主义文化事业有如此鲜明的人民性，应当实实在在地体现到实际工作和社会生活之中，让人民群众真正成为文化创造的主人，让人民群众充分享受文化建设的最新成果。

---

① 胡锦涛：《在中国文联第八次全国代表大会中国作协第七次全国代表大会上的讲话》，《人民日报》2006年11月11日。

二、我国文化事业的功能

我国文化事业的功能和作用是多方面的，例如我们经常提到的教育功能或教化功能、宣传功能、舆论功能、娱乐功能、审美功能等等，这里仅从以下三个主要方面加以阐述：

1. 保障公民的文化权益

我国《宪法》规定，国家发展各类文化事业以满足公民的文化需求，公民享有进行科学研究、文艺创作和其他文化活动的自由。温家宝总理在刚刚结束的“两会”所作的《政府工作报告》中特别提到了“保障人民文化权益的问题”，要求“逐步建立覆盖全社会的公共文化服务体系”，并具体列出了一系列关系到公民文化权益的文化建设工程，如广播电视村村通工程、社区和乡镇综合文化站建设工程、全国文化信息资源共享工程、农村放映工程、农家书屋工程，以及网络文化和文化遗产保护等等，这在以往的《政府工作报告》中是不多见的，表明国家对文化建设和公民文化权益的重视。《纲要》还特别强调“切实维护低收入和特殊群体的基本文化权益”的问题，要求“采取政府采购、补贴等措施，开辟服务渠道，丰富服务内容，保障和实现城市低收入居民、残疾人、老年人和农民工等群体的基本文化生活需求。”

这就是说，发展文化事业，搞好文化建设，是各级政府的重要职责。让每一个公民都充分享有公共文化服务和基本的文化生活，应当如同人人享有义务教育和人人享有初级医疗保健一样，作为公民的一项基本权利得到切实的保障。各级政府都要十分重视繁荣发展文化事业，努力提供公共文化产品和文化服务，不断满足人民群众日益增长的精神文化需求，改善全体公民的文化生活质量，从而提高全民族的思想道德素质和科学文化素质，为经济社会的可持续发展提供精神动力、思想保证和智力支持。

2. 保障经济社会的协调发展

改革开放以来，我们党一贯坚持物质文明和精神文明一起抓，两手都要硬，不能一手硬、一手软。邓小平同志曾强调：“不加强精神文明建设，物质文明建设也要受破坏，走弯路。"[①] 他还说："经济建设这一手我们搞得相当有成绩，形势喜人，这是我们国家的成功。但风气如果坏下去，经济搞成功又有什么意义？"[②] 江泽民同志也多次提醒全党："任何情况下，都不能以牺牲精神文明为代价去换取经济的一时发展。"[③] 邪教"法轮功"的出现，固然有其复杂的背景和原因，但其中一条深刻的教训，就是我们在一定程度上忽视了思想文化建设。积极的、健康的、正面的思想文化得不到弘扬和发展，消极的、落后的、反面的东西必然就会乘虚而入。因此，忽视和削弱文化事业和文化建设，社会就会畸形发展，经济建设也不可能搞好。

党的十六届三中全会作出的《中共中央关于完善社会主义市场经济体制若干问题的决定》提出科学发展观，要求"坚持以人为本，树立全面、协调、可持续的发展观，促进经济社会和人的全面发展"。科学发展观以人的全面发展和社会的协调发展为旨归，就是要努力满足人们在具有了物质需求之上的更高层次的精神需求，达到人与社会的和谐发展，文化与经济的协调发展。因此我们要大力发展各项文化事业，形成全民学习、终身学习的学习型社会，促进人的全面发展，提高人的综合素质。因为，没有人的全面发展，就不可能有社会的全面发展；没有人的现代化，就不可能有国家的现代化。

3. 保障中华文化的传承与创新

中华民族具有辉煌灿烂、博大精深的古代文化，对人类文明作出过重大贡献，是世界上最伟大的民族之一。今天，我们要实现中华民族的伟大复兴，决不仅仅是经济的强盛和 GDP 的增长，而是经济、政治、文化的全面复兴。江泽民同志曾指出："一个民族只有在努力发展经济的同时，保持和发扬自己的民族文化特色，才能真正自立于世界民族之林。建设有中国特色社会主义文化，这是事关中华民族振兴的大问题。"[④] 胡锦涛总书记

---

① 邓小平：《在中国共产党全国代表会议上的讲话》，《邓小平文选》第 3 卷，人民出版社 1993 年版，第 144 页。

② 邓小平：《在中央政治局常委会上的讲话》，《邓小平文选》第 3 卷，人民出版社 1993 年版，第 154 页。

③ 江泽民：《正确处理社会主义现代化建设中的若干重大关系》（1995 年 9 月 28 日），《江泽民文选》第 1 卷，人民出版社 2006 年版，第 474 页。

④ 江泽民：《在全国宣传部长会议上的讲话》，《人民日报》1996 年 1 月 25 日。

《在中国文联第八次全国代表大会、中国作协第七次全国代表大会上的讲话》进一步指明了加强文化建设对于民族复兴和现代化建设的战略意义："要实现我国社会主义现代化建设和中华民族伟大复兴的宏伟目标，必须大力加强文化建设，坚持用社会主义先进文化引领全国各族人民奋勇前进。发展社会主义先进文化，是建设中国特色社会主义的应有之义，是马克思主义政党思想精神上的旗帜，是推动我国经济社会发展的必然要求，是实现中华民族伟大复兴的显著标志。"并预言和期待："中华民族的伟大复兴必将伴随着中华文化的伟大复兴。"①

要实现中华文化的伟大复兴，必然要重视中华民族优秀传统文化的继承、弘扬与创新。新中国成立以来特别是改革开放以来，文化部门为此做出了不懈的努力。如传统剧目的改编，地方剧种的保护，京剧、昆曲的振兴，古籍整理，善本再造，文物保护，以及近年兴起的非物质文化遗产保护，等等，都取得了令人瞩目的成就。但无庸讳言，这方面的工作还做得很不够，还需要长期艰苦的努力。特别是文化创新方面，虽然科学技术的许多领域我们能够走在世界前列，但在人文社科领域，真正深刻反映时代精神、具有精湛艺术魅力、能够传之久远的精品力作还不多，有待我们的作家艺术家和专家学者们不断努力。

三、我国文化事业的分类

我国的文化事业门类众多，情况复杂。我们既要尊重历史，实事求是，又要根据"市场失灵"的原则（能够交给市场解决的问题尽可能交给市场，只有市场解决不了的问题才由政府解决。），尽量减轻国家负担。根据以上分析，我认为，凡是具有事业属性和功能的文化部门和文化单位都应纳入文化事业的范畴，故而我国文化事业的分类应当宽泛一些。因为许多文化部门和单位，如出版社和表演团体，从其经营和营利的性质看，应当属于文化产业，但他们同时又承担着文化事业的功能，更何况多数情况下难以做到自负盈亏，因而它们同时又具有文化事业的属性。所以，文化

① 《人民日报》2006年11月11日。

事业与文化产业有时候并不是绝对对立和截然分开的，往往是你中有我、我中有你，从不同的角度可以有不同的划分。本文采取从宽的原则，除完全独立自负盈亏的民营文化企业不在此列，相当一部分需要政府扶持的“不以营利为目的”的经营性文化单位，都列入文化事业的范畴。

据此，我国的文化事业大体上分为以下三种类型：

1. 向社会提供公共文化产品的机构

这类机构大都是向全社会和全体公民无偿提供公共文化产品和服务的机构，这类机构的经费一般全部由国家财政支出。其中有的机构有一定的门票收入，则采取收支两条线的办法，门票收入上缴国库；有的机构有一定的经营项目，但所得收入数量很少，一般用来补充国家拨款之不足，不采取收支两条线的办法，以鼓励其多创收，减轻财政负担。如果以经营为主，且能盈利，则不具备事业性质，不在此列，如各类商业性的会展中心。

在社会主义市场经济条件下，这类机构应当从严掌握。

这类机构大体包括如下细目：

（1）公共图书馆、博物馆、文化馆（站）、美术馆、纪念馆、科技馆、少年宫、文化宫等（此类机构中如有经营项目较多、公共性较弱者，则应列入第三类第5项，即以经营性为主的场馆类）；

（2）公共电台、电视台（目前我国尚无区分）、重要党报（机关报）、文化信息资源共享机构等；

（3）国家重点文物保护单位；

（4）为少数民族、残疾人等特殊群体服务的文化机构；

（5）列入政府拨款的学会、协会等文化机构；

（6）其他相关机构。

2. 教育与科研机构

教育与科研机构以培育人才和学术研究为宗旨，凡是国家兴办的这类机构与前一类机构相同，其经费全部由国家财政支出。至于大学的学费收入，按国际惯例，许多国家的国立大学学费收入全部上缴国库，支出由财政拨款，收支两条线。我国目前没有采取这种办法。

这类机构性质确定，范围较广，大体包括如下细目：

（1）各级各类国办幼儿园、小学、中学、中专、大学等；

（2）各级各类国办自然科学、人文社会科学研究院（所）等；

（3）各级各类党校、行政学院和干部教育培训机构；

（4）其他相关机构。

3. 从事文化产品生产经营但不以营利为目的的机构

这类机构为数最多，情况最为复杂。其共同点是都具有经营性，本质是不以营利为目的，因此列为事业机构。但其经营的范围、方式和效果千差万别，因此国家财政对它们的支持应区别对待，或多或少；或采取固定拨款的方式；或采取基金会资助方式；或采取免税与税收返还方式，等等。

这类机构大体包括如下细目：

（1）各类国办出版社、杂志社、报社（重要党报、机关报除外）等；

（2）各类国办电台、电视台（公共电台、电视台和商业电台、电视台除外）等；

（3）各类国办艺术表演团体等；

（4）各类国办电影制片厂、电视剧制作机构、音像制作机构等；

（5）各类国办影剧院、剧场等；

（6）各类国办画院；

（7）各类国办文化交流、信息咨询机构等；

（8）各类国办网络机构；

（9）文物商店（根据《文物保护法》规定，文物商店具有事业属性。）；

（10）其他相关机构。

四、我国文化事业的发展战略

1. 把文化事业发展作为国家战略，不断增强国家软实力

党的十六大报告指出："当今世界，文化与经济政治相互交融，在综合国力竞争中的地位和作用越来越突出。"这是对当今世界发展趋势的准确判断。由于二战之后世界没有爆发大规模的战争，半个世纪以来相对和平稳定，经济持续增长，文化问题在世界范围内越来越受到关注和重视，文化的作用和价值，越来越被世界各国政治家和有识之士所认同。联合国教科文组织从上个世纪 80 年代开始，组织实施了一项"世界文化发展十年"（1988—1997）活动，提出了一些新的文化与社会发展理念，对世界的发展产生了重要影响。“世界文化发展十年”活动是根据1982年在墨西哥城举行的世界文化政策会议的建议，由联合国大会在1986年批准的。在“世界文化发展十年”的文件中提出了“将文化置于发展的中心位置”的重要命题，认为“任何不考虑某个特定人群的自然和文化环境的项目就有失败的危险。这个提法包含了出席墨西哥城会议的代表在世界文化发展十年方面所建议的战略的根本之点。这个战略包含了一系列的协作行动，其目的是在经济和技术发展中将文化和人的价值恢复到中心的位置上。”因而倡导形成一种新的思想方法，“这种方法应对发展的质量和人的因素予以更多的重视，而且能在社会和经济发展各种措施中建立起对文化方面的重要性的认识。”① 在联合国的推动下，许多国家特别是一些西方发达国家，都把文化发展作为提升国家“软实力”的战略高度予以推进，日本、韩国还提出了“文化立国”的口号。总之，世界范围内，包括科学技术、文化产品和思想观念等文化竞争日益加剧。因此，十六大报告要求：“全党同志要深刻认识文化建设的战略意义，推动社会主义文化的发展繁荣。”现在，需要把这一战略思想化为实际行动，使“文化建设的战略意义”像“科教兴国”等战略思想和基本国策一样深入人心，不仅成为全党的共识，也成为全国人民的共识，只有这样，才能“推动社会主义文化的发展繁荣”，才能不断增强我国的软实力。

2. 切实贯彻“双百”方针，提高全民族的创造能力

《纲要》在“序言”部分提到“民族创造力”的问题，这是一个非常重要的战略思想。一个民族的创造力和想象力，决定着这个民族的未来和兴衰。十六大报告提出“四个尊重”，即“尊重劳动、尊重知识、尊重人才、尊重创造”，要求“放手让一切劳动、知识、技术、管理和资本的活力竞相迸发，让一切创造社会财富的源泉充分涌流”。要形成这样一种千舟竞发、万木争荣的创造局面，归根结底要认真贯彻“百花齐放、百家争鸣”方针，努力营造一种宽松、自由、健康、和谐的有利于文化创造的环境和氛围，切实保护全民族的创造生机和活力。要尊重、爱护和培养优秀人才，对于杰出的奇才更是要倍加珍惜，因为离开了人才就谈不上创造。尊重和保护人才，就是尊重和保护民族创造力；反之，打击和埋没人才，

① 参见联合国教科文组织编《世界文化发展十年实用指南》，北京大学出版社1989年版。

就是打击和埋没民族创造力。只有充分发挥每一个公民的创造力和想象力，各显其能，各尽所能，才能真正实现文化（主要包括科学与文艺）的繁荣，保障国家创新能力和创新水平的不断提高。

3. 继承弘扬传统文化，大力培育民族精神

十六大报告提出了弘扬和培育民族精神的问题，这是关系到中华民族未来的重大战略问题。报告指出："民族精神是一个民族赖以生存和发展的精神支撑。一个民族没有振奋的精神和高尚的品格，不可能自立于世界民族之林。"明确要求"必须把弘扬和培育民族精神作为文化建设极为重要的任务"。培育民族精神，毫无疑问离不开对传统文化的继承与弘扬。如果不能很好地继承弘扬中华民族优秀的传统文化，还说得上是民族精神吗？回首近一个世纪来中华民族传统文化的历史命运，如果说"五四"新文化运动对传统文化的冲击具有一定进步意义，那么"文革"对传统文化则是一场空前大劫难。到了改革开放时代，外来文化大量涌入，鱼龙混杂，泥沙俱下，许多人特别是一些年轻人奉西方文化为神明，弃传统文化如敝屣。这一个世纪以来，我们的传统文化遭受了前所未有的严重戕害。中华民族优秀传统文化在当今社会的缺失，及其在相邻国家与地区的相对保存较好，已引起许多有识之士的深刻反思与忧虑。如何实现中华文化的传承、整合、重建与创新，是摆在每一个炎黄子孙面前的严肃而重大的课题。因此，中央提出弘扬和培育民族精神，这是一个极其重要的战略思想，也是一项十分紧迫的、长期而艰巨的历史任务。

4. 扩大对外文化交流，学习借鉴世界各国的优秀文化

我们所处的时代，是一个全球化的时代，也是一个信息化的时代。经济的开放，科技的发达，交通和通讯的便捷，使得人类居住的这个地球迅速变小。这样的时代，要求我们的文化建设必须具有全球视野和世界眼光。我们要积极开展对外文化交流，大胆学习、借鉴和吸收世界各国的优秀文化；同时坚决"走出去"，向世界人民展示、传播中华文化。近年来，我们与美国、法国、英国、意大利、俄罗斯等西方大国互办"文化节""文化周""文化月""文化年"等活动，取得了十分显著的成效和丰硕的成果。我们在一些主要国家开办的文化中心、孔子学院，适应了世界各地兴起的学汉语热，成为传播中华文化的友好使者。不仅如此，我们还应当积极参与世界文化事务，参与或主导有关国际规则的制定，增强我国在国际文化交往中的话语权，在世界上树立我国作为负责任大国的形象，为维护世界文化多样性作出应有的贡献。

5. 文化事业与文化产业并重，优先发展文化事业

十六大强调“积极发展文化事业和文化产业”，说明文化事业和文化产业都非常重要，两方面都不可忽视，但这并不是说二者可以等量齐观，平分秋色。从战略的角度看，发展文化事业和文化产业，对于经济社会发展和国家文化安全，对于满足人民群众日益增长的精神文化需求，都具有十分重大而深远的意义，且二者具有一定的互补性，有时还难以截然划分。但是，文化事业与文化产业毕竟又各有不同的属性和不同的侧重，毫无疑问应当优先发展文化事业，理由已如前述。有人只看到文化产业诱人的经济效益，看不到文化事业的基础性作用和长远意义，片面强调发展文化产业，而忽视发展文化事业，这是一种缺乏战略眼光的急功近利、本末倒置的短视行为。

6. 加大投入力度，完善有关文化经济政策

文化事业是社会事业的一个重要领域。在公共财政框架中，公共文化支出是非常重要的组成部分。然而，目前国家财政对文化事业的投入与其所承担的责任极不相称，严重影响到文化事业的发展。早在80年代初，邓小平同志就曾指出，教育、科技、文化、卫生的投入太少，在经济社会发展中不成比例。① 经过近30年的改革开放，我国的经济实力特别是财政收入有了显著增强，教、科、文、卫等社会发展领域的财政投入逐年加大，但同时又出现了新的“不成比例”。② 教育、科技作为“科教兴国”基本

① 1980年1月16日，邓小平在《目前的形势和任务》一文中指出：“经济发展和教育、科学、文化、卫生发展的比例失调，教科文卫的费用太少，不成比例。甚至有些第三世界的国家，在这方面也比我们重视得多。印度在教育方面花的钱就比我们多。像埃及这样的国家，人口只有四千万，按人口平均计算，他们在教育方面花的钱，也比我们多几倍。总之，我们非要大力增加教科文卫的经费不可。”见《邓小平文选》第2卷第250页，人民出版社1994年版。

② 据文化部计划财务司编《2002中国文化统计提要》《2003中国文化统计提要》（均为内部资料），2001年，国家财政总支出为18103.61亿元，当年的教育经费为2208.13亿元，占国家财政总支出的12.2%；科技为223.08亿元，占1.23%；卫生为569.3亿元，占3.14%；文化仅有70.99亿元，占国家财政总支出的比例仅为0.40%。在当年教、科、文、卫等领域财政拨款的总盘子中，教育占到64.5%；依次为卫生占17.9%；科技占6.9%；文化占2.5%；通讯和广播占1.9%；体育占1.5%；次外还有计划生育占2.4%；其他占2.4%。由此可以看出，国家对文化的投入在整个教、科、文、卫等社会发展领域所占比例过低。

国策和国家发展的战略重点，其财政投入不断加大，比例不断提高，这无疑是必需的，也是正确的。但文化的投入，虽然总量上逐年有所增加，但比例却一再下降，在国家财政总支出中所占的份额少得可怜。[①] 十四届六中全会《决议》对宣传文化事业投入“总量偏少、比例偏低”的分析判断，至今不仅没有得到改变，反而进一步加剧。《决议》要求：“中央和地方财政对宣传文化事业的投入，要随着经济的发展逐年增加，增加幅度不低于财政收入的增长幅度。”这一规定除了少数地区在一定时期内得到了落实，绝大部分地区及中央财政均未得到落实。同时，有关文化的税收、信贷、赞助等方面的经济政策还应进一步得到完善。为了落实十六大精神和科学发展观的要求，必须尽快扭转文化投入太少的现状，较大幅度调整公共文化支出在公共财政框架中的份额，以保证各类文化事业的繁荣发展。

7. 加强文化法制建设，以法兴文

从大文化的角度说，教育、科技和卫生方面的立法是比较充分的，而相对狭义的文化领域则相对滞后，目前仅有《中华人民共和国文物保护法》和《中华人民共和国著作权法》两部法律。这不仅跟不上整个国家民主法制建设的步伐，也严重影响到文化事业的发展和公民文化权益的保护。依法治国，文化领域不应当有例外和特殊。相反，只有贯彻依法治国的方略，大力加快文化立法，使公民的文化创造和文化生活、公共文化服务体系建设、科学研究、文学艺术等方面都有法可依，才能切实保障公民的文化权益不受侵害，才能切实保障各类文化事业的健康发展。

（此文发表于《文艺理论与批评》2007 年第 3 期）

---

① 据文化部计划财务司编《2006 中国文化统计提要》（内部资料），国家对文化的财政投入（包括中央财政和地方财政）进入“九五”时期以来，历年的总额及其占国家财政总支出的比例如下：1996 年，38.77 亿元，占 0.49%；1997 年，46.19 亿元，占 0.50%；1998 年，50.78 亿元，占 0.47%；1999 年，55.61 亿元，占 0.42%；2000 年，63.16 亿元，占 0.40%；2001 年，70.99 亿元，占 0.40%；2002 年，83.66 亿元，占 0.38%；2003 年，94.03 亿元，占 0.35%；2004 年，113.66 亿元，占 0.40%；2005 年，133.82 亿元，占 0.39%。虽然投入的绝对数在逐年上升，但占国家财政的比例却基本上是逐年下降，除了 1997 年略有增长外。而这一年之所以略有增长，是因为前一年党中央召开了十四届六中全会，全会《决议》对增加文化的投入有明确的要求。

更加自觉、更加主动地推动文化大发展大繁荣

胡锦涛同志在“6·25”重要讲话中明确指出，加强社会主义文化建设是不断满足人民群众日益增长的精神文化需求的需要，必须更加自觉、更加主动地推动文化大发展大繁荣。这是从全面建设小康社会、实现中华民族伟大复兴的高度提出的重要论断，充分体现了我们党科学发展的战略思想。

一、文化大发展大繁荣是全面实施党和国家发展战略的需要

以邓小平理论和“三个代表”重要思想为指导，深入贯彻落实科学发展观，继续解放思想，坚持改革开放，推动科学发展，促进社会和谐，全面建设小康社会，是以胡锦涛同志为总书记的党中央面对新形势提出的党和国家发展战略。这一发展战略落实到文化领域，就是要更加自觉、更加主动地推动文化大发展大繁荣。

一定的文化是一定社会的经济和政治在观念形态上的反映，同时又反过来给经济和政治以巨大的影响。在当今的知识经济时代，文化与经济和政治的相互交融更是达到了前所未有的广度和深度，在综合国力竞争中的地位和作用越来越突出。人们经常用“硬实力”和“软实力”来形容一个国家在经济、军事与文化、外交方面的实力。任何一个国家，如果只有经济上和军事上的强盛，而文化方面的影响力不够，就算不上世界强国。正是基于对世界发展大势和我国实际的正确判断，党的十五大强调社会主义现代化应该有繁荣的经济，也应该有繁荣的文化。只有经济、政治、文化协调发展，只有两个文明都搞好，才是有中国特色社会主义。党的十六大强调，必须大力发展社会主义文化，建设社会主义精神文明，不断增强中国特色社会主义文化的吸引力和感召力。十六大以后，以胡锦涛同志为总

书记的党中央提出科学发展观和构建社会主义和谐社会等一系列重大战略思想，坚持协调发展和全面发展，加强文化、教育、医疗等社会事业建设，中国特色社会主义总体布局由经济建设、政治建设、文化建设“三位一体”发展为经济建设、政治建设、文化建设、社会建设“四位一体”。所有这些，都充分表现了我们党对文化建设的高度自觉。全面建设小康社会的实践证明，只有有了社会主义先进文化的发展繁荣，全党全国各族人民团结奋斗的共同思想基础才能不断巩固，经济建设、政治建设和社会建设才能获得强大的精神动力、智力支持和良好的文化环境。无论任何地方和单位，单纯追求 GDP 而忽视文化的行为，都是愚蠢的。其结果必然是：不但文化工作搞不好，其他方面的工作也上不去。

推动科学发展，促进社会和谐，全面建设小康社会，就是要不断满足人民群众日益增长的物质文化需求，促进人的全面发展。随着我国经济的发展和人民生活水平的不断提高，人们对文化的需求将会越来越迫切、越来越丰富。因此，必须努力建设以公共文化产品生产供给、设施网络、资金人才技术保障、组织支撑和运行评估为基本框架的覆盖全社会的公共文化服务体系，切实保障人民群众看电视、听广播、读书看报、参加大众文化活动等基本文化权益。

《中共中央关于构建社会主义和谐社会若干重大问题的决定》指出，构建社会主义和谐社会的一个重要目标和任务，就是到 2020 年，“全民族的思想道德素质、科学文化素质和健康素质明显提高，良好道德风尚、和谐人际关系进一步形成。”因此，必须建设社会主义核心价值体系，形成全民族奋发向上的精神力量和团结和睦的精神纽带；必须树立社会主义荣辱观，培育文明道德风尚；必须坚持正确导向，营造积极健康的思想舆论氛围；必须广泛开展群众性精神文明创建活动，形成人人促和谐的局面。可以肯定地说，没有文化的大发展大繁荣，没有和谐文化的支撑，构建社会主义和谐社会的目标和任务就不可能实现。

二、文化大发展大繁荣是实现中华民族伟大复兴的显著标志

一个国家、一个民族要自立于世界民族之林，必须有强盛的经济、昌

明的政治和繁荣的文化。中华民族要实现伟大复兴，也必将是经济、政治、文化的全面复兴。从一定意义上说，文化的复兴及其所达到的高度和成就，较之于经济和政治更具有持久的竞争力和永恒的生命力，因而其地位和作用显得尤为重要。一部人类文明发展史，就是各民族、各地区文化创造的历史。当一个时代一旦成为历史，其文化却依然能留传于后世。正如大诗人李白所说："屈平词赋悬日月，楚王台榭空山丘。"从这个意义上说，对人类文明演进的贡献大小，最突出的坐标，不是财富，更不是武力，而是文化，是伟大的思想家、科学家、文学家、艺术家及其不朽的精神文化创造成果。显而易见，如果没有文化的大发展大繁荣，也就谈不上中华民族的伟大复兴。

要实现中华文化的伟大复兴，最根本的就是把社会主义核心价值体系的建设抓紧抓好。马克思主义指导思想，中国特色社会主义共同理想，以爱国主义为核心的民族精神和以改革创新为核心的时代精神，社会主义荣辱观，构成社会主义核心价值体系的基本内容。这一核心价值体系，是中国社会主义先进文化的灵魂，是当今中华文化区别于其他任何文化的本质性标志。没有社会主义核心价值体系，我们今天的文化对优秀的传统文化来说，就没有创新和发展，因而也就愧对前人；对于后来的中华文化来说，就没有任何有价值的贡献可言，因而也就愧对后人。总之一句话，没有社会主义核心价值体系的建设，就无从实现中华文化的伟大复兴。

要实现中华文化的伟大复兴，必须重视中华民族优秀传统文化的继承、弘扬与创新。中华民族具有辉煌灿烂、博大精深的古代文化，对人类文明作出过重大贡献。儒家道家思想、唐诗宋词、四大发明彪炳史册，都对人类文明进程产生过巨大而深远的影响。实现中华文化的伟大复兴，毫无疑问要继承弘扬中华民族的优秀传统文化。但是，近一个世纪以来，由于西方列强入侵，中国封建统治阶级的腐败，中华民族积贫积弱，不但经济、政治落到了世界潮流的后头，文化也丧失了优势地位。自新中国成立以来，如何实现中华文化的传承、整合、重建与创新，一直是摆在全党全国人民面前的严肃而重大的课题。在半个多世纪创造的巨大文化成就的基础上，党的十六大提出"民族精神是一个民族赖以生存和发展的精神支撑。一个民族没有振奋的精神和高尚的品格，不可能自立于世界民族之林"，明确要求把弘扬和培育民族精神作为文化建设的极为重要的任务。

这是一个关系到中华民族未来的重大战略思想和部署。

要实现中华文化的伟大复兴，必须重视对世界各国优秀文化的引进、借鉴与吸收。我们今天所处的时代是一个信息化的时代、经济全球化的时代，各种文化的交流与激荡越来越频繁、越来越深广。进行社会主义文化建设，必须着眼于世界文化发展的前沿，积极开展对外文化交流，大胆借鉴和吸收世界各国的优秀文化，同时积极地“走出去”，向世界展示、传播中华文化，尤其是文化建设的新成就。在开展对外文化交流过程中，我们必须坚持“以我为主、为我所用”，“取其精华、去其糟粕”的原则，坚决抵制各种腐朽思想文化的侵蚀。引进外来文化的目的是为了借鉴，而借鉴的目的则在于建设和创造。历史的经验证明，正确合理地引进吸收外来文化，不会导致民族文化自身的削弱或主体性的丧失，反而更能丰富和充实我们的民族文化，促进其新生、繁荣和博大。汉魏时期印度佛教的传入，盛唐时代西域乐舞的输入，以及近代一些西方优秀文化的传入，都极大地推动了中华民族文化的发展，并融合为中华民族优秀文化的有机组成部分。在不断深化对外开放的形势下，我们更要大力引进、借鉴和吸收世界各国的优秀文化，使之与中华文化相融合，不断丰富、发展和壮大社会主义先进文化。

复兴者，光复兴起之谓也。实现中华文化的伟大复兴，最根本的是要创造属于我们这个时代的文化成果。这种文化成果上承中华文化的优秀传统，下启中华文化的未来。每一位文化工作者都必须懂得，泥古不变没有前途，食洋不化没有出息，戏说恶搞必然蒙羞，只有面向现代化面向世界面向未来的、民族的科学的大众的社会主义文化，才是真正具有创新精神的先进文化。为了在正确道路上推动中华文化的创新，我们必须全面推进文化体制改革，最大限度地焕发广大文化工作者勇于创新的积极性，使全社会的文化创造活力充分释放，文化成果不断涌现。我们的时代是一个前无古人的时代，我们理所当然要超越前贤、后启来者。

三、文化大发展大繁荣是适应当今世界发展潮流的战略选择

和平、发展、合作，是当今世界发展的时代主潮。世界文化的发展，

也顺应并推动着这一时代主潮向前发展。我们发展经济离不开世界经济的大环境，我们搞文化建设也同样离不开世界文化的大环境。只有洞悉世界文化发展的趋势和潮流，才能赢得主动，才能更加自觉、更加主动地推动文化大发展大繁荣。

综观当今世界文化发展的大势，有以下几个方面应引起我们高度重视：

其一，二战以来的半个多世纪，世界上虽然局部战争不断，但是没有爆发大规模战争。从总体上说，当今世界的主流是和平与发展，因而全球经济持续增长，文化发展得到空前重视。其结果是文化消费急剧增长，文化在拉动和推动经济增长中的作用越来越大，由此促进了文化产业在世界范围内的迅速发展。这种现象引起了思想家和政治家对文化问题的关注，文化的价值、作用及其战略意义等等都具有了新的内容。联合国教科文组织从上世纪 80 年代开始，组织实施了一项“世界文化发展十年”（1988—1997）活动，提出了一些新的文化与社会发展理念，强调新的文化发展战略应包含一系列的协作行动，其目的是在经济和技术发展中将文化和人的价值恢复到中心位置。它倡导形成一种新的思想方法，对发展的质量和人的因素予以更多的重视。我们要推进科学发展，就应当在生产物质产品、发展科学技术以及其他发展举措中更多地体现以人为本的观念和文化的内涵。

其二，世界强国加紧实施文化发展战略。在战争年代，武力和军备是竞争的决定性因素；在和平时期，则转向文化和人才的竞争。一些西方强国凭借其强大的经济科技实力，向全世界推销自己的文化产品。尤其是美国，大肆推行文化扩张主义，已引起世界许多国家的警惕与不安。他们出口的文化产品，不仅赚取了大量外汇，而且把美国的思想观念、生活方式和价值观传播到世界各地。英国、加拿大、澳大利亚等国也都把文化产业作为国家发展战略予以推进，文化产业已经成为国民经济的支柱产业。日本、韩国提出了“文化立国”的口号，他们的动漫、动画和影视产品占据了世界特别是东南亚市场的很大份额。总之，在世界范围内，包括文化产品、科学技术和意识形态等方面的文化竞争日益加剧。面对世界激烈的文化竞争和文化贸易的严重“逆差”，我们只有加快发展文化事业和文化产业，不断增强文化的整体实力和竞争力，才能争取主动，赢得竞争的有利地位。

其三，联合国教科文组织一直致力于世界范围内的文化保护和文化创新。60 多年来，他们制定了一系列与文化相关的国际条约，如经济、社会及文化权利公约，知识产权和文化遗产保护方面的公约，维护世界文化多样性公约，以及最近通过的国际互联网知识产权保护公约，等等。这些国际条约对于规范国际间的文化交往和文化权利，维护世界文化生态和公平竞争，促进世界各国的文化遗产保护和文化创新，具有积极的作用。特别是近些年来，联合国教科文组织在人类历史文化和自然遗产保护及非物质文化遗产保护方面进行了卓有成效的工作，有力地促进了各国对文化遗产的保护。改革开放以来，随着我国国际地位的提高，我们积极参与联合国及其教科文组织的相关活动和事务，参与或推动有关国际规则的制定，增强了我国在国际文化交往中的话语权，在世界上树立了我国作为负责任大国的形象，为维护本国和世界的文化权利、促进世界文化发展作出了应有的贡献。在今后，我们推动文化大发展大繁荣，应当包括更加自觉、更加主动地参与联合国及其教科文组织的相关活动和事务，为保护我国和世界文化遗产、维护世界文化多样性、发展繁荣世界文化作出更大的贡献。

胡锦涛同志在中国文联第八次全国代表大会、中国作协第七次全国代表大会上的重要讲话中指出：“中华民族的伟大复兴必将伴随着中华文化的伟大复兴。”这是一个科学的预见，这是中华民族的豪迈誓言。我们坚信，在中国共产党的正确领导下，在中国特色社会主义道路上，我国文化大发展大繁荣的局面一定会到来，中华文化的伟大复兴一定会实现。让我们挥洒聪明才智，张开想象的翅膀，用创造性的劳动成果去迎接它！

（此文发表于《求是》杂志 2007 年第 20 期，署名“文化部党组”，实际上是该杂志与本人约稿，并由本人独立完成的。后杂志社建议以“文化部党组”名义发表，并征得我本人和文化部同意。特此说明）

文化繁荣与文化立法

——再论创作自由

柏拉图曾形象地阐述自由与法律的关系："法律是自由的保姆。"马克思则进一步提出了"法典就是人民自由的圣经"的著名命题。这就是说，一定的自由要有一定的法律加以保障，人身自由、信仰自由是如此，创作自由、学术自由亦是如此。

改革开放以来，我国的民主法制建设取得了巨大成就，依法治国深入人心。然而，文化法制建设特别是文化立法，相对于刑法、经济法等已经形成较为完备的法律体系而言，还相当滞后，严重影响到各项文化事业和文化产业的健康发展。

8 年前，我曾经就文化领域的立法与教育、科技、卫生、体育等其他社会发展领域的立法进行过比较。当时教、科、文、卫、体几方面的法律共 24 件，其中教育 7 件，科技 5 件，文化 3 件，卫生 8 件，体育 1 件。在这些领域中，文化方面的法律实际上是最少的，只有《文物保护法》和《著作权法》2 部法律，也许加上《拍卖法》算 3 部，因《拍卖法》涉及到艺术品和文物的拍卖。体育方面的法律虽然只有 1 件，但它是根本大法《体育法》。[①] 经过这 8 年多的发展，教育、卫生等方面的立法又有了长足的进步，而文化方面仍然没有 1 件新法产生。

本文并不全面论述文化建设与法制建设的关系，仅从"创作自由""学术自由"等应当通过法律条款予以明确的角度，谈谈文化立法对于促进文化大发展大繁荣的重要意义，强调法制是创作自由、学术自由也是文化繁荣发展的根本保障。

大家知道，我国的根本大法《中华人民共和国宪法》对创作自由、学

① 参见《文化建设论——王能宪演讲集》，人民出版社 2006 年版，第 94 页。

术自由，包括言论、出版自由都有明确的表述。《宪法》第三十五条规定："中华人民共和国公民有言论、出版、集会、结社、游行、示威的自由。"第四十七条规定："中华人民共和国公民有进行科学研究、文学艺术创作和其他文化活动的自由。"但《宪法》作为"母法"，只能体现基本精神和原则，还必须有相应的"子法"和若干具体条款加以分解和细化，才能把《宪法》的内容付诸实施。

因此，加快文化领域的立法，既是贯彻依法治国方略、全面实施《宪法》的紧迫任务，也是落实十七大精神、推动文化大发展大繁荣的紧迫任务。

然而，现实状况与上述要求差距甚大。文化领域一些基本而又迫切需要的法律仍付阙如，有些法律经历了漫长的起草修改过程，迟迟不得出台。譬如，《新闻法》《出版法》等文化法律几乎与改革开放同步启动，历经了近30年风雨波折，至今仍胎死腹中。诚然，文化领域的立法，较之经济等其他领域的立法要复杂得多，也敏感得多。但不能因为文化领域的立法异常艰难，就束手无策，裹足不前，从而导致这一领域长期以来无法可依，单靠政策文件、领导讲话和行政命令进行管理的局面。

党的十七大强调："全面落实依法治国基本方略，加快建设社会主义法治国家。"要求"加强宪法和法律实施""完善中国特色社会主义法律体系"。文化领域的这种状况，显然与十七大精神不相适应，与我国民主法制建设的进程不相适应，与依法治国、依法行政的要求不相适应。

当然，正确的文化方针，开明的文化政策，宽松的文化环境，无论是领导人的倡导，还是写进党和政府的文件，无疑都是十分重要和十分必要的，这些都是法律的有效补充，与社会主义法制相辅相成。但是，如果将那些经过历史证明属于正确的方针政策进一步上升为法律条文，则更具有稳定性、持久性、公开性和权威性，可以避免和防止一些政策和提法因时因人因事而出现变化、反复和折腾，从而造成随意性、临时性和不稳定性。正如小平同志所指出的："使这种制度和法律不因领导人的改变而改变，不因领导人的看法和注意力的改变而改变。"①

---

① 《解放思想，实事求是，团结一致向前看》，《邓小平文选》第2卷，人民出版社1994年版，第146页。

这方面我们是有过深刻而惨痛的历史教训的。巴金先生在“文革”劫难后写过一篇反思“左祸”的文章，题为《要不要制定“文艺法”》。巴老在文中写道：“一个人从事文艺创作活动，只要他不触犯刑法或者其他法律，就不应该受到干涉。”然而在那个年代，“四人帮”及其爪牙大整文艺工作者，“就有这么一伙人，有的公开地发表文章，有的在角落里吱吱喳喳，有的在背后放暗箭伤人，有的打小报告告状。他们就是看不惯‘文学艺术创作的自由’，他们就是要干涉这种‘自由’。宪法不在他们的眼里，其他法律更不在他们的眼里。”巴老心有余悸地写到文艺工作者遭受迫害的惨状：“凡是在文艺工作上有一点成绩的人，都挨过整，受过迫害，有的给弄得身败名裂、妻离子散，有的给搞得骨灰盒中只有一枝金笔或者一副眼镜。”因此，巴金先生呼吁：“希望有一个‘文艺法’来保护自己”，“这样一来，文艺工作者就可以‘安全生产’，避免事故了。”①

经过改革开放的洗礼，今天文艺创作的环境与“四人帮”的时代已经不可同日而语了。文艺工作者心情舒畅，文艺园地丰富多样，文艺政策宽松开明，总之，文艺领域乃至整个文化建设的环境和条件越来越好。过去打棍子、扣帽子、上纲上线、动辄得咎的日子一去不复返了。不过，就文艺创作和学术研究而言，还远没有达到创作自由、学术自由的境界，一些有形无形的东西还在束缚着人们的手脚，这方面的情形我在前一篇讨论创作自由的文章《自由创造是文学艺术的本质要求》② 一文中已有阐述，此不赘。

那么，怎样才能保障文学艺术家包括所有从事精神创造的人们能够充分享有创作自由、学术自由、言论自由等权利，从而促进我国社会主义文化的大发展大繁荣？我以为，从根本上说，还是要依靠法制，依法保障精神生产者自由创造的权益，以法治文，以法兴文。

（此文发表于中共中央党校《学习时报》2009 年 10 月 26 日）

① 以上均引自巴金《随想录》第 1 集，人民文学出版社 1986 年版，第 122—124 页。
② 参见《学习时报》2009 年 3 月 30 日，第 9 版。

人文生态是鄱阳湖生态经济区建设的重要内容

一

生态文明是人类在20世纪对自然和社会发展规律的深刻认识。如果与作为一种社会形态的农业文明、工业文明相并列，生态文明则是人类发展史上的一大进步。尽管生态文明作为一种社会进化形态或者人类文明形态能否成立，目前尚未取得共识，但生态文明的提出，对于人类及其生存的这个地球和人类社会的未来，具有极其重大而深远的意义。

人类进入工业文明社会以来，特别是进入20世纪以来，先后两次世界大战，导致全球大规模的军备竞赛，由常规武器发展到生化武器和核武器，把几百年来工业发展导致的资源枯竭、环境污染、物种灭绝、气候异常等等进一步推向了无以复加的地步，使得这些问题越来越加剧和恶化，以至威胁到人类和地球的安全。因此，生存还是毁灭？人类是继续破坏自然还是与自然和谐共生？这些就成了人们不得不担忧和思考的大问题。

1972年，联合国在斯德哥尔摩召开了有史以来第一次“人类与环境会议”，讨论并通过了著名的《人类环境宣言》，从而揭开了全人类共同保护环境的序幕。1983年，联合国成立了世界环境与发展委员会，1987年该委员会在其长篇报告《我们共同的未来》中，正式提出了可持续发展的主张。90年代以后，《里约环境与发展宣言》《二十一世纪议程》《关于森林问题的原则声明》《联合国气候变化框架公约》《生物多样性公约》等一系列有关环境问题的国际公约和国际文件相继问世，标志着实现人与自然和谐发展成为全球共识。

生态文明正是在这样的背景之下提出的，它以尊重和维护自然为前提，以人与人、人与自然、人与社会和谐共生为宗旨，以建立可持续的生产方式和消费方式为内涵，以引导人们走上持续、和谐的发展道路为着眼点。生态文明强调人的自觉与自律，强调人与自然环境的相互依存、相互促进，强调人类在改造自然的同时必须尊重和爱护自然，而不能随心所欲、为所欲为。很显然，生态文明是人类对工业文明以来过度开发自然、征服自然从而造成生态失衡、环境恶化进行深刻反思的成果。

二

党的十七大顺应时代发展要求，向全党和全国人民发出了“建设生态文明”的号召。把节约资源和保护环境作为基本国策，在全社会牢固树立生态文明的观念。要求“基本形成节约能源资源和保护生态环境的产业结构、增长方式、消费模式”。“必须把建设资源节约型、环境友好型社会放在工业化、现代化发展战略的突出位置，落实到每个单位、每个家庭。”“加强应对气候变化能力建设，为保护全球气候作出新贡献。”

建设生态文明，既是贯彻落实科学发展观、全面建设小康社会的必然要求，对中国自身发展有深远影响，也是中华民族面对全球日益严峻的生态环境问题作出的庄严承诺，体现了我们党和政府对新世纪新阶段我国发展呈现的一系列阶段性特征的科学判断和对人类社会发展规律的深刻把握。

江西省委省政府贯彻落实十七大精神，抓住建设生态文明的历史机遇，制定了《鄱阳湖生态经济区规划》，并获得国务院批准。这是新中国成立以来，江西省第一个纳入为国家战略的区域性发展规划，是造福鄱阳湖流域广大人民和子孙后代的重大举措，对实现江西崛起新跨越具有重大而深远的意义。

三

国务院对《鄱阳湖生态经济区规划》的批复指出，鄱阳湖生态经济区规划实施要以促进生态和经济协调发展为主线，以体制创新和科技进步为动力，转变发展方式，创新发展途径，加快发展步伐，努力把鄱阳湖地区建设成为全国生态文明与经济社会发展协调统一、人与自然和谐相处的生态经济示范区。由此可见，生态文明建设的目标，不是单一的环保指向或者经济指向，而是人与自然、经济与社会的和谐统一、全面发展。

在我看来，生态文明建设应包含三个方面的内容：自然生态、社会生态和人文生态（或称“文化生态”）。

自然生态，是指保护资源与优化环境

这是生态文明建设对自然方面的要求，即人类如何善待自然，尊重自然，按照自然规律办事，保持良好的自然生态。对各类自然资源，既要合理利用，又不可竭泽而渔，不可吃子孙饭，断子孙路，努力保持资源的永续利用。要爱护环境，维护生态平衡，减少二氧化碳和工业废水排放，拯救和改良已被污染和恶化的环境。建设鄱阳湖生态经济区，就是要保持鄱阳湖的一湖清水和环湖地区的自然生态。

社会生态，是指经济发展与公平正义

这是生态文明建设对社会发展的要求。一个社会，如果经济发达，物质丰富，但是贫富悬殊，秩序混乱，这肯定算不上是良好的社会生态。只有在充分尊重自然生态的前提下，经济繁荣，政治清明，人民生活富裕，社会和谐安康，这才是理想的社会生态。十七大提出的建设“资源节约型、环境友好型社会”和“形成节约能源资源和保护生态环境的产业结构、增长方式、消费模式”，以及构建社会主义和谐社会，这些都是建设生态文明，形成良好社会生态的重要内容。

人文生态，是指公民素质与人文精神

这是生态文明建设对人的要求。无论是自然还是社会，人在其中起着决定性的作用。因此，人文生态是生态文明建设的灵魂和动力，人文生态的状况如何，一定程度上制约和决定着自然生态和社会生态的发展状况和发展水平。如果公民的素质低下，愚昧无知，就会破坏自然，扰乱社会。反之，如果公民的科学文化素质较高，具有一定的人文关怀，就会热爱自然、敬畏自然，就会关心社会、建设美好家园，就能形成人与自然、人与社会的和谐统一。

因而，人文生态与自然生态和社会生态相互作用、相互促进，三者缺一不可，共同体现生态文明建设的水平和高度。我们绝不可只注重环保指标和经济指标而忽略人文因素，自然、社会和人文三方面应有一个综合的、全面的考核体系。

四

那么，鄱阳湖生态经济区建设，在建设人文生态，培育人文精神方面需要做些什么呢？

第一，大力加强文化建设，不断提高人的素质

党的十七大提出文化建设“两大一新”（即：更加自觉更加主动推动社会主义文化大发展大繁荣，兴起社会主义文化建设新高潮。）的目标以来，各级党委政府高度重视文化建设，对文化的投入不断加大，文化事业和文化产业都出现了前所未有的繁荣发展局面。最近，十七届五中全会通过的《中共中央关于制定国民经济和社会发展第十二个五年规划的建议》，又特别强调“提高全民族文明素质”，“加强人文关怀”，要求“以农村基层和中西部地区为重点，继续实施文化惠民工程”。江西的文化底蕴十分丰厚，近年来的文化工作形势喜人，今后在推进鄱阳湖生态经济区建设的进程中，还需要进一步加大文化建设的力度，着力提高人的科学文化素质。

第二，切实贯彻“以人为本”，努力培育人文精神

“以人为本”不仅是科学发展观的核心，也是建设生态文明的重要内容。无论是中国古人提倡的“以人为本”，还是西方的人本主义（人文主义），都强调对人的价值和人的自由的尊重和关怀，要关心人、爱护人、尊重人。如果缺乏人文素养或者人文精神失落，连人都得不到应有的尊重，就更谈不上尊重自然了，人与自然和谐相处的理想就难以实现。还要倡导人文精神与科学精神相结合，既有热忱的人文关怀，又有严谨的科学态度，力求达到真、善、美的统一。

第三，加大宣传力度，增强环保意识

保护环境是全人类共同的事业，要通过各种形式，包括行政、法律和舆论工具，动员全社会力量参与环保，营造全社会关心、支持、参与环境保护的文化氛围，提高全民保护环境的自觉性和责任心。强化社会监督，公开环境质量、环境管理、企业环境行为等信息，维护公众的环境知情权、参与权和监督权。

第四，弘扬地域文化，注重风土民情

赣鄱大地自古就是人杰地灵、英才辈出的地方，江西老表勤劳朴实、民风淳厚。建设生态文明，要从中华民族的传统文化中汲取智慧和力量，继承弘扬传统美德和苏区精神，特别要挖掘当地历史文化中的精粹，表彰追慕古贤时彦，培养良好的道德风尚。

最后，我想把“人文生态”的内涵用四句话加以概括：“以人为本，尊重自然，天人合一，和谐共生。”

（此文是2010年11月20日在“中国鄱阳湖国际生态文化论坛”的演讲，随后发表于《鄱阳湖学刊》2011年第1期）

保持文化多样化是人类的文化自觉

工业革命以来，随着科学技术迅猛发展，人类在农业社会形成的相对稳定而封闭的多样性文化遭受了猛烈冲击，宁静的精神家园变得热闹和躁动起来。特别是人类进入到信息化、网络化时代之后，由于经济全球化、政治多极化与现代科学技术相互作用和影响，文化的趋同化日益突现，多样化受到严重威胁。文化多样性，如同生物多样性面临前所未有的危机一样，引起了全人类的关注和重视。

1998 年，联合国教科文组织在瑞典斯德哥尔摩召开“文化促进发展”政府间会议，“尊重和维护文化多样化”成为会议的重要主题之一。2001 年 11 月 2 日，也就是美国 9・11 事件不到两个月，联合国教科文组织第 31 届会议通过了《世界文化多样性宣言》。随即又启动了制定关于保护文化多样化的国际公约，并于 2005 年 10 月 20 日，联合国教科文组织第 33 届会议以压倒性多数通过了《保护文化内容和艺术表现形式多样性公约》(简称《文化多样性公约》)。这就使得保护文化多样性问题不仅成为人类共识，而且有了必须共同遵守的行为准则。

中国是多民族的国家，各民族都有自己特色鲜明的文化，甚至同一民族由于地域与风俗的不同，其文化也呈现出多样化的特点。例如，历史上有所谓中原、燕赵、齐鲁、吴越、荆楚、湖广……等等地域之分，现代有所谓京派与海派之别，今天即使同属回族的“花儿”，宁夏与青海的表现形式也各具特色。新中国成立以来，党和政府始终关心和坚持各民族平等发展，尊重民族习俗，保护民族文化，特别是尊重少数民族的宗教信仰自由，促进少数民族地区文化的繁荣发展，取得了突出的成就。同时，中国政府一贯奉行和平外交政策，倡导建设和谐世界，积极开展与世界各国的文化交流，推动不同文化之间平等对话，为保护人类文化多样性作出了重大贡献。

尊重和保持文化多样化，体现了人类进入到今天这样一个新的发展阶段的文化自觉。

首先，文化多样化是一种客观存在

正如联合国教科文组织《世界文化多样性宣言》所指出的那样：“文化在不同的时代和不同的地方具有各种不同的表现形式，这种多样性的具体表现是构成人类的各群体和各社会的特性所具有的独特性和多样化。”文化是人类社会当中一个民族区别于另一个民族、一个国家区别于另一个国家，乃至一个地区区别于另一个地区、一个城市区别于另一个城市的本质特征。正是由于不同民族、不同地域产生的不同文化，才构成了五光十色、异彩纷呈的人类多样性文化。无论从历史的角度还是现实的角度看待这个问题，都只能得出一个结论：人类文化的多样性、丰富性是一种客观存在，也是人类社会发展的客观规律。人类文化过去是丰富多彩的，现在仍然是丰富多彩的，将来必将更加丰富多彩。

其次，文化多样化是一种发展要求

在全球经济一体化的过程中，出现了一个不可忽视的事实：经济的开放带来了文化的趋同。在经济一体化的浪潮中，世界文化生态受到了前所未有的冲击和破坏，文化多样性面临严峻的挑战。美国文化（包括文化产品、生活方式和思想观念）借助其强大的经济优势和科技优势席卷全球，引起了许多国家的警惕和不安。一些发展中国家，甚至也包括某些发达国家提出了保持自身文化独立、坚持文化多样性的诉求。例如法国就明确提出“抵抗美国的文化侵略”，并通过立法的形式加以保障。我曾与法国文化部的官员交流，他们告诉我：法国的法律规定，法国境内的电影院放映的电影必须确保50%以上为本国或欧盟国家的影片，如果达不到就要接受处罚；如果超过70%，政府给予奖励。应当说，尊重和保持各自国家和民族文化多样性，是一种合理的要求、正义的呼声。联合国就曾把2001年确定为“不同文明对话年”，倡导不同文化之间的平等交流、对话与良性发展。

再次，文化多样化是对文化趋同化的抗衡

面对世界文化与经济、政治的相互影响、激荡和冲突，美国学者亨廷顿提出了文明冲突论，认为世界上的许多冲突是由不同的文明所造成的。这种理论似乎颇有几分道理，但透过现象看本质，不同文明冲突的背后是经济利益的争夺，因而它实质上是一种强权理论，是为美国的国家战略寻找理论依据。亨廷顿认为强势文化必然战胜弱势文化，为美国的文化扩张、文化侵略开脱，企图通过打击、遏止异类文明来达到维护美国和西方文明的霸权地位，实际上是一种文化霸权主义。针对这种理论，费孝通先生提出了“文化自觉”的理论，要求：一、正确认识自己的文化；二、正确处理与不同文化之间的关系。费老主张采用中国传统哲学中“和而不同”的态度对待不同的文化，达到文化的多样性，进而提出了著名的“美美四句”：“各美其美，美人之美，美美与共，天下大同。”这是处理不同文化之间的关系所应持有的一种正确的态度和原则，也是对文化趋同化与“文明冲突论”的纠偏。在全球化的今天，不同民族、不同地域的文化应当互相尊重、互相交流，既保持自己的文化传统，又学习其他文化的长处，通过交流、融合，达到共同发展、共同繁荣。

第四，文化多样化需要付诸行动

联合国教科文组织制定的《文化多样性公约》就保护文化多样性提出了一系列措施和行动计划，包括信息共享、人员培训、公民社会参与、促进国际合作、提供财政支持、将文化纳入可持续发展、设立文化多样性国际基金，等等。这些措施需要各缔约国采取切实有效的行动，将其付诸实施，才能取得实际成效。我国作为自始至终参与制定该公约的缔约国，自全国人大常委会批准（2006 年 12 月 29 日第十届全国人大常委会第 25 次会议通过）以来，多方面积极开展保护文化多样化的具体工作。例如非物质文化遗产保护方面，近年来实施“文化生态保护区”工程，在一些富有特色的文化区域（大多集中在少数民族地区），采取一些优惠政策，实行整体性保护，取得了明显的成效，也赢得了广泛的国际声誉。

（此文发表于《人民日报》2012 年 12 月 13 日，标题为《纠偏文化趋同》，略有删节，这里据原稿刊发）

跋

俗话说“干什么吆喝什么”，自从我1991年从北京大学获得博士学位进入文化部以来，从事文化工作至今已二十余年了，这本文集便是这些年来“吆喝”的记录。

这二十多年，我国的文化经历了由计划经济向市场经济转型的阵痛，也经受了外来文化和商品浪潮的冲击，曾经一度彷徨和迷失，但随着社会的发展和相关政策的调整，今天已坚定地走向清醒与自觉。我的这些吆喝，作为一个文化工作者的心声与呐喊，大体是与时代脉搏同时跳动的，能够反映时代发展的轨迹。

有时或多或少还能发出一点“先声”，甚至影响到高层决策。例如，早在中央提出区分文化事业与文化产业之前，我就在《人民日报》发表了《简论文化产业与文化的关系》一文，文中的观点就被十五届五中全会《中共中央关于制定国民经济和社会发展第十个五年计划的建议》所采纳。著名作家王蒙对此赞赏有加，说:“现实证明，他的观点是有道理的，也是重要的。”（《文化建设论——王能宪演讲集》王蒙序）再如，对文化公共性的认识，对“国学热”的积极评价以及传统文化关乎民族前途命运的呼吁，等等，都是春江水暖的“先知”，也可以说是黎明前的“亮光”。这或许从一个侧面证明了“学术乃天下之公器”，只要你严肃认真地研究问题，真心诚意地表达思想，你的探索和追寻就有价值，你的吆喝和呐喊就有回响，就会被认可和采纳。

我在中国艺术研究院指导的研究生，专业方向为“文化政策与文化发展战略”。这是一个全新的学科，既没有现成的教科书，也没有这方面的专著，因此这本文集的出版对于这一新的学科而言也算是聊胜于无吧。

文集分上下编，上编收录演讲15篇，下编收录文稿18篇，内容都与文化政策、文化理论和文化发展战略有关。这些文章大都发表过，这次均保持原样，未作改动，只订正了个别错字和标点符号。我的博士生吴来安、硕士生刘璋帮助我仔细校阅了全书，中国文联出版社的责任编辑邓友女也花费了不少心血，谨表谢意！

书名源自我一篇文章的标题，现将该文置于卷首作为代序，充分表达了作者对文化领域解放思想、自由创造，真正实现大发展大繁荣的美好愿景。

王能宪

甲午（2014）新春